# Holland Highlights

Nederland vanuit de lucht

*The Netherlands from above*

## Colofon


| | |
|---|---|
| Uitgever: | Sky Pictures Fotografie |
| Fotografie: | Izak van Maldegem |
| Tekst: | Jan Schuurman Hess |
| Redactie: | Erna van Maldegem |
| Vertaling: | www.vertalingen.nl |
| Piloot fotovliegtuig: | Peter Reijnhout |
| Foto pagina 38-39: | Flyingfocus |




ISBN: 9789081777940



Colophon



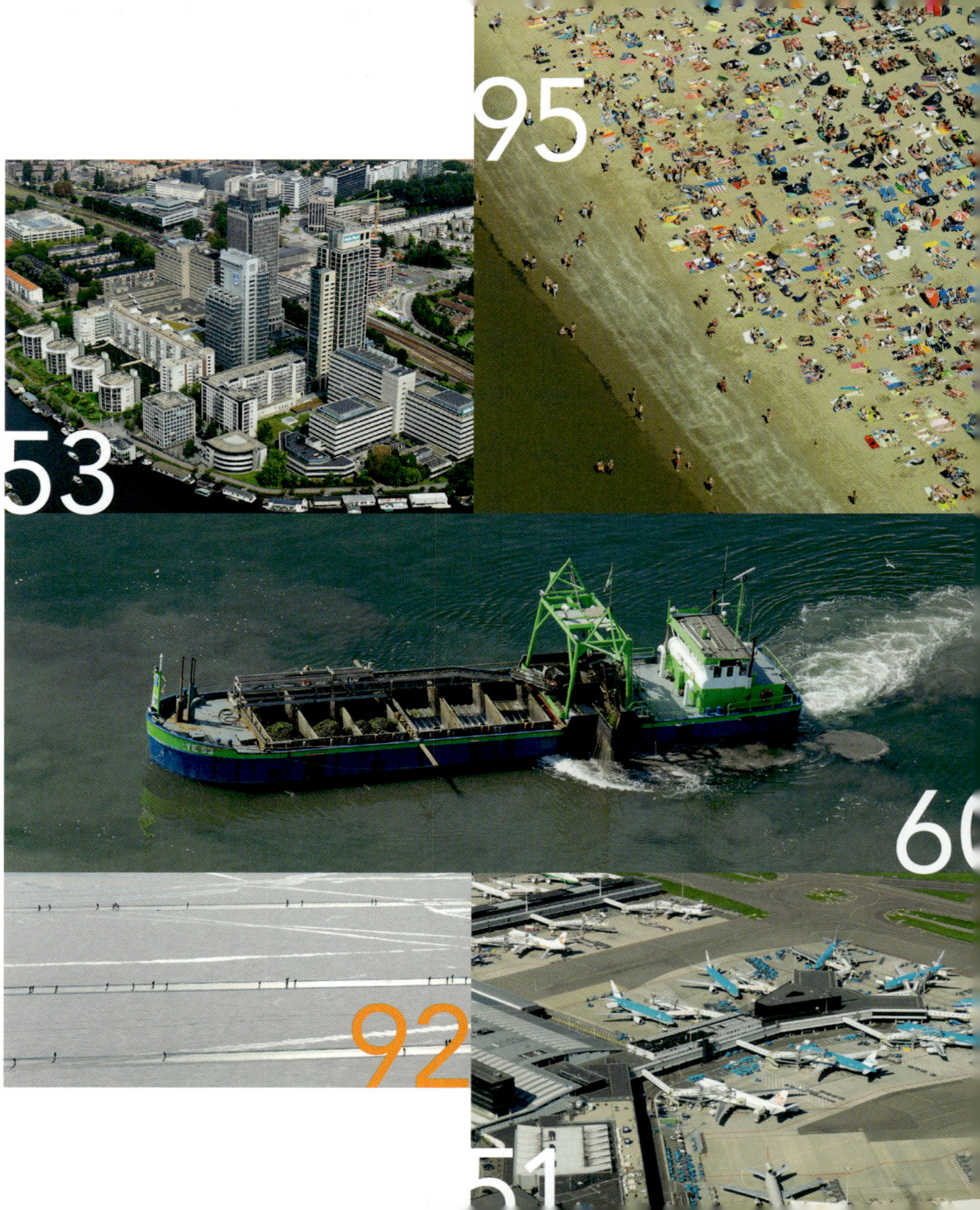

# Inhoud | Content



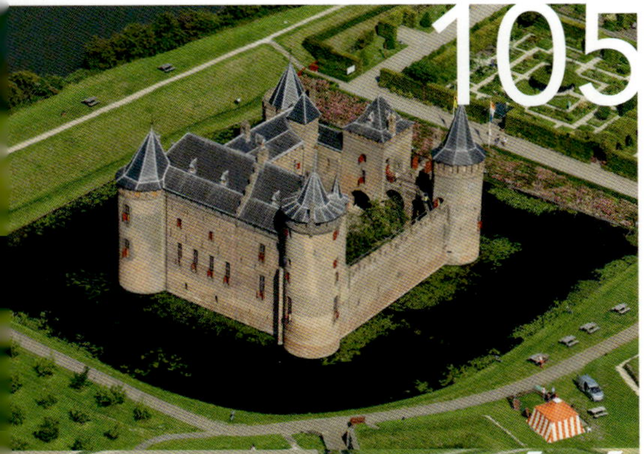


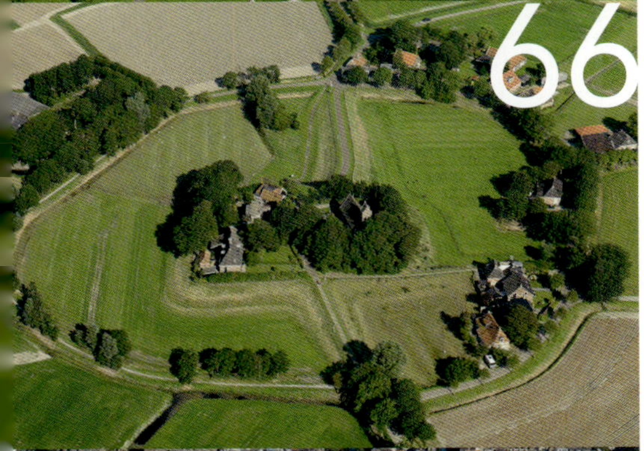


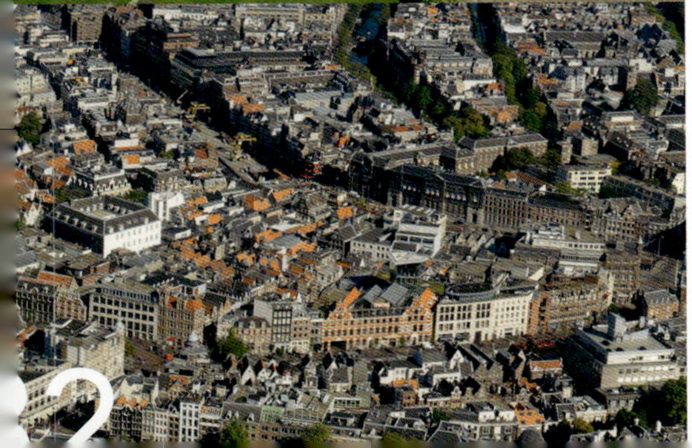

04

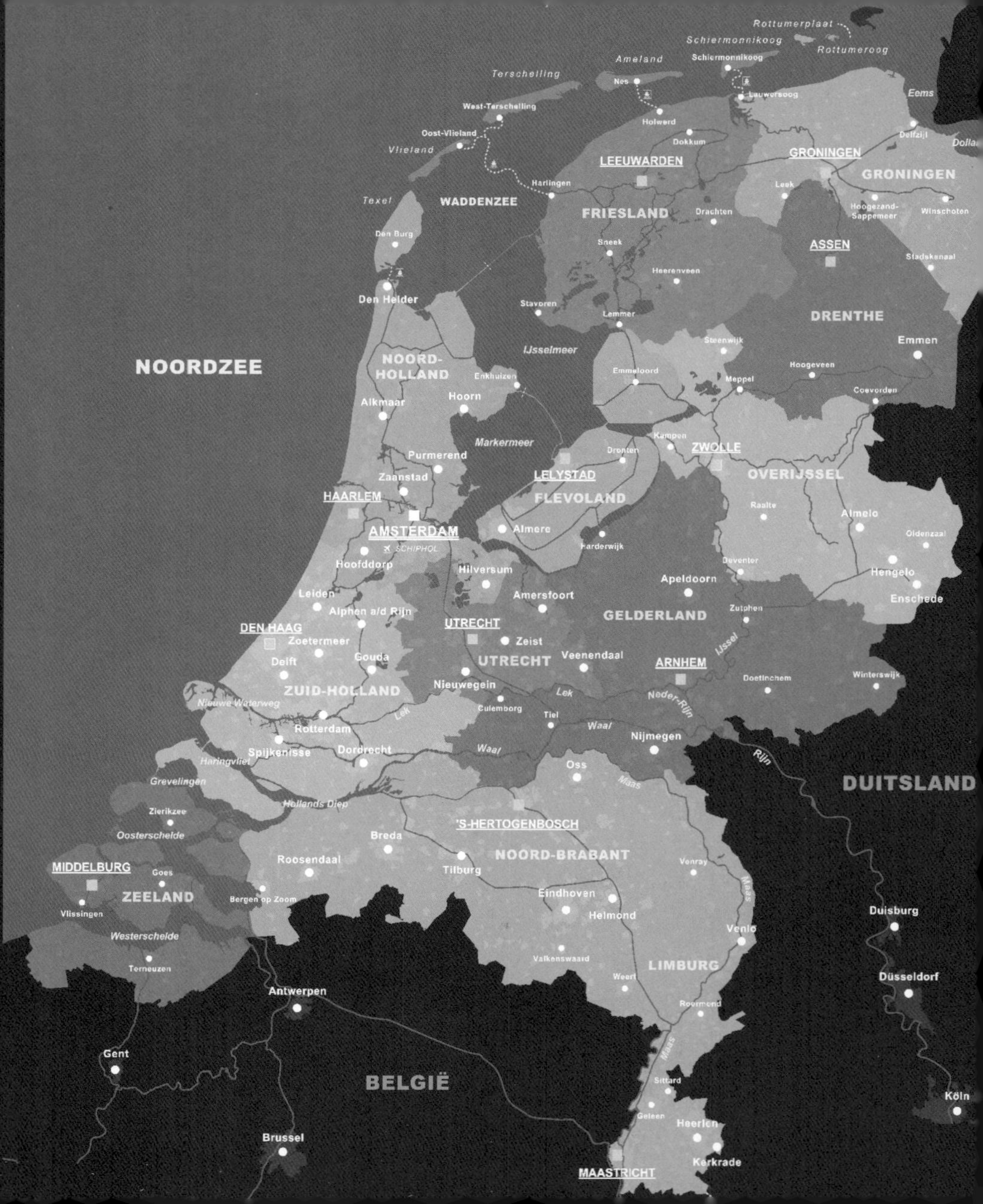
Rottumerplaat
Schiermonnikoog
Rottumeroog
Ameland
Schiermonnikoog
Terschelling
Nes
Lauwersoog
Eems
West-Terschelling
Holwerd
Oost-Vlieland
Dokkum
Delfzijl
Vlieland
LEEUWARDEN
GRONINGEN
GRONINGEN
Harlingen
Texel
WADDENZEE
Leek
FRIESLAND
Drachten
Hoogezand-Sappemeer
Winschoten
Den Burg
Sneek
ASSEN
Stadskanaal
Heerenveen
Den Helder
Stavoren
Lemmer
DRENTHE
IJsselmeer
Steenwijk
Emmen
NOORDZEE
NOORD-HOLLAND
Enkhuizen
Emmeloord
Hoogeveen
Meppel
Coevorden
Alkmaar
Hoorn
Markermeer
Kampen
Purmerend
Dronten
ZWOLLE
Zaanstad
LELYSTAD
OVERIJSSEL
HAARLEM
FLEVOLAND
AMSTERDAM
Almere
Raalte
Almelo
SCHIPHOL
Harderwijk
Oldenzaal
Hoofddorp
Hilversum
Deventer
Hengelo
Apeldoorn
Leiden
Amersfoort
Enschede
Alphen a/d Rijn
Zutphen
DEN HAAG
UTRECHT
GELDERLAND
Zoetermeer
Zeist
Delft
Gouda
UTRECHT
Veenendaal
ARNHEM
IJssel
ZUID-HOLLAND
Nieuwegein
Doetinchem
Winterswijk
Nieuwe Waterweg
Lek
Neder-Rijn
Culemborg
Tiel
Rotterdam
Waal
Nijmegen
Spijkenisse
Dordrecht
Waal
Haringvliet
Rijn
Oss
Grevelingen
Maas
DUITSLAND
Hollands Diep
Zierikzee
'S-HERTOGENBOSCH
Oosterschelde
Breda
Roosendaal
NOORD-BRABANT
Tilburg
Venray
MIDDELBURG
Goes
ZEELAND
Bergen op Zoom
Eindhoven
Helmond
Vlissingen
Duisburg
Westerschelde
Venlo
Valkenswaard
Terneuzen
LIMBURG
Weert
Düsseldorf
Antwerpen
Roermond
Gent
BELGIË
Sittard
Köln
Geleen
Heerlen
Brussel
Kerkrade
MAASTRICHT

# Voorwoord

Ons leven wordt begrensd door vertrouwde beelden. Ons huis, de straat, de weg, het dorp of de stad… Het landschap, vlak of heuvelachtig, wordt gekleurd door de seizoenen. Het werk wordt verricht. Wanneer we onze grenzen willen verleggen, kiezen we een nieuw perspectief. We stijgen op uit de alledaagsheid. Vooruit; omhoog.

Nederland, grotendeels onder de zeespiegel, vertelt haar verhaal in oude patronen van wonen en werken in dorpen en steden, in de strakke structuren van polders en percelen.

Rivieren, kanalen en sloten vormen de zenuwbanen van een samenleving die eeuw na eeuw, met steeds nieuwe technieken, haar bestaan verzekert door de strijd tegen het water en de handel overzee. Dit kleine land met grote regionale verschillen, is intens verbonden in een gedreven zoektocht naar een nieuwe horizon.

Ons vertrouwde beeld krijgt in deze vlucht een nieuw perspectief: Holland Highlights.

# *Foreword*



*Our lives are defined by familiar images. Our house, street, road, village or town… The landscape, flat or hilly, is coloured by the seasons. The work goes on. When we want to push back our boundaries, we choose a new perspective. We rise above the everyday. Forwards; upwards.*

*The Netherlands, largely below sea level, tells its story in old patterns of living and working in villages and towns, in the clearly defined structures of polders and plots of land.*

*Rivers, canals and ditches form the nerve pathways of a society which, century after century, assures its existence by conducting the struggle against the water and overseas trade, with ever new technologies. This small country with big regional differences is intensely connected in a driven quest for new horizons.*

*In this flight, we lend a new perspective to that familiar image: Holland Highlights.*

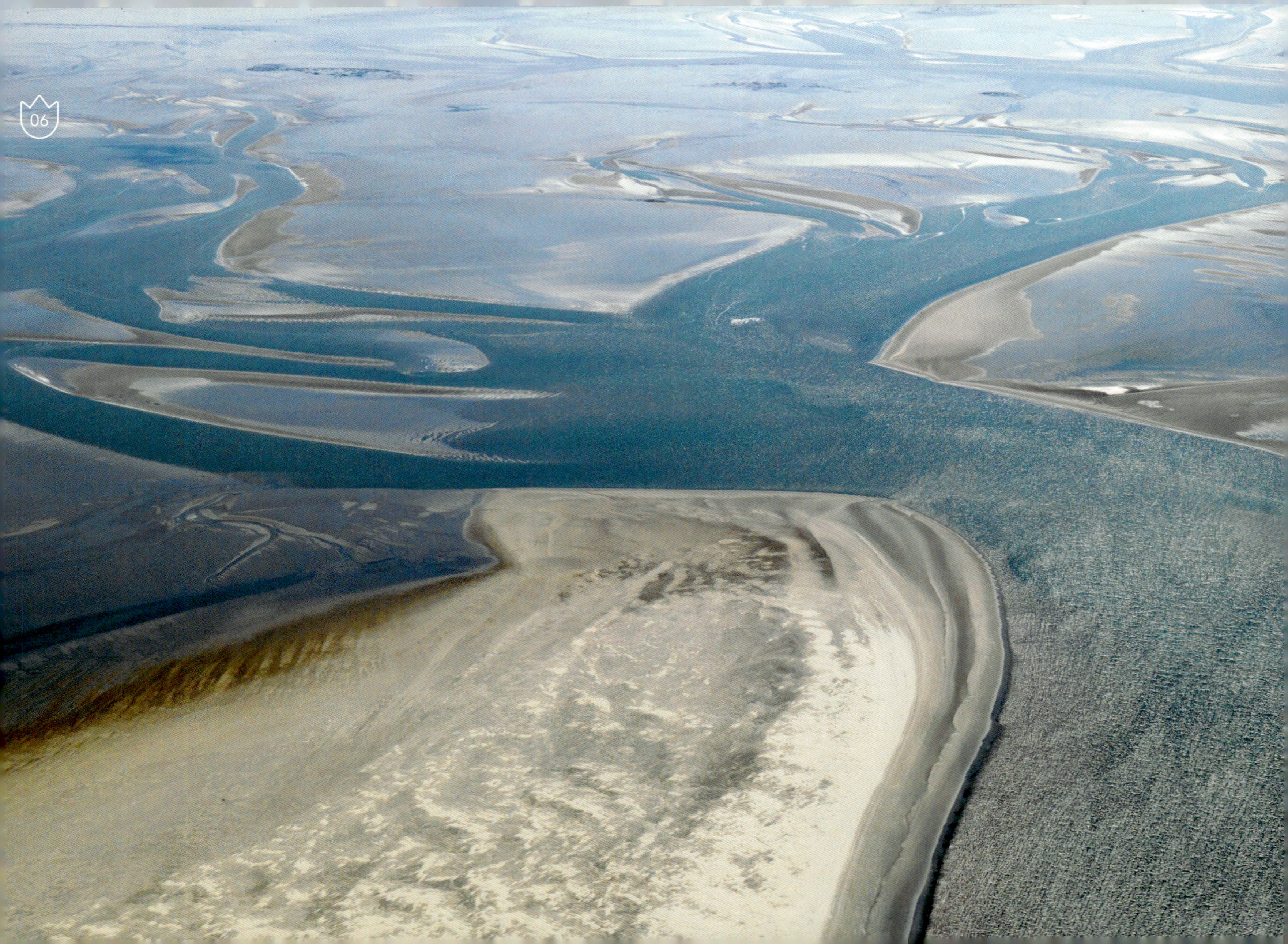
06

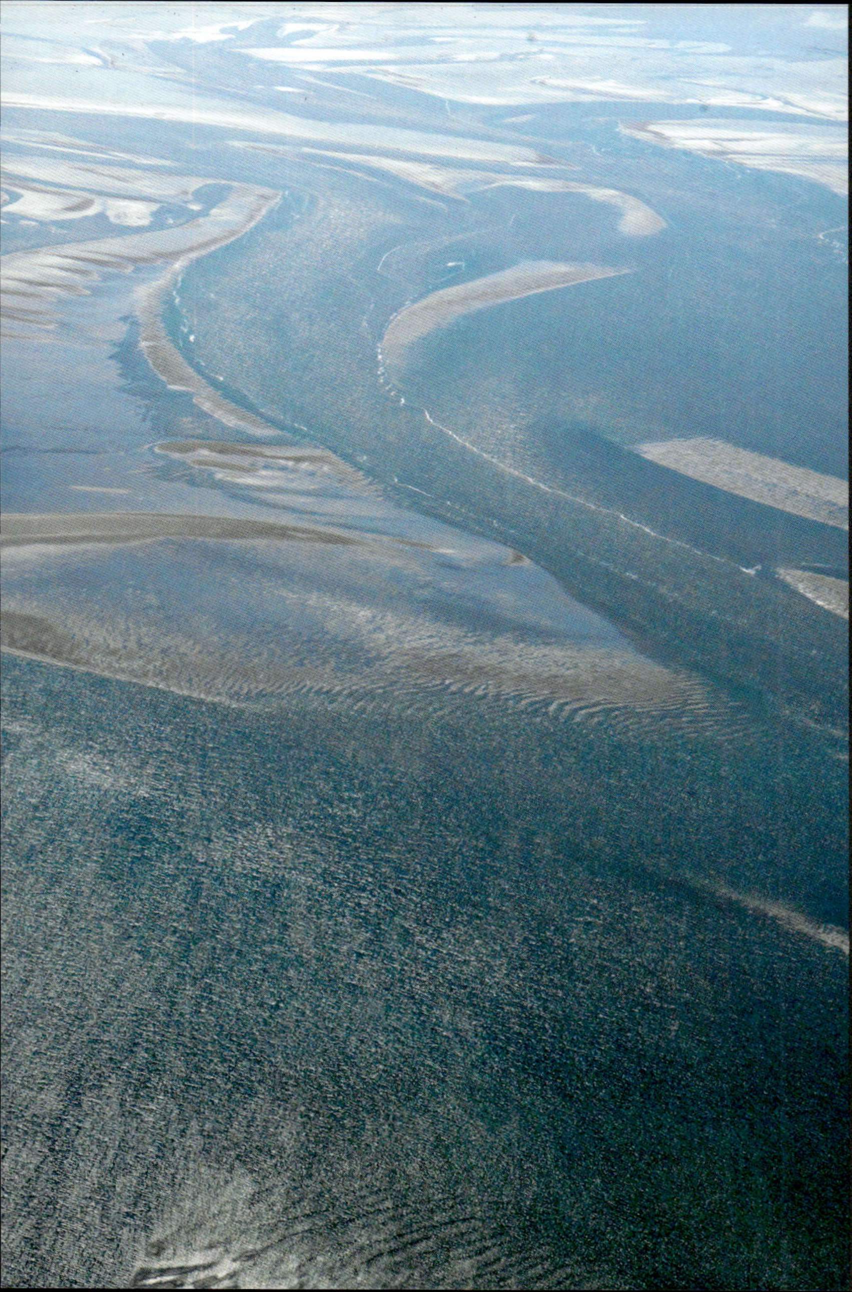

## Hoe het begon

In de eeuwige beweging van eb en vloed slibt in de delta het zee-en rivierzand op. Uiteindelijk vallen platen droog.
Met bedijkingen en inpolderingen maakten Hollanders het land, het lage land, In de vlucht valt het licht op wat was, op wat is en wat kan zijn...
In dit lage land spiegelt het licht de lucht, zoals nergens anders.

## *In the Beginning*

*In the age-old movement of ebb and flow, sand from sea and river is deposited in the delta. Eventually, tidal flats are exposed.*
*With the construction of dykes and polders, the inhabitants of Holland created the land, the low land. Our aerial journey sheds light on what was, what is and what may be...*
*In this low land, the light mirrors the sky like nowhere else.*

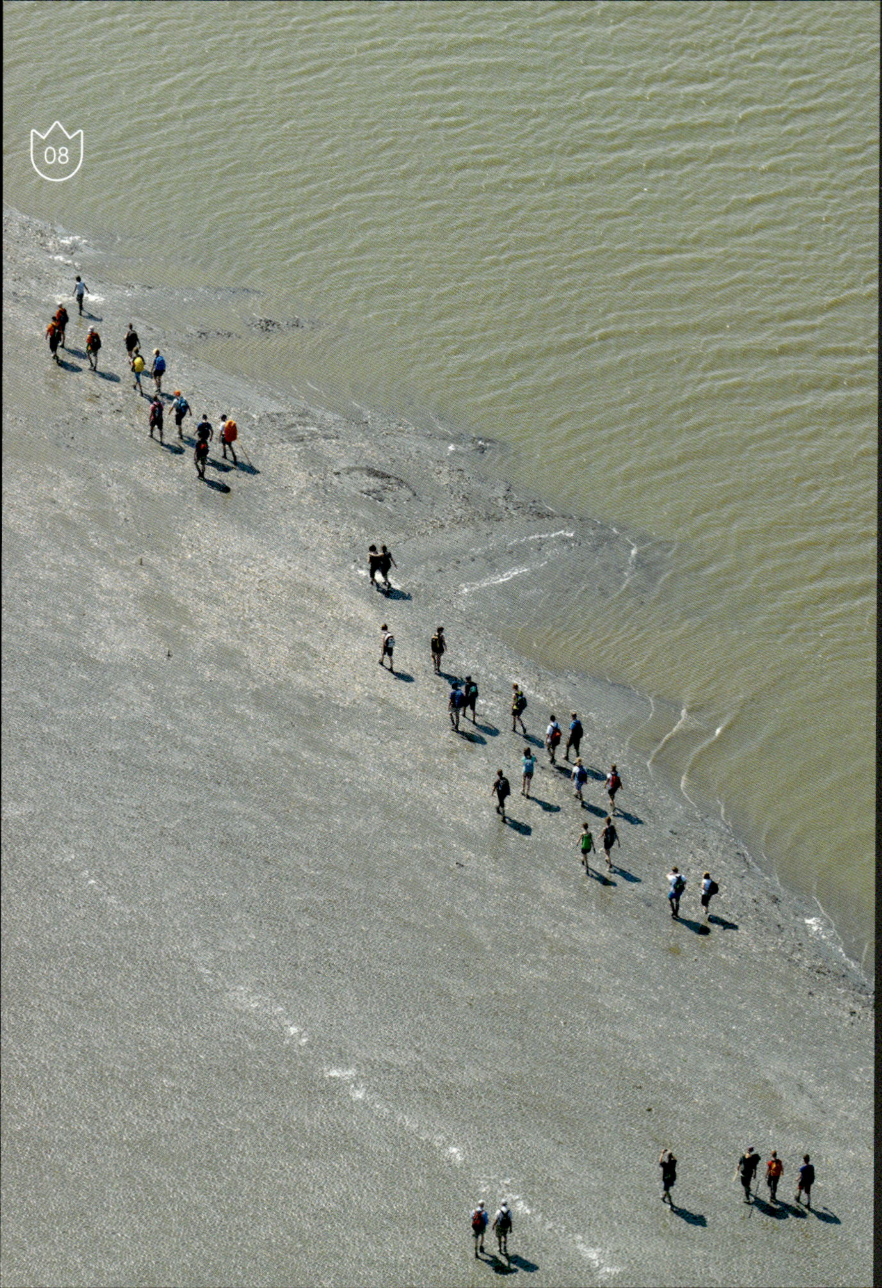


## Water en Wadden

Wanneer het water wijkt en Wad wordt, wandelen wadlopers in een lang lint door het woeste en weidse landschap zoals zich dat 'in den beginne' vormde in grote delen van dit lage land, de delta van Europese stromen Maas, Rijn en Schelde. Nu treffen we dit oorspronkelijke landschap alleen nog aan in het Waddengebied, werelderfgoed. Eb en vloed hebben vrij spel in de Waddenzee en om eilanden Texel, Vlieland, Terschelling, Ameland, Schiermonnikoog en Rottumeroog. Vanaf de eilanden en verschillende plaatsen aan de kust van Friesland en Groningen kun je onder leiding van ervaren gidsen; het Wad op. Waag het niet alleen;
dat is levensgevaarlijk.

## *Water and Wadden*

*When the tide falls and the water gives away to mudflats, long lines of 'wadlopers', mud walkers, wind their way through the desolate, wide open landscape – a landscape like the one that formed 'in the beginning' in large parts of this low country, the delta of European rivers Maas, Rhine and Scheldt.*
*Now we only find this original landscape in the Wadden Sea region, a world heritage site. Ebb and flow have free reign in the Wadden Sea and around the islands of Texel, Vlieland, Terschelling, Ameland, Schiermonnikoog and Rottumeroog. From the islands and various places on the coast of Friesland and Groningen, you can walk the mudflats, led by experienced guides. Don't try it alone; it could prove fatal.*

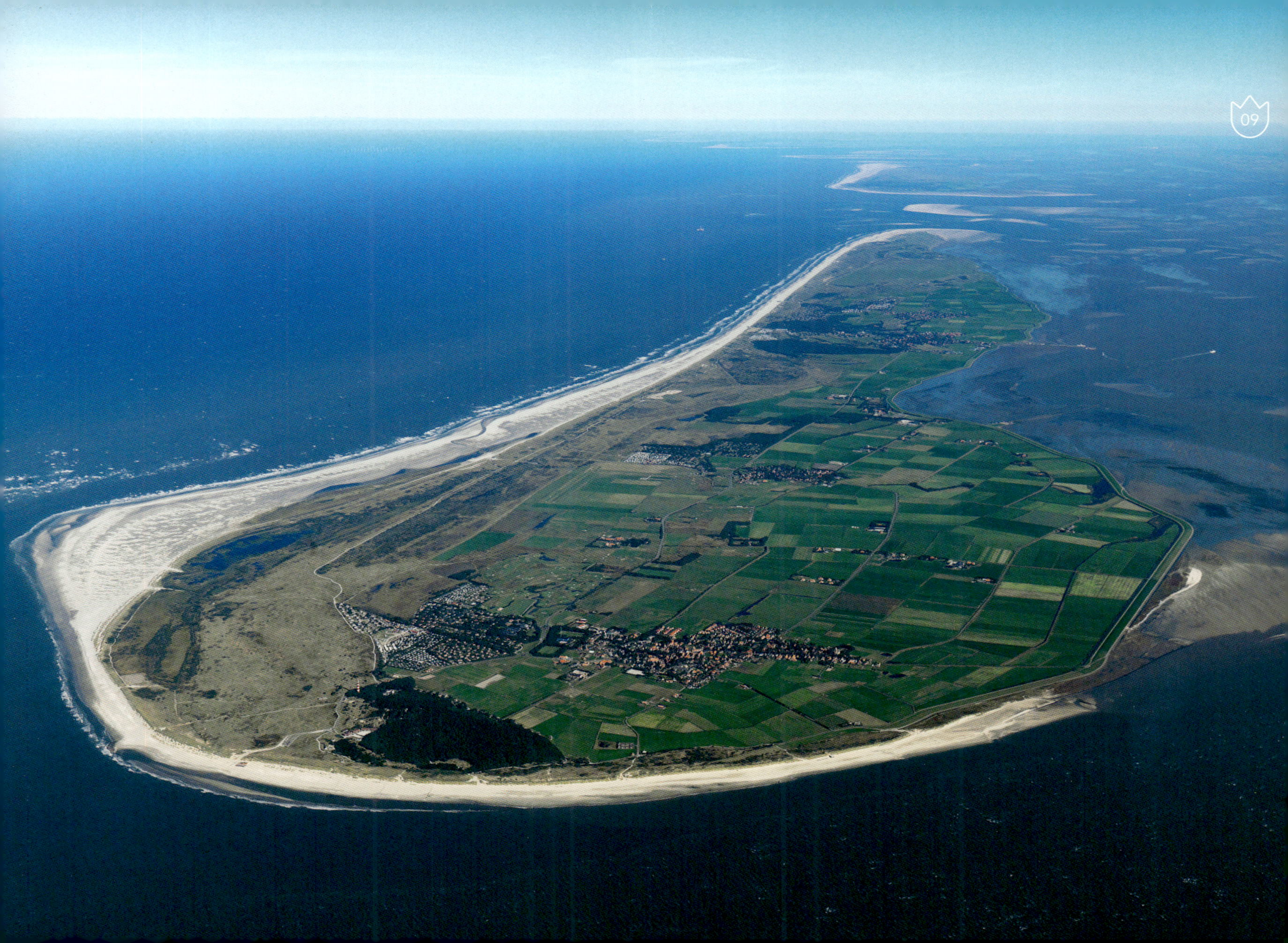

10

# Het Groene Hart

In het westen lagen, achter duinruggen uitgebreide moerassen, veengebieden. Die oeroude, drijvende resten van vegetatie werden door de eerste bewoners van het Lage Land, monniken, met sloten en watergangen droog gelegd. De zo gewonnen vruchtbare gronden werden aanvankelijk gebruikt voor akkerbouw.
In de loop der eeuwen klonken deze percelen in. Alleen door eeuwen opgebouwd waterbouwkundig vernuft, van bedijken, bemalen en innoveren wordt dit open en kleurrijke Groene Hart onder de zeespiegel gehandhaafd. Hoewel de aard van het boerenbedrijf door schaalvergroting snel van karakter verandert, zie je hier in de zomermaanden nog het traditionele beeld van Holland: met op de achtergrond een oude molen, grazen koeien op wollige weilanden, omringd door venige sloten en riviertjes zoals de Vlist.

# *The Green Heart*

*In the west, behind dune ridges, there lay extensive marshes and peat bogs. These ancient, floating remnants of vegetation were drained by the first inhabitants of the Low Country, monks, by means of locks and waterways. The fertile lands reclaimed in this way were initially used for arable farming.*
*Over the centuries, these plots subsided. Only thanks to ingenuity in hydraulic engineering built up over centuries, building dykes, pumping out water with windmills and innovating, was this open and colourful Green Heart below sea level maintained.*
*Although the nature of farming is changing fast due to increasing scale, in the summer months you still see the traditional image of Holland here: against the backdrop of an old windmill, cows graze on soft meadows, surrounded by peaty ditches and little rivers like the Vlist.*

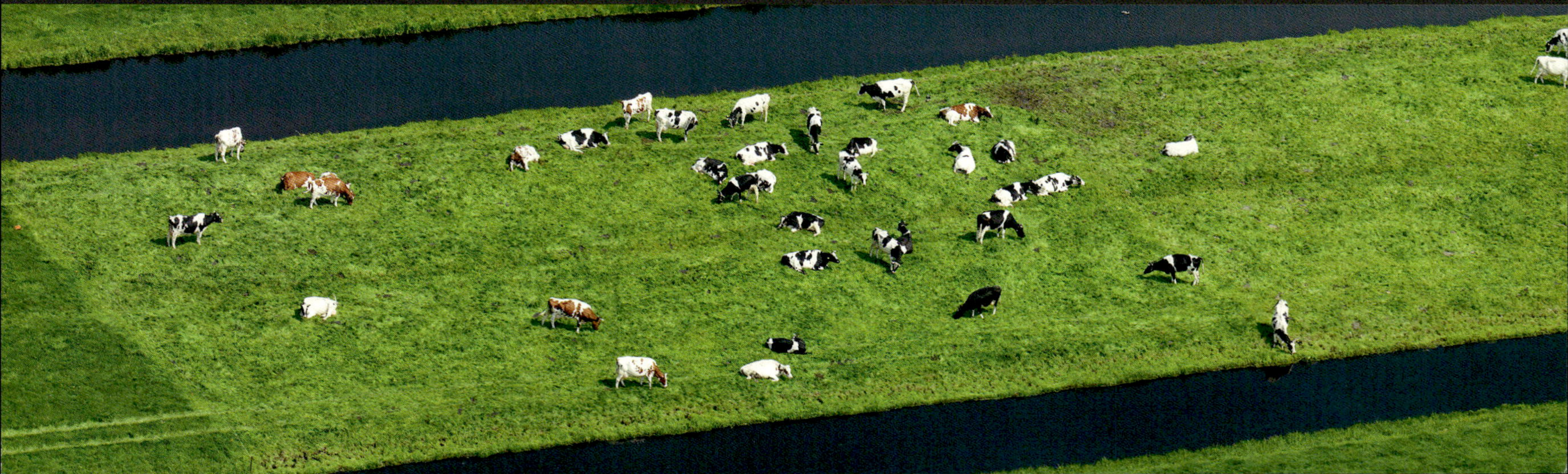

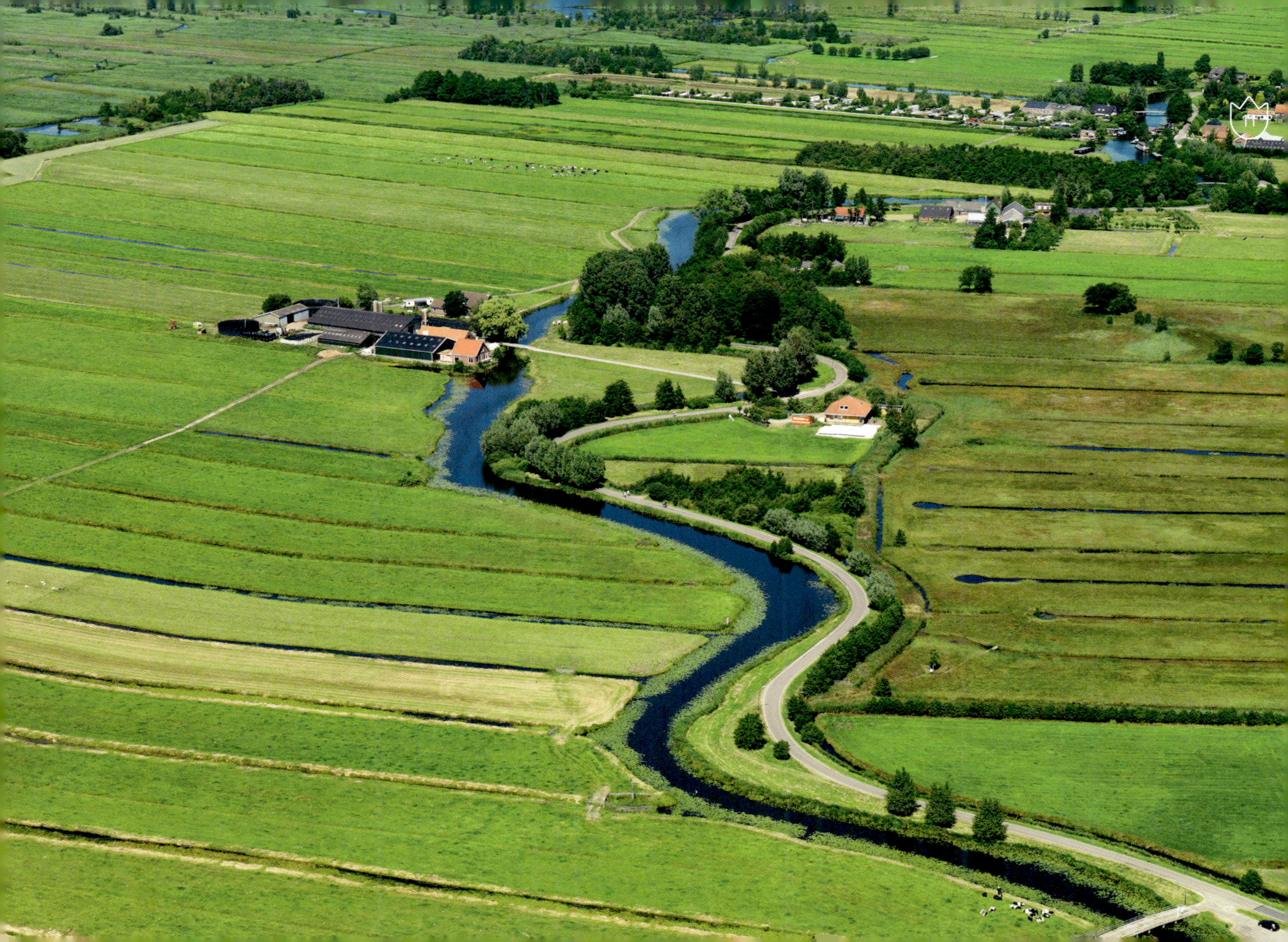

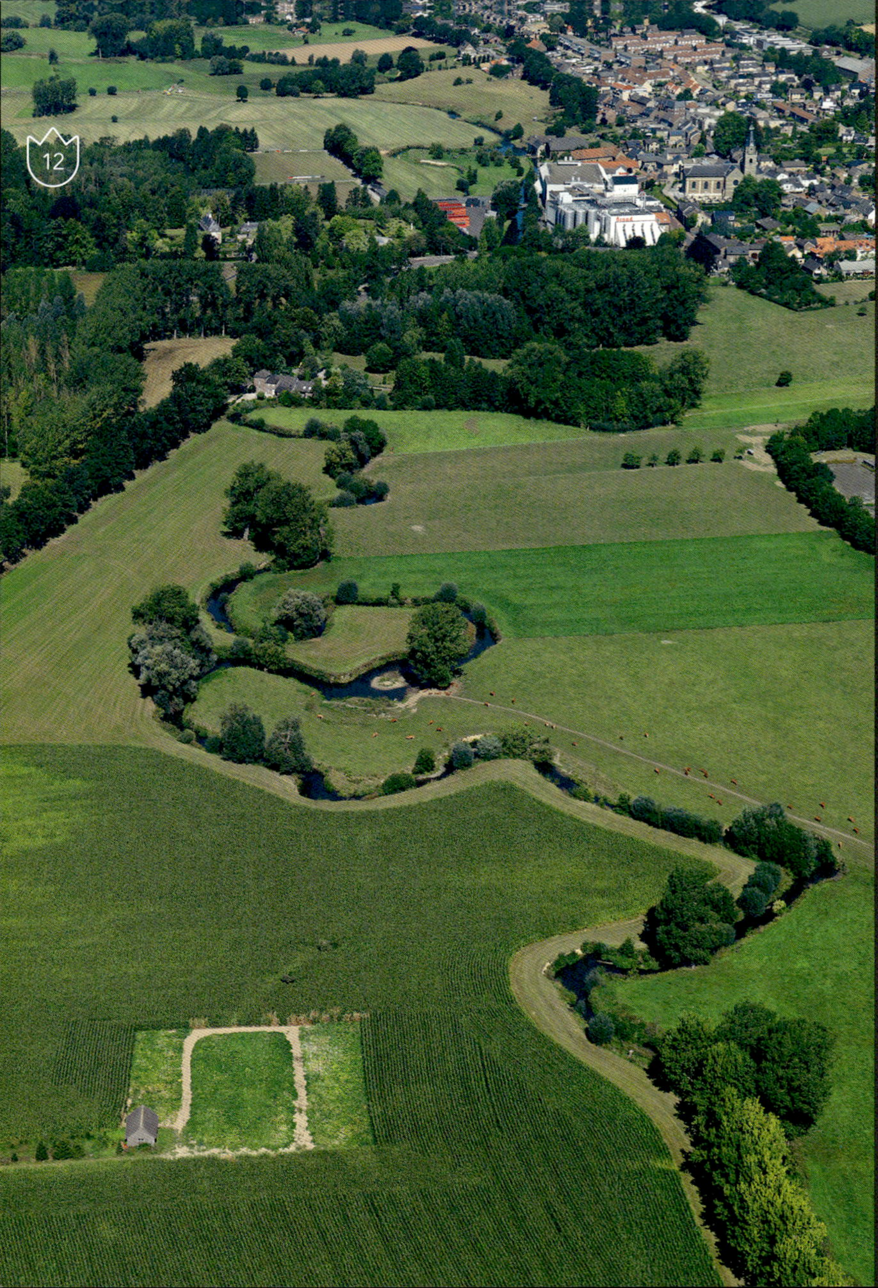

## Limburgs Heuvelland

Heuvels in het vlakke land? Ja, zeker. In Zuid Limburg reiken de heuvels tot meer dan 320 meter boven zeeniveau.
Als Holland iets kenmerkt, zijn het de verschillen in de regionale landschappen. De heuvels in Zuid Limburg zijn de uitlopers van de Waalse Ardennen en de Duitse Eifel.
Het Limburgse heuvelland heeft geheel eigen karakter, geschiedenis en cultuur. Het gebied is van oudsher nauw verbonden met Keulen en het Prinsbisdom in Luik. In 1866 werd Limburg een Nederlandse provincie en hiermee staatkundig een onderdeel van 'Holland'. Maar wie hier gaat wandelen of fietsen, tussen wijngaarden en snelstromende beken, treft gastvrije dorpen en boerderijen: het Bourgondische leven van het zuiden.

## *Limburg's hill country*

*Hills in the Low Countries? Absolutely! In the South Limburg, the hills rise to more than 320 metres above sea level.
If anything characterises Holland, it is the differences in the regional landscapes. The hills of South Limburg are the foothills of the Walloon Ardennes and the German Eifel.
The hilly landscape of Limburg has its own character, history and culture. The region has traditionally been closely linked with Cologne and the Prince-Bishopric of Liège. In 1866, Limburg became a province of the Netherlands and therefore politically part of 'Holland'. But if you go hiking or cycling here among vineyards and fast-flowing streams, you encounter welcoming villages and farms: echoes of Burgundy, far to the south.*

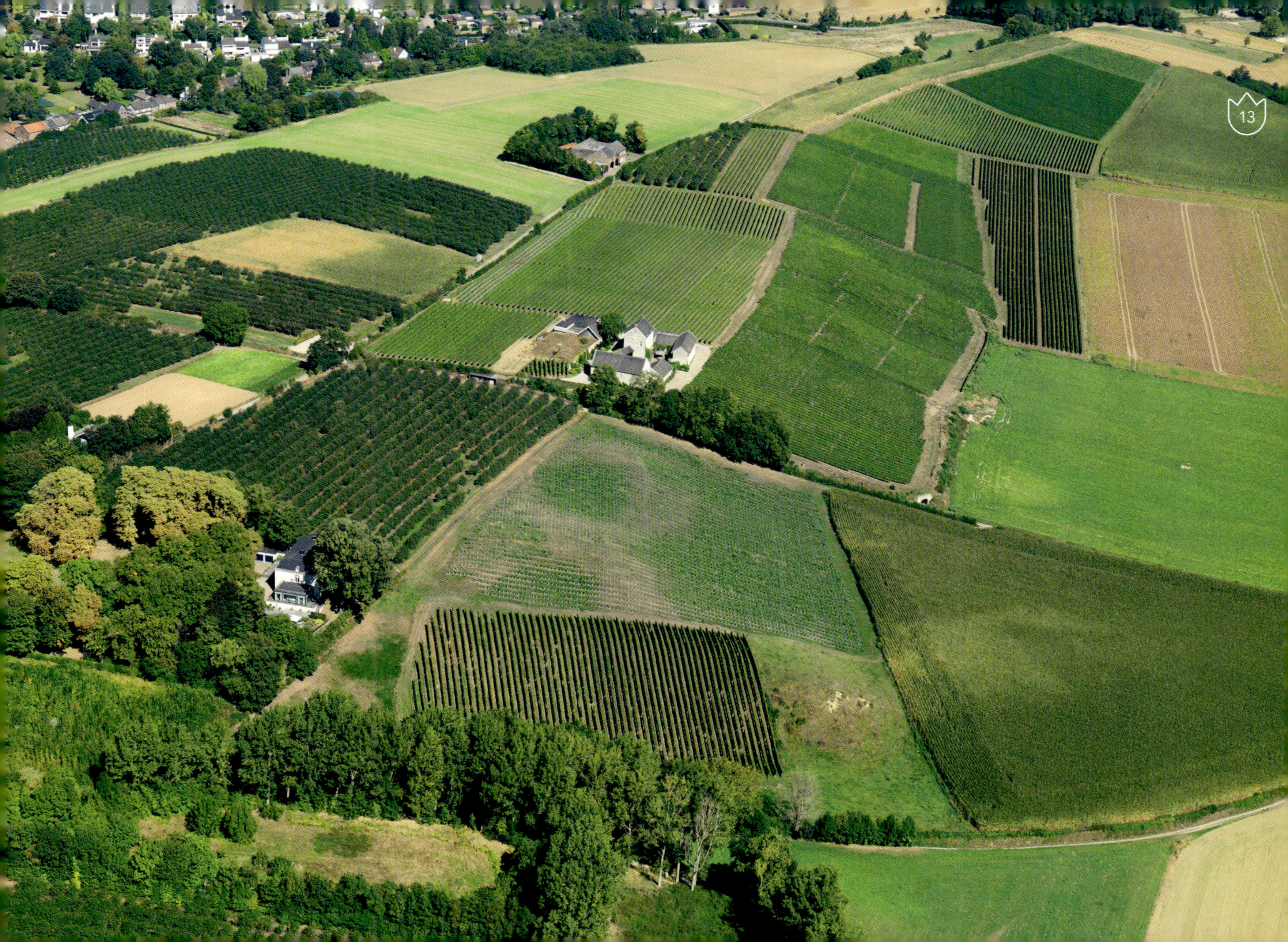

14

## Veluwe

De Veluwe is een groot gebied (1000 km2) van stuwwallen in het hart van Nederland. Het is gevormd tijdens de voorlaatste ijstijd, toen 150.000 jaar geleden de grens van de noordelijke ijskap tot hier reikte. Het ijs bracht zand mee, en grote keien, die je nu nog aan kunt treffen.

Het landschap van de Veluwe is een grotendeels beschermd natuurgebied, waarin bossen en zandverstuivingen elkaar afwisselen. In het hart van het natuurgebied ligt het Kröller Müller Museum, waar een grote collectie schilderijen van Vincent van Gogh te zien is en je de belangrijkste beeldentuin van het land vindt.

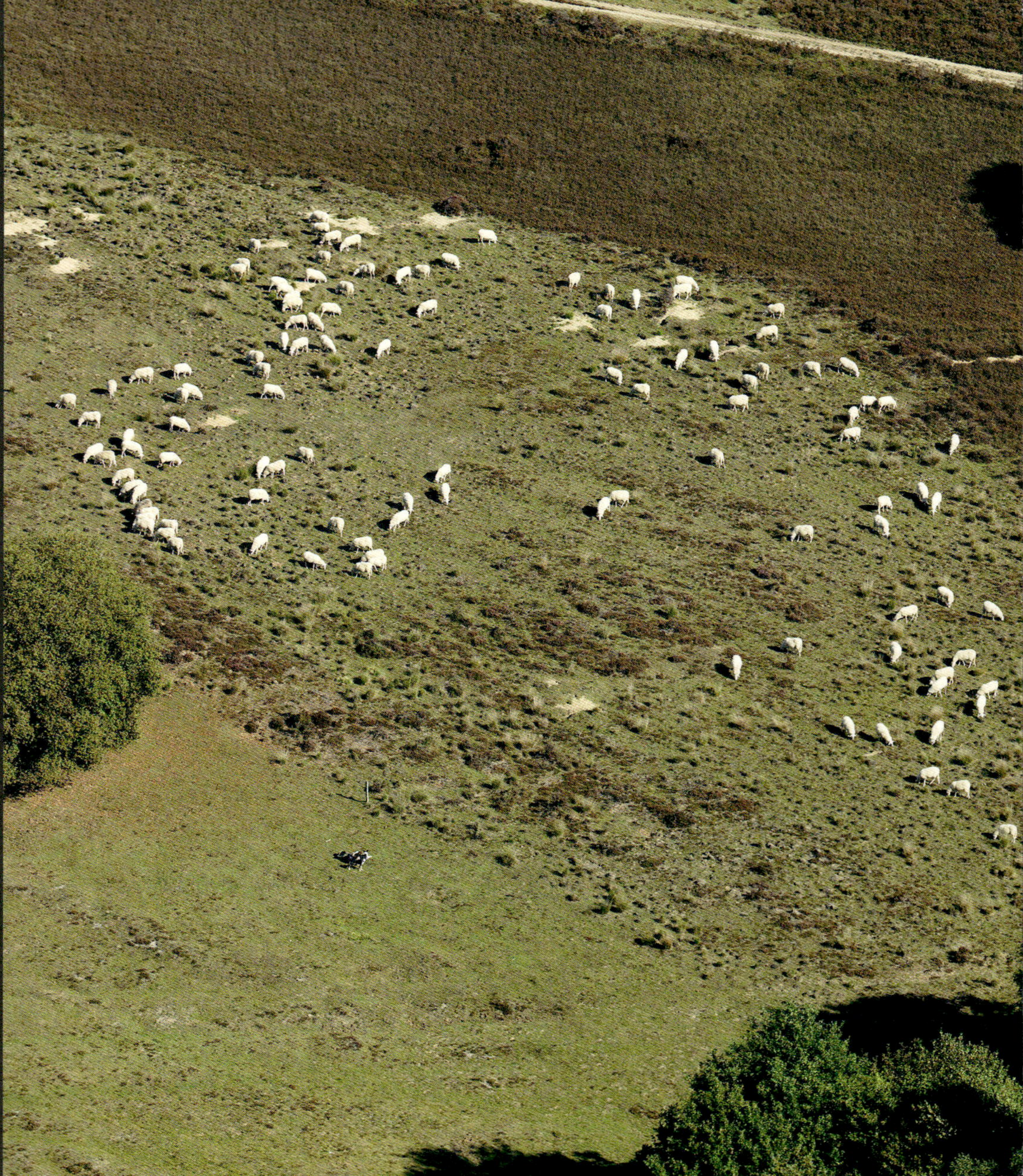

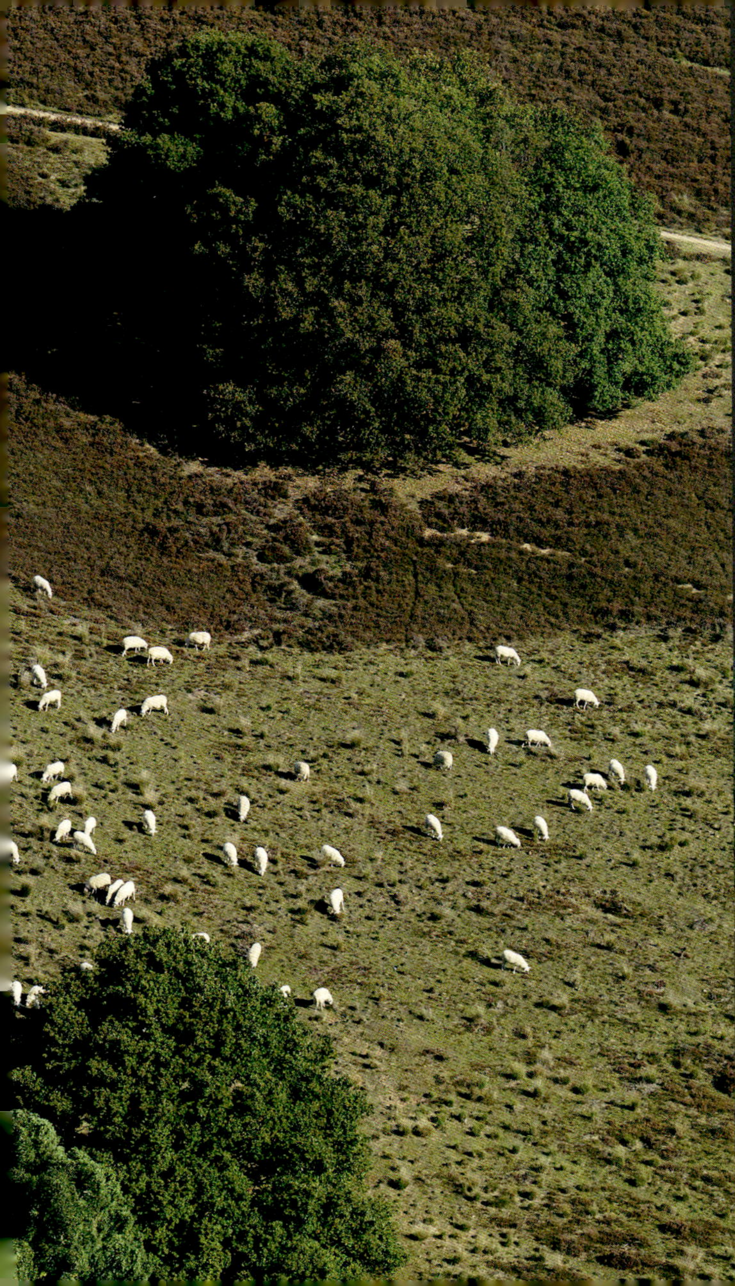

## Veluwe



The Veluwe is a large area (1000 km2) of push moraines in the heart of the Netherlands. It was formed during the last but one ice age, 150,000 years ago, when it marked the extent of the northern ice sheet. The ice brought sand and large boulders, which you can still encounter today.
The landscape of the Veluwe is largely a protected area of nature, in which forests alternate with sand dunes. In the heart of the nature reserve lies the Kröller Müller Museum, home to a large collection of paintings by Vincent van Gogh and the country's most important sculpture park.

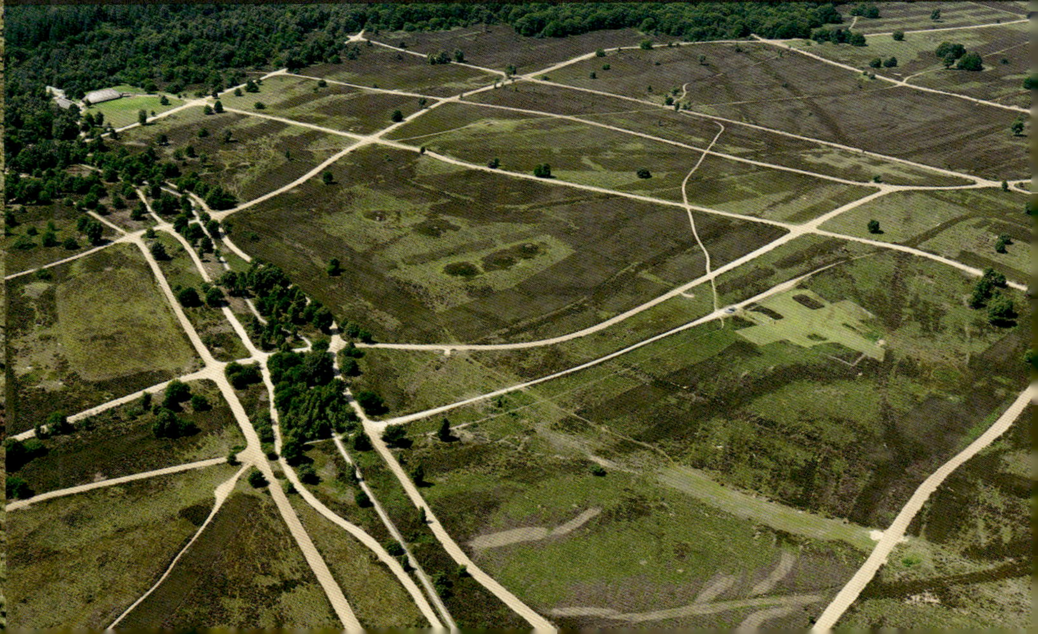

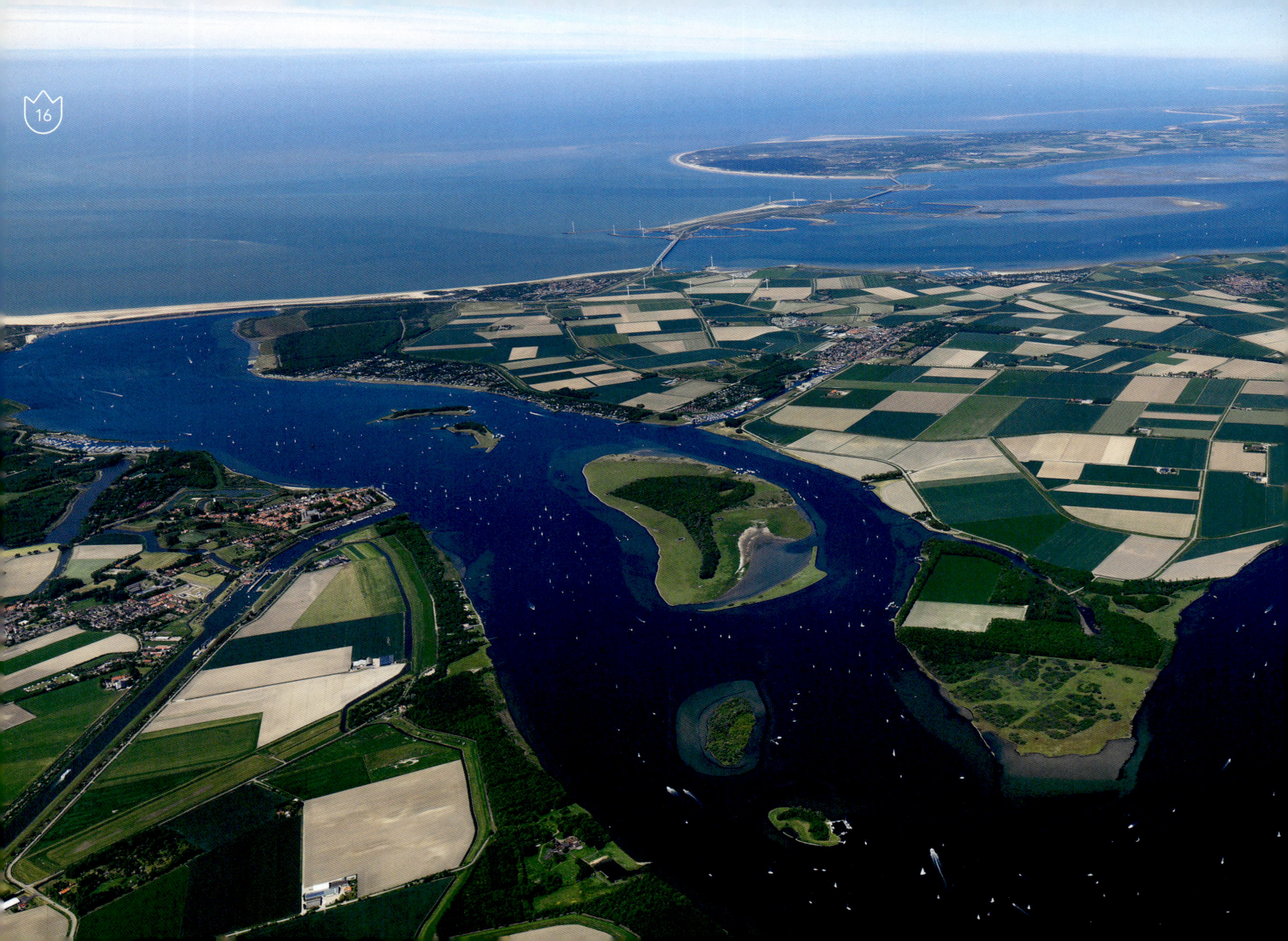
16

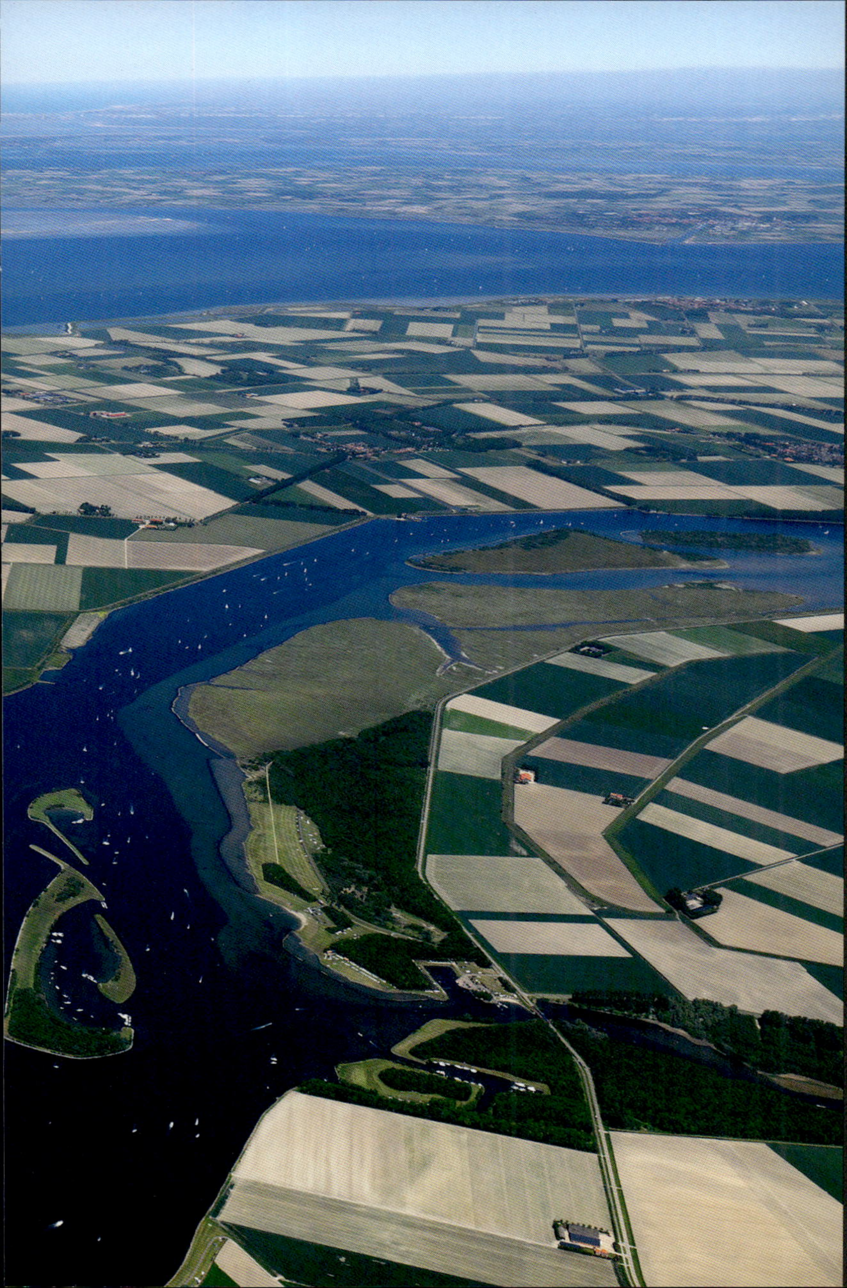



## Van zee naar klei

De Nederlandse landbouwproductie is niet voor niets zo groot en rijk. De Nederlandse grond is meer dan vruchtbaar, makkelijk te bewerken en vrijwel vlak. Grote delen van de kuststrook zijn gevormd uit zeeklei, van de Zeeuwse eilanden tot aan de polders langs de Eems in het noordoosten van Groningen. Zeeklei, gevormd uit belangrijke mineralen aangevoerd door zee, heeft als en als bijzondere eigenschap dat het neerslag lang kan vasthouden en is hiermee bij uitstek geschikt voor de akkerbouw. De landbouwpercelen worden efficiënt beheerd; waar nodig wordt een ruilverkaveling toegepast. Zo kunnen Nederlandse boeren jaar in, jaar uit op de wereldmarkt concurreren.

## *From sea to clay*

*There are good reasons why Dutch agricultural production is as extensive and rich as it is. Dutch soil is more than fertile, easy to work and the land is virtually flat. Large parts of the coastal strip are made up of marine clay, from the islands of Zeeland to the polders along the River Eems in the north-east of Groningen. A special property of marine clay, formed from important minerals deposited by the sea, is that it retains precipitation for a long time, making it ideal for arable farming. The agricultural plots are efficiently managed; where necessary, parcels of land are consolidated. In this way, Dutch farmers are able to compete on the world market, year after year.*

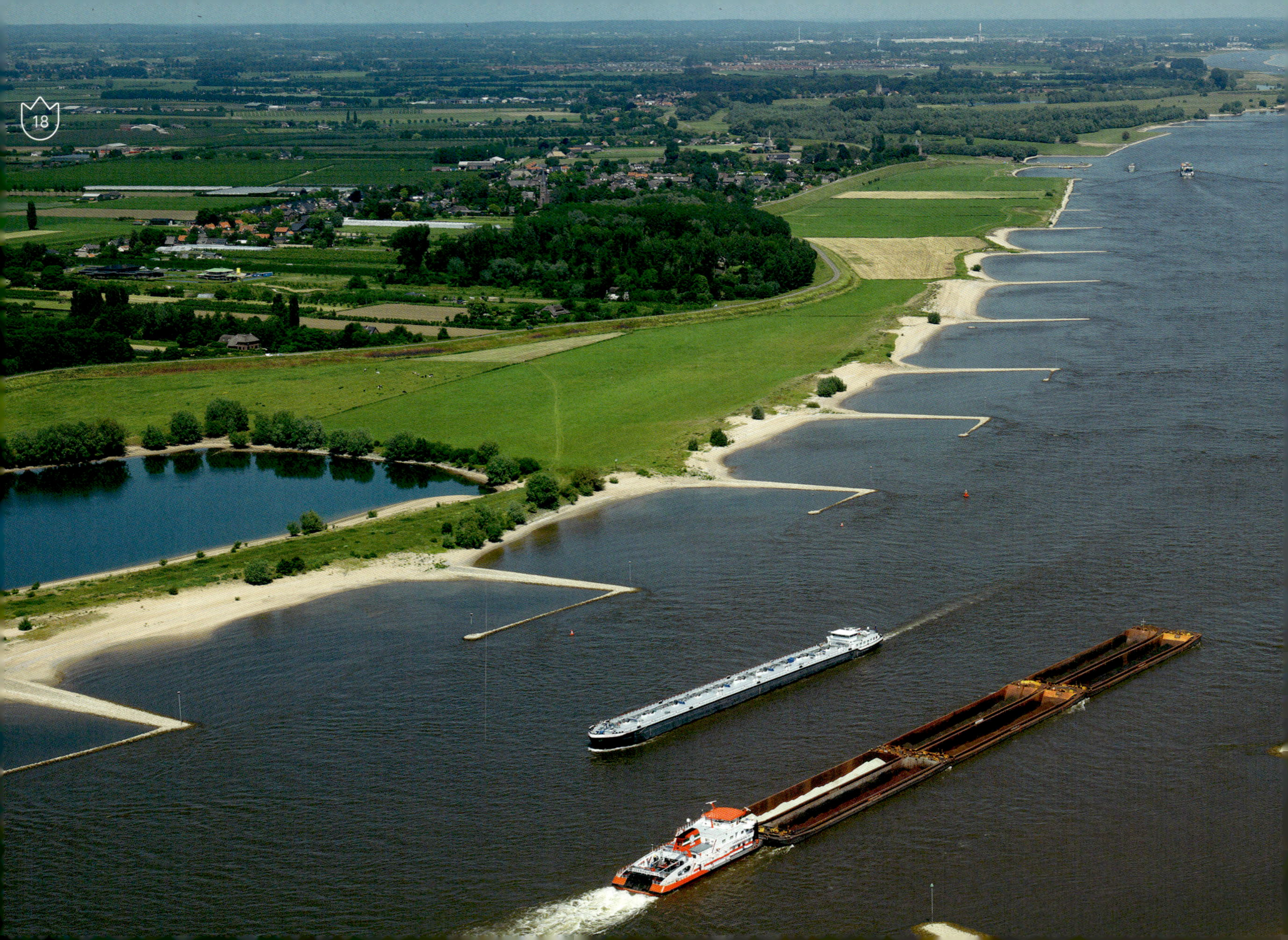

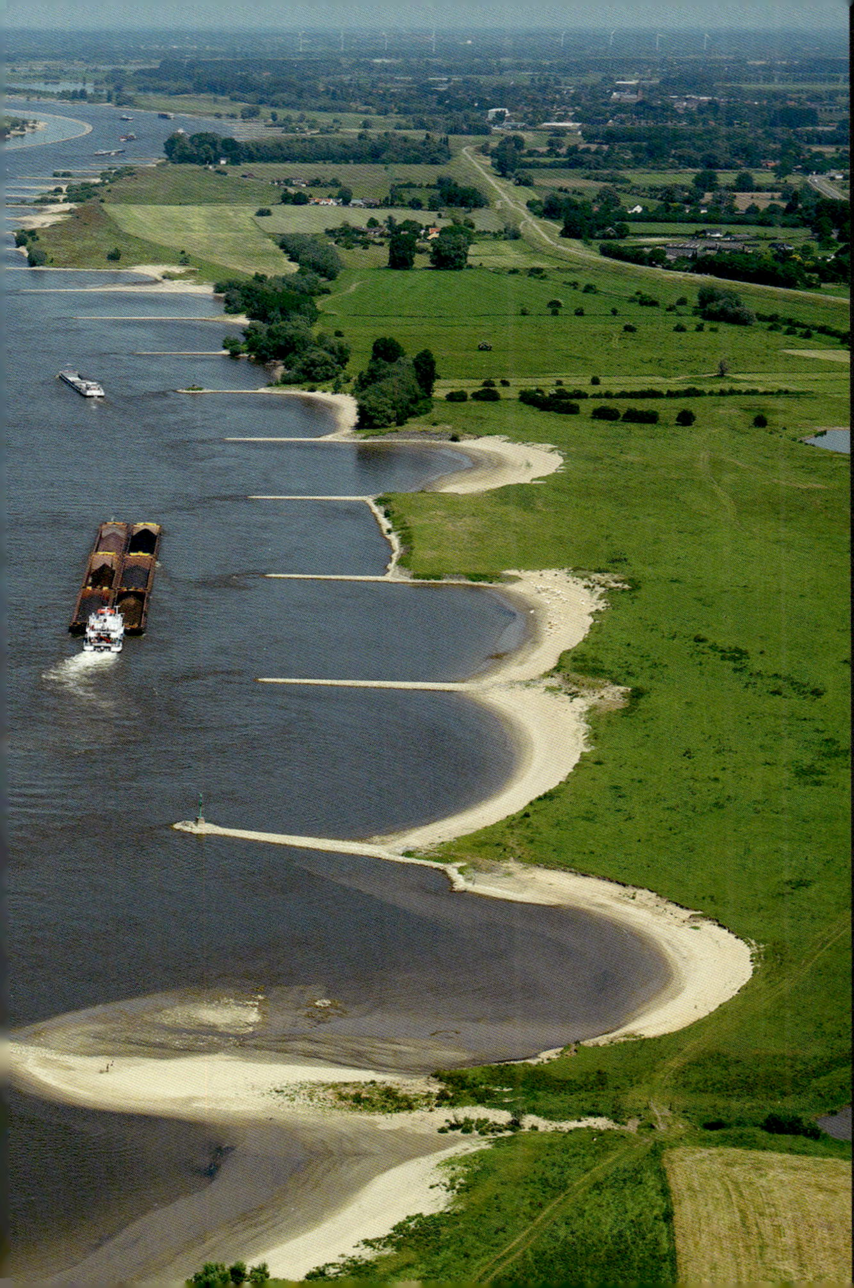

## Nederland Rivierenland



Nederland, rivierenland. De Waal is de meest waterrijke stroom van de Rijn, die bij Lobith het land binnenkomt. Hier, ter hoogte van Varik in de Betuwe, varen grote duwschepen uit de haven van Rotterdam, de Waal op, stroomopwaarts, richting Duitsland. De rivier, die bij Woudrichem overgaat in de Merwede, is 85 kilometer lang en heeft een vaargeul van minimaal 2.80 diep. Rivieren in Nederland zijn meer dan vaarwegen; de natuurwaarden van de rivier zijn groot en daarom enorm van belang. Tussen de kribben paaien vissen en bieden de zanderige oevers ruimte aan recreanten. Op dit moment wordt hard gewerkt om, met het oog op klimaatverandering, de rivieren meer ruimte te geven en de natuur en veiligheid te versterken.

## *The Netherlands, land of rivers*

*The Netherlands, land of rivers. The river Waal is the stream of the Rhine which carries the most water, entering the country at Lobith. Here, at Varik in the Betuwe region, large pusher craft from the port of Rotterdam ply the Waal, sailing upstream towards Germany. The river, which changes its name to the Merwede at Woudrichem, is 85 km long and has a navigation channel at least 2.80 metres deep. Rivers in the Netherlands are more than just waterways; they have great significance for nature, and are therefore extremely important. Fish spawn between the groynes, while the sandy shores offer room for recreationists. At present, there is a lot of work going on to give the rivers more space in order to mitigate the impact of climate change and enhance nature and safety.*

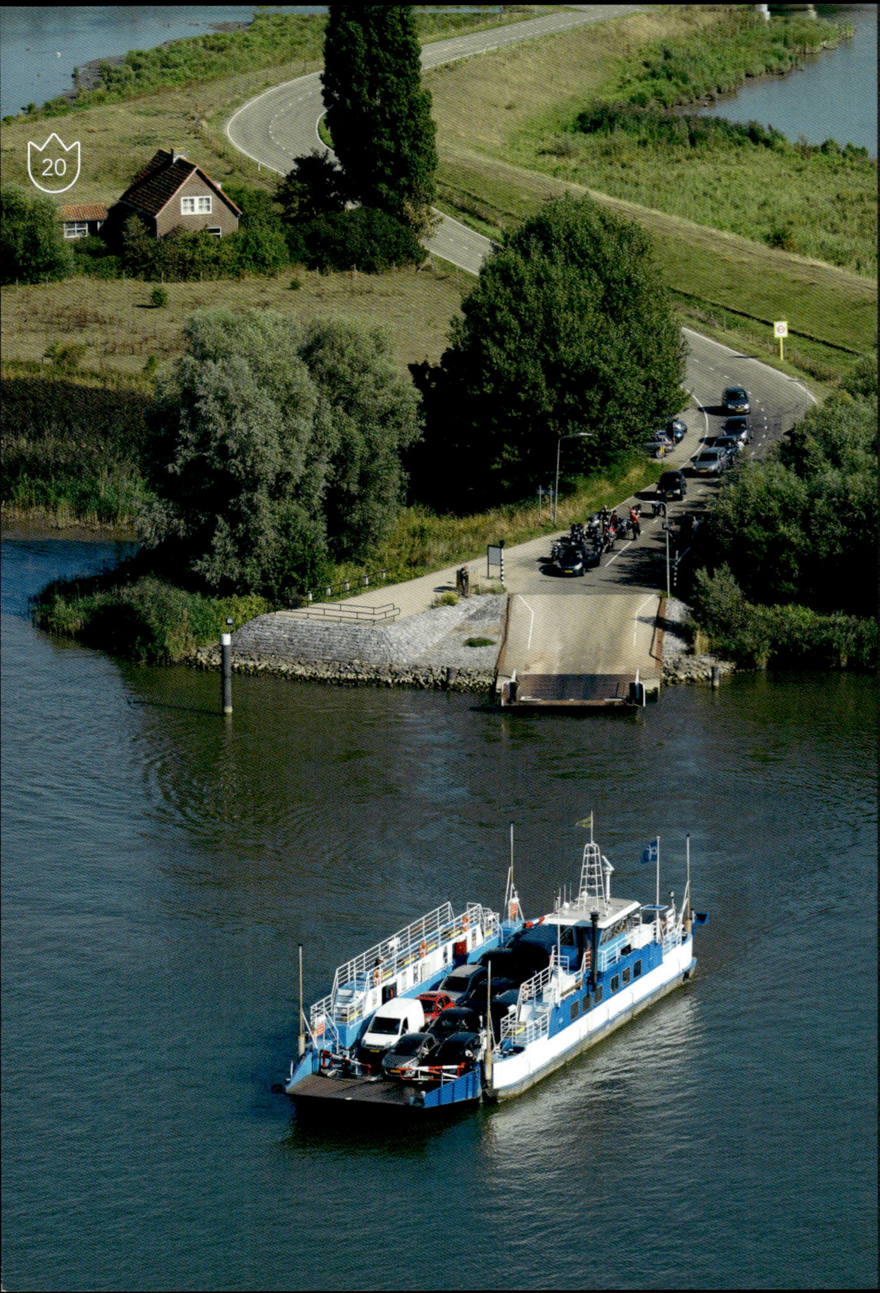

# Land van overkanten

Nederland is een land van overkanten. Veerdiensten vormen een onmisbare schakel in de verbindingen van het wegennet. Dagelijks varen honderden ponten en pontjes van de ene oever naar de andere. Sommige veren zijn klein en zijn van belang voor fietsers; andere, zoals die van de Kop van 't Land naar de Spieringpolder in de Biesbosch zorgen er voor dat ook automobilisten niet een omweg hoeven te rijden van tientallen kilometers. In het noorden van het land zijn de veerdiensten van de vaste wal naar de Waddeneilanden van levensbelang. Dat geldt voor de bewoners van de eilanden, maar zeker ook voor de meer dan drie miljoen toeristen die jaarlijks worden overgezet. Het veer van Holwerd naar Ameland vaart 15 keer per dag.

# *Country of opposite shores*

*The Netherlands is a country of opposite shores. Ferry services represent a vital link in the road network. Every day, hundreds of large and small ferries ply between one shore and the other. Some are small, and are important for cyclists, while others, like the one from Kop van 't Land to Spieringpolder in De Biesbosch National Park, save drivers dozens of kilometres in detours. In the north of the country, the ferry services from the mainland to the Wadden Sea islands are of crucial importance – both for the inhabitants of the islands and for the more than three million tourists they deposit there annually. The ferry from Holwerd to Ameland sails 15 times a day.*

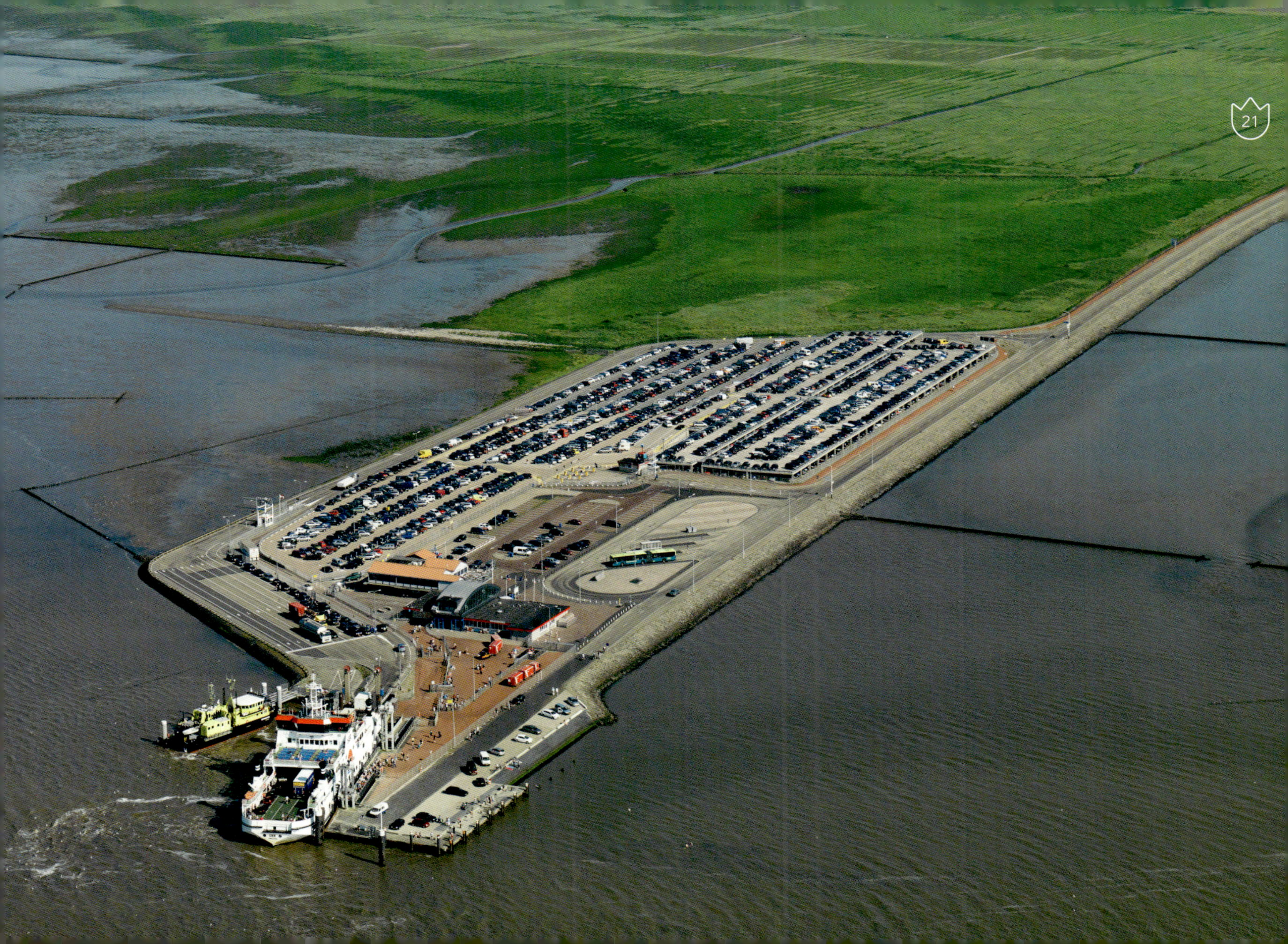

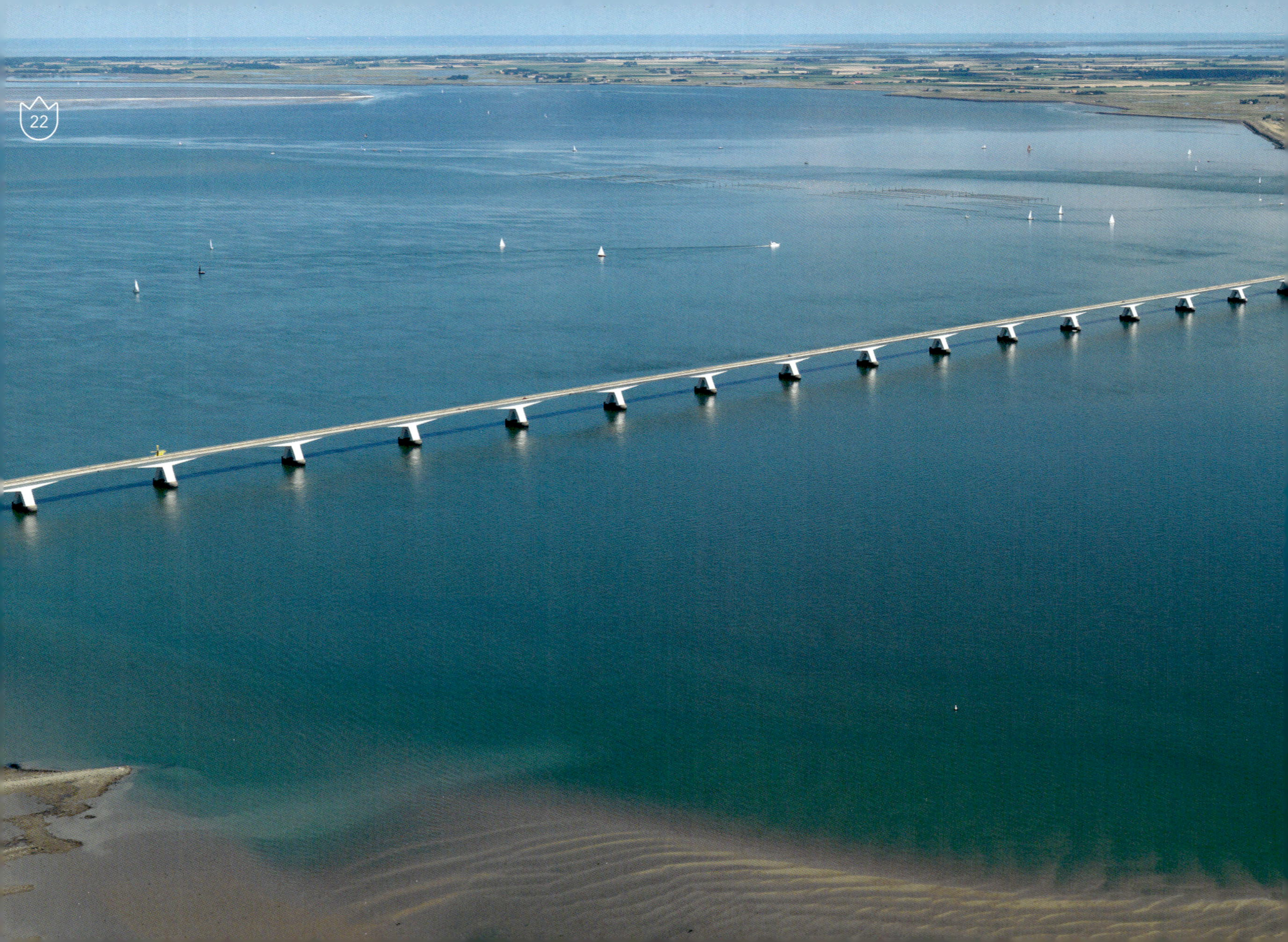

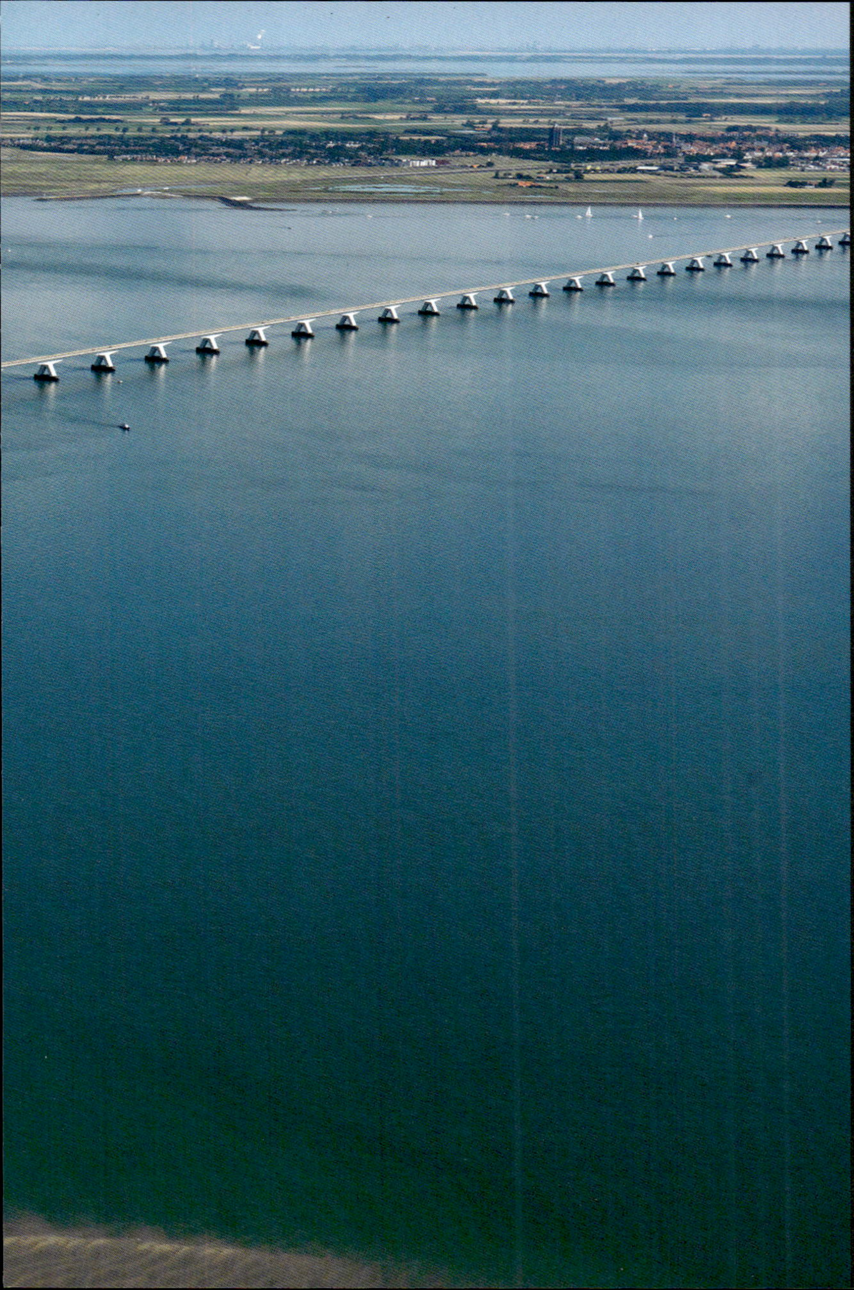

## Zeelandbrug



Na de Watersnoodramp van 1953 werd besloten tot het Deltaplan, een nationaal programma waarbij de bescherming tegen de zee werd gecombineerd met de ontsluiting van de eilanden in de Zeeuwse delta. Het provinciaal bestuur van Zeeland besloot in 1962 om een brug over de Oosterschelde aan te leggen. In december 1965 werd de ruim vijf kilometer lange brug door Koningin Juliana geopend voor het auto- en fietsverkeer. Tot 1972 was het de langste brug van Europa. Passanten van de brug hebben tot 1993 tol betaald, om daarmee de bouwkosten van de Zeelandbrug te dekken. Intussen behoort de Zeelandbrug tot het nationaal erfgoed.

## *Zeeland Bridge*

*After the North Sea floods of 1953, the authorities published the Delta Plan, a national programme combining protection against the sea with improved access to the islands of the Zeeland delta.In 1962, the provincial government of Zeeland decided to build a bridge over the Eastern Scheldt. In December 1965, the bridge, more than five kilometres long, was opened to car and bicycle traffic by the then Queen Juliana. Until 1972, it was the longest bridge in Europe. Those using the Zeeland Bridge paid tolls until 1993 in order to cover its construction costs. The Zeeland Bridge is now part of the national heritage.*

24

## Stuwen en sluizen

Zonder stuwen en sluizen zouden de grote rivieren onbevaarbaar zijn. Na de wintermaanden, wanneer het smeltwater wordt afgevoerd, of tijdens grote regenperioden stroomopwaarts, zou het rivierwater onbeheersbaar worden, terwijl er tijdens droogte in de zomermaanden een te lage waterstand zou ontstaan.
De stuw en sluizen bij Hagestein, is een van de drie waterwerken, waarmee de bevaarbaarheid op de Nederrijn en de Lek wordt verzekerd, maar ook dat er voldoende zoetwater is in het IJsselmeer.
Even cruciaal zijn de Volkerak sluizen bij Willemstad voor de Schelde Rijnverbinding, die de havens van Rotterdam en Antwerpen met elkaar verbindt. Het complex uit 1967, onderdeel van de Deltawerken, scheidt het Hollandsch Diep van het Volkerak.

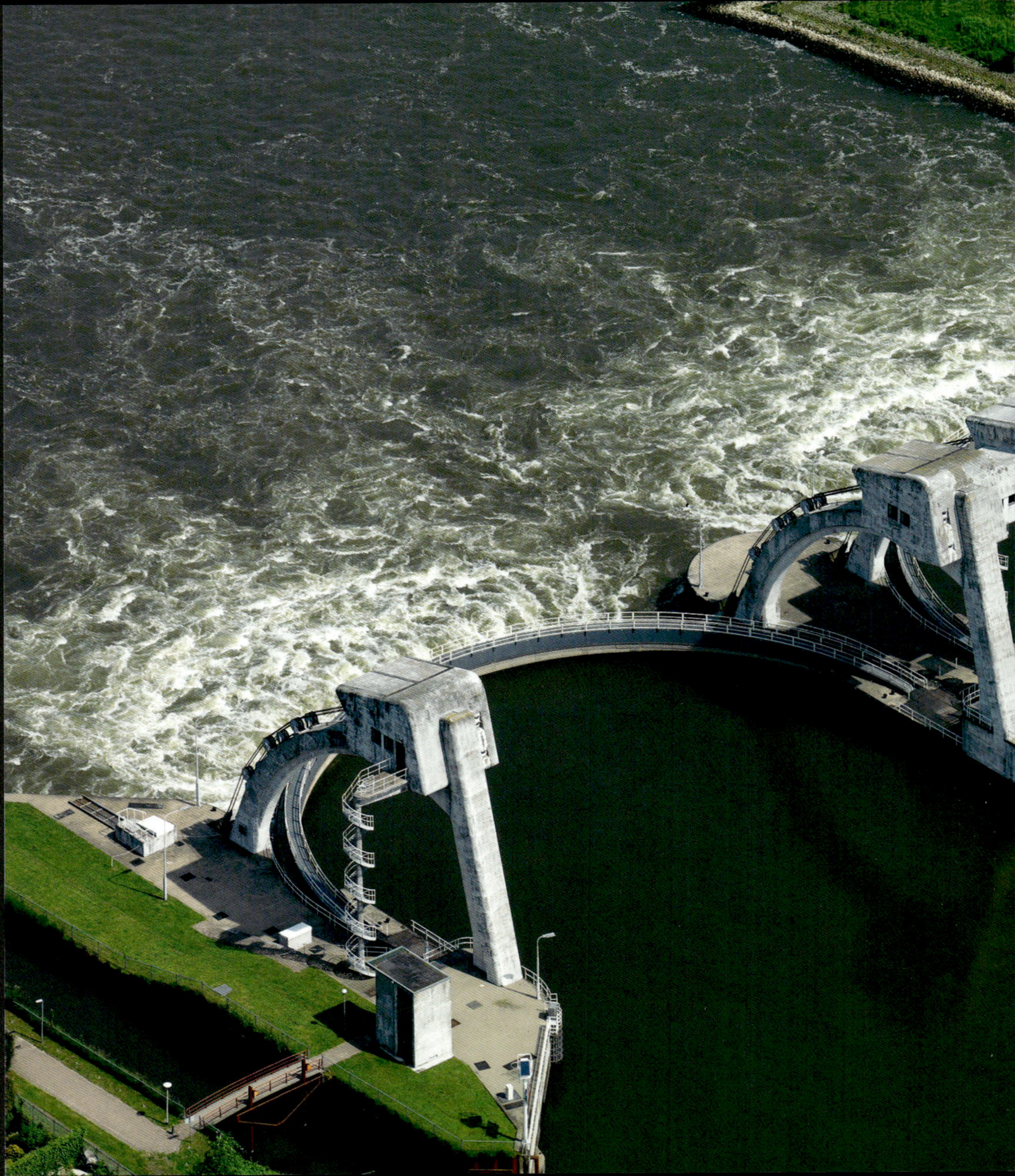

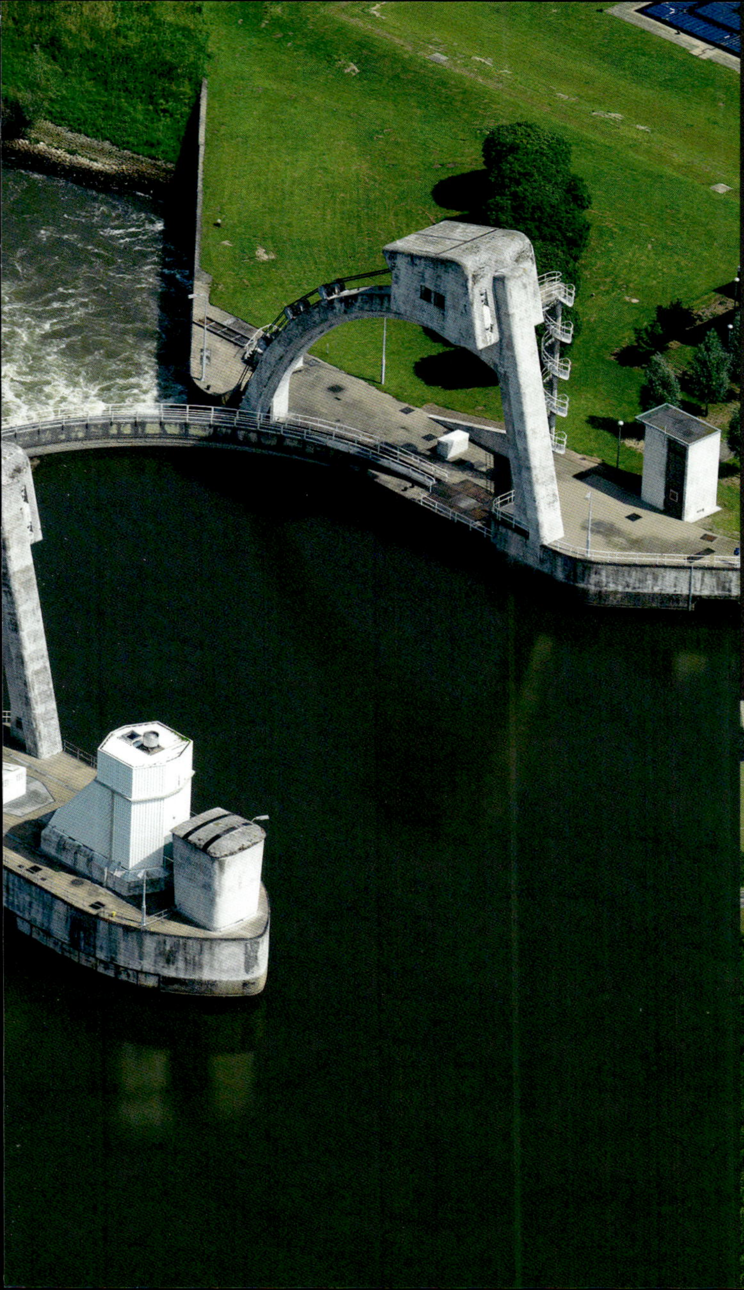



## Weirs and locks

*Without weirs and locks, the major rivers would not be navigable. After the winter months, when the rivers drain the meltwater, or during periods of heavy rain upstream, the waters would become uncontrollable. And during dry spells in the summer months, the water levels would be too low. The weir and locks at Hagestein are one of three sets of waterworks that assure navigation on the Lower Rhine and the Lek, while also ensuring that there is sufficient fresh water in the IJsselmeer lake. Equally crucial for the Scheldt-Rhine link, which connects the ports of Rotterdam and Antwerp, are the Volkerak locks at Willemstad. The complex dating from 1967, part of the Delta Works, separates the Hollandsch Diep from the Volkerak.*

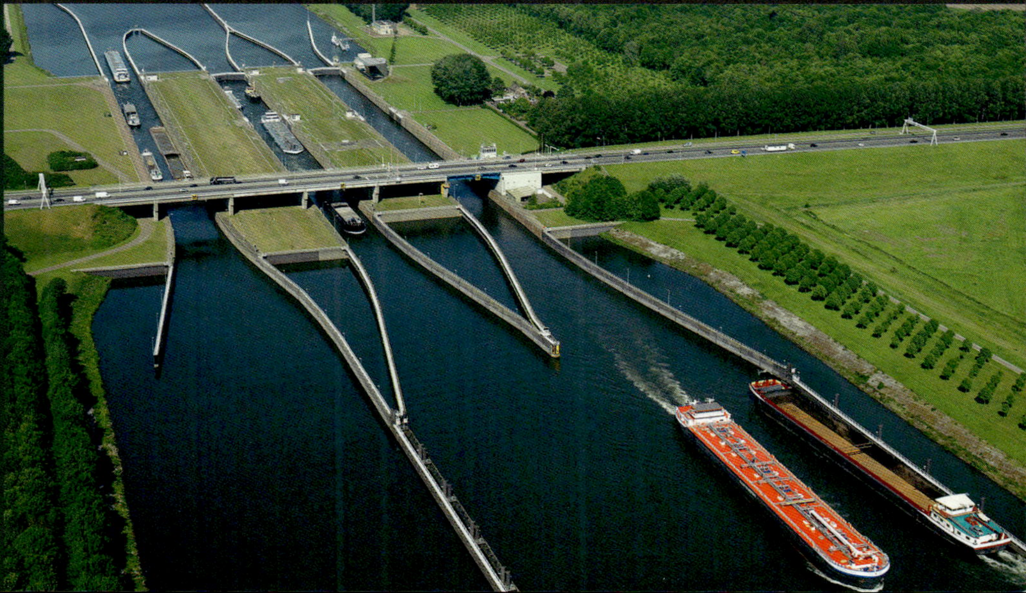

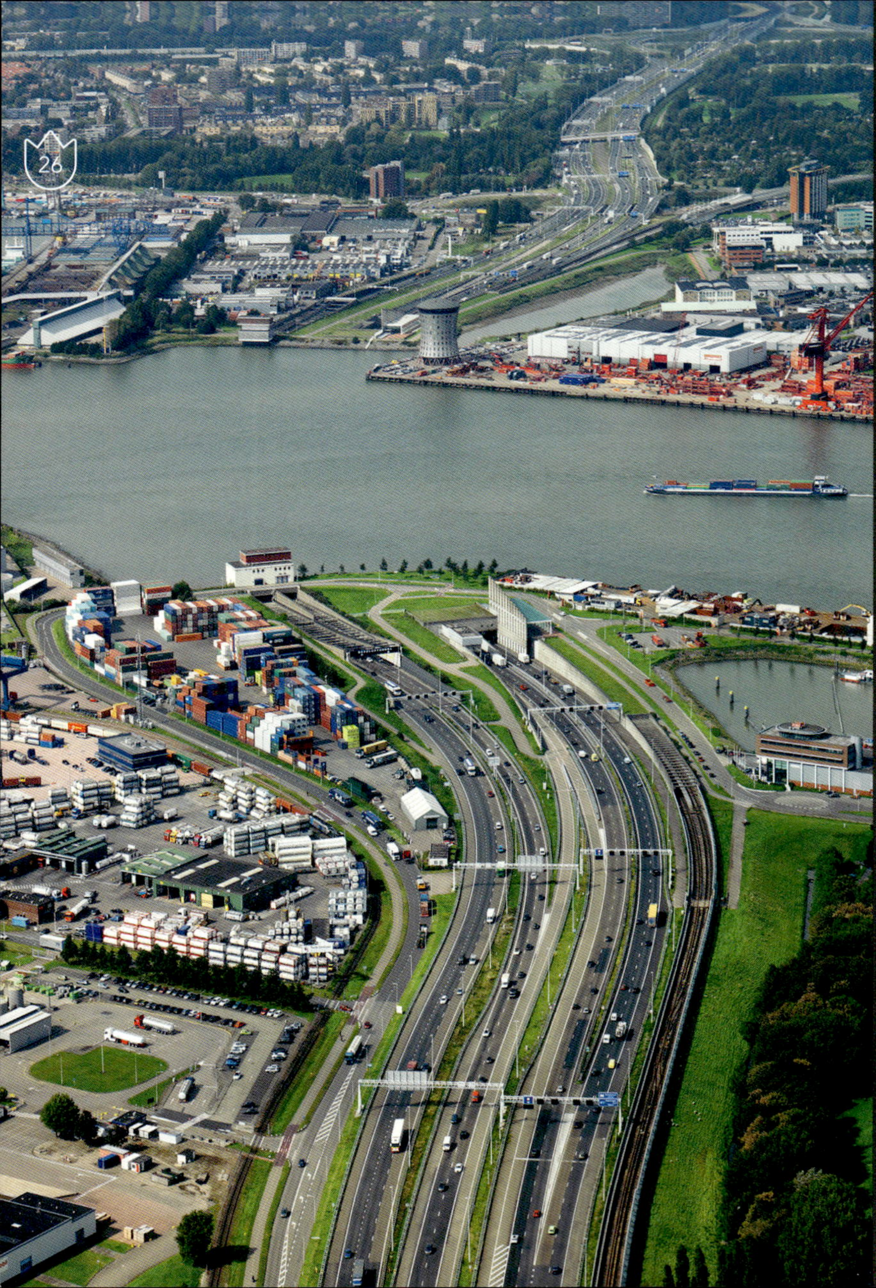



## Veilig oversteken

In een dicht bevolkt land als Nederland stuit je binnen de kortste keren op een sloot, een rivier, een kanaal of meer, waardoor je de overkant niet kunt bereiken. Dat betekent omrijden, omfietsen of omlopen... Datzelfde geldt voor dieren en vissen wanneer zij stuiten op een weg.
Tenzij je een slimme oplossing verzint. Tunnels graven in de zachte Nederlandse bodem is niet eenvoudig, maar met bijzondere boortechnieken lukt het altijd. Voor kleine en grote dieren zijn over verschillende (auto)wegen ecoducten ontwikkeld, die natuurgebieden aan weerszijden van de weg met elkaar verbinden.

## *Safe crossing*

*In a densely populated country like the Netherlands, it is never long before you encounter a ditch, river, canal or body of water preventing you from reaching the other side.*
*That means taking a detour, whether you are a driver, cyclist or pedestrian... The same goes for animals and fish when they run into a road. Unless you come up with a smart solution. Digging tunnels in the soft Dutch soil is not easy, but thanks to special drilling techniques it can be done. On various roads and motorways, so-called 'ecoducts' linking areas of nature on either side of the road have been built for large and small animals.*

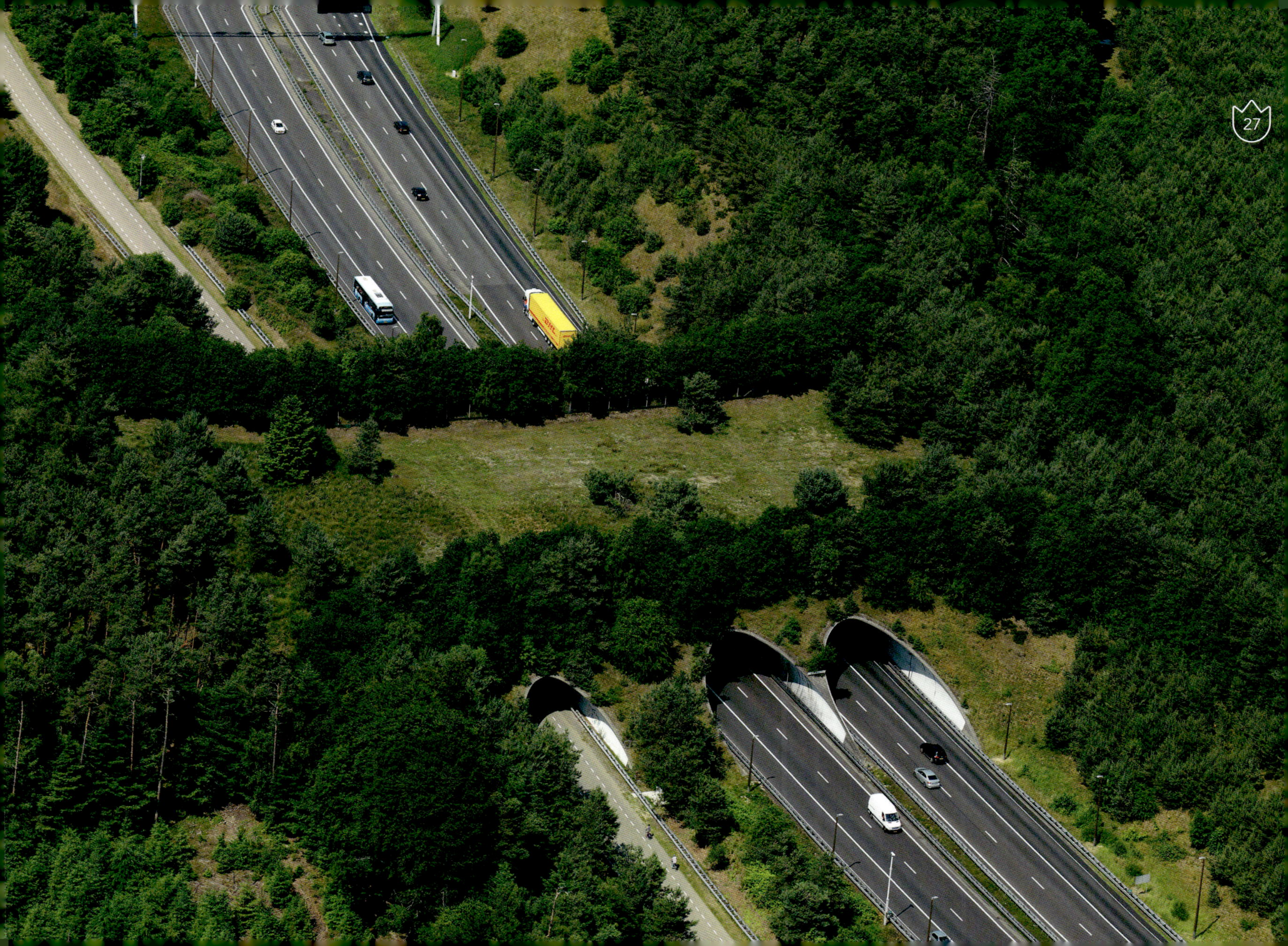

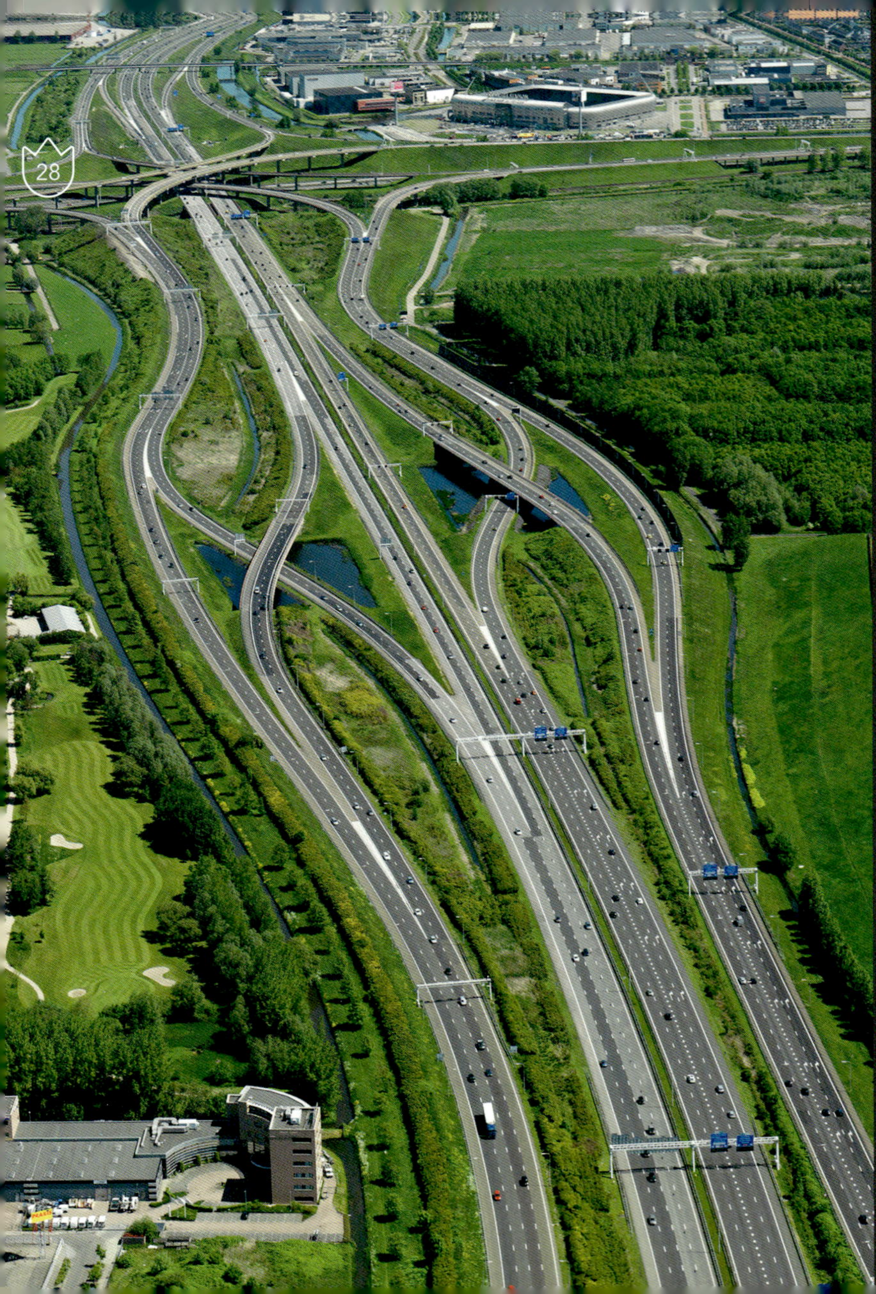



## Een wirwar aan wegen

Nederland is een klein maar goed georganiseerd land. Dat zie je in de vormgeving van landschap, dorpen en steden. Maar ook in het netwerk van wegen. Terwijl hemelsbreed de afstanden gering zijn, ligt er een wegennetwerk van meer dan 135.000 kilometer lengte. Nergens in Europa vindt je een zo dicht en efficiënt wegennetwerk; dat geldt ook voor de spoorwegen en fiets en wandelpaden.
In het westen van het land is het wegennetwerk geconcentreerd. Slimme fly-overs van vier lagen, zoals hier bij Ridderkerk, dragen bij aan doorstroming van het intensieve verkeer naar de Rotterdamse haven en industriezones.

## *A tangle of roads*

*The Netherlands is a small but well-organised country. You can see it in the design of landscape, villages and cities – but also in the network of roads. Although the distances are small, the country has a road network over 135,000 kilometres in length. No other country in Europe has such a dense and efficient road network. The same is true of the railways, cycle paths and hiking trails. The road network is concentrated in the west of the country. Smart four-level flyovers, such as here at Ridderkerk, contribute to keeping heavy traffic to the port of Rotterdam and industrial zones flowing.*

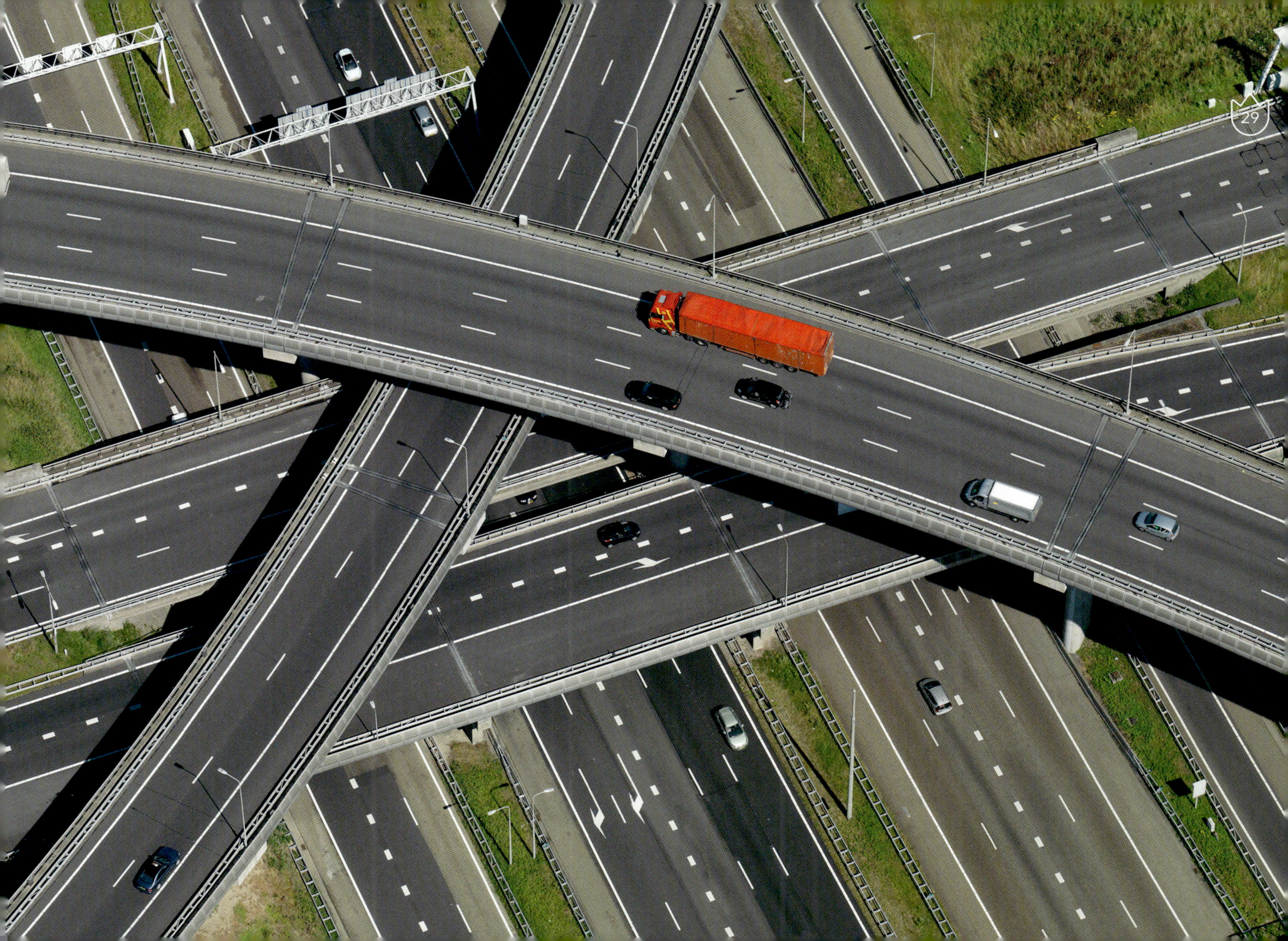

30

## Knappe stukjes staalwerk

De Alexanderpolder in Rotterdam ligt meer dan zes meter onder het Normaal Amsterdams Peil, dat wil zeggen het gemiddelde niveau van het zeewater. Rotterdam, en daarmee de hele Randstad, is dus uiterst kwetsbaar voor overstromingen, bij dijkdoorbraken en andere rampen. De Nieuwe Waterweg, die Rotterdam met de zee verbindt, kan daarom sinds 1997 worden afgesloten met de Maeslant kering. De deuren van de kering zijn elk 210 meter breed, 22 meter hoog en 15 meter diep. Bij grote stormen kunnen zo de eerste zware golven tot vijf meter boven NAP worden tegen gehouden. Verderop de rivier is de Erasmusbrug het Rotterdamse icoon van de verbinding van beide maasoevers.

## *Smart steel*

*The Alexander polder in Rotterdam lies more than six metres below average mean sea level. This makes Rotterdam, and with it the whole Randstad, extremely vulnerable to flooding, dyke breaches and other disasters. For this reason, the Maeslantkering storm surge barrier, completed in 1997, was built to close off the Nieuwe Waterweg, which connects Rotterdam with the sea, when water levels are dangerously high. The doors of the barrier are each 210 metres wide, 22 metres high and 15 metres deep. In the event of severe storms, they can withstand waves of up to five metres above sea level. Further upstream, the Rotterdam icon the Erasmus bridge links the two banks of the River Maas.*

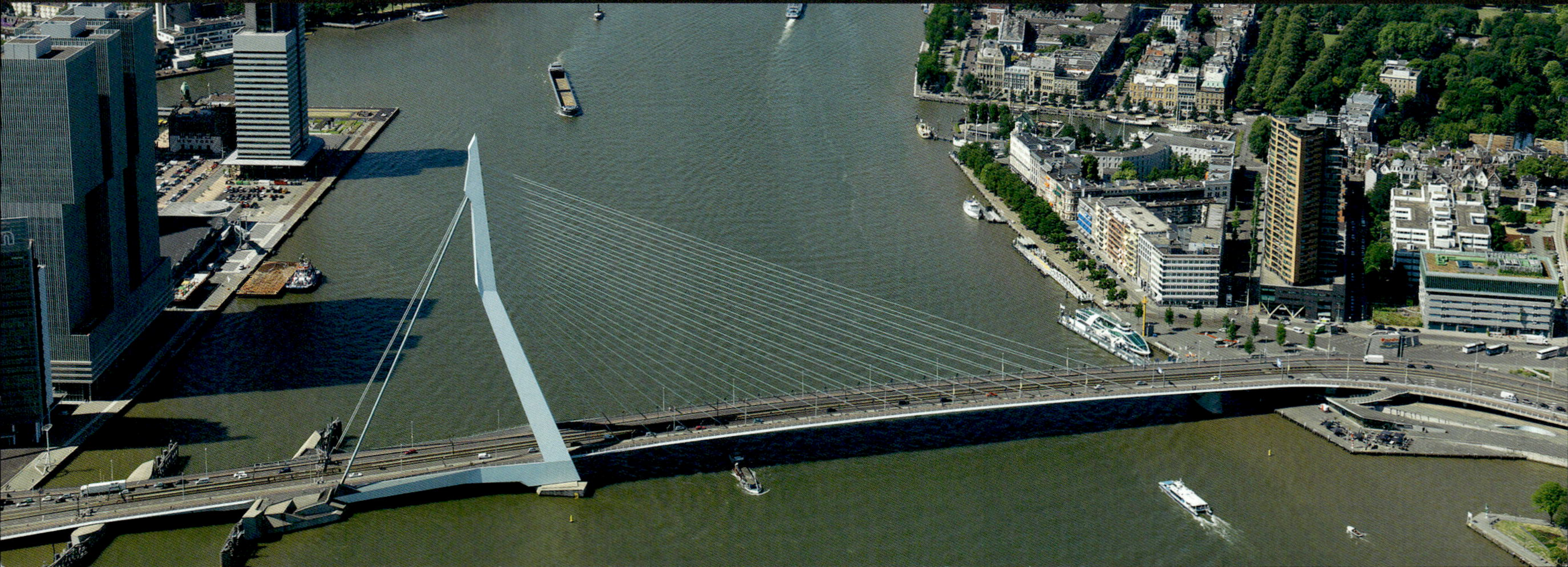

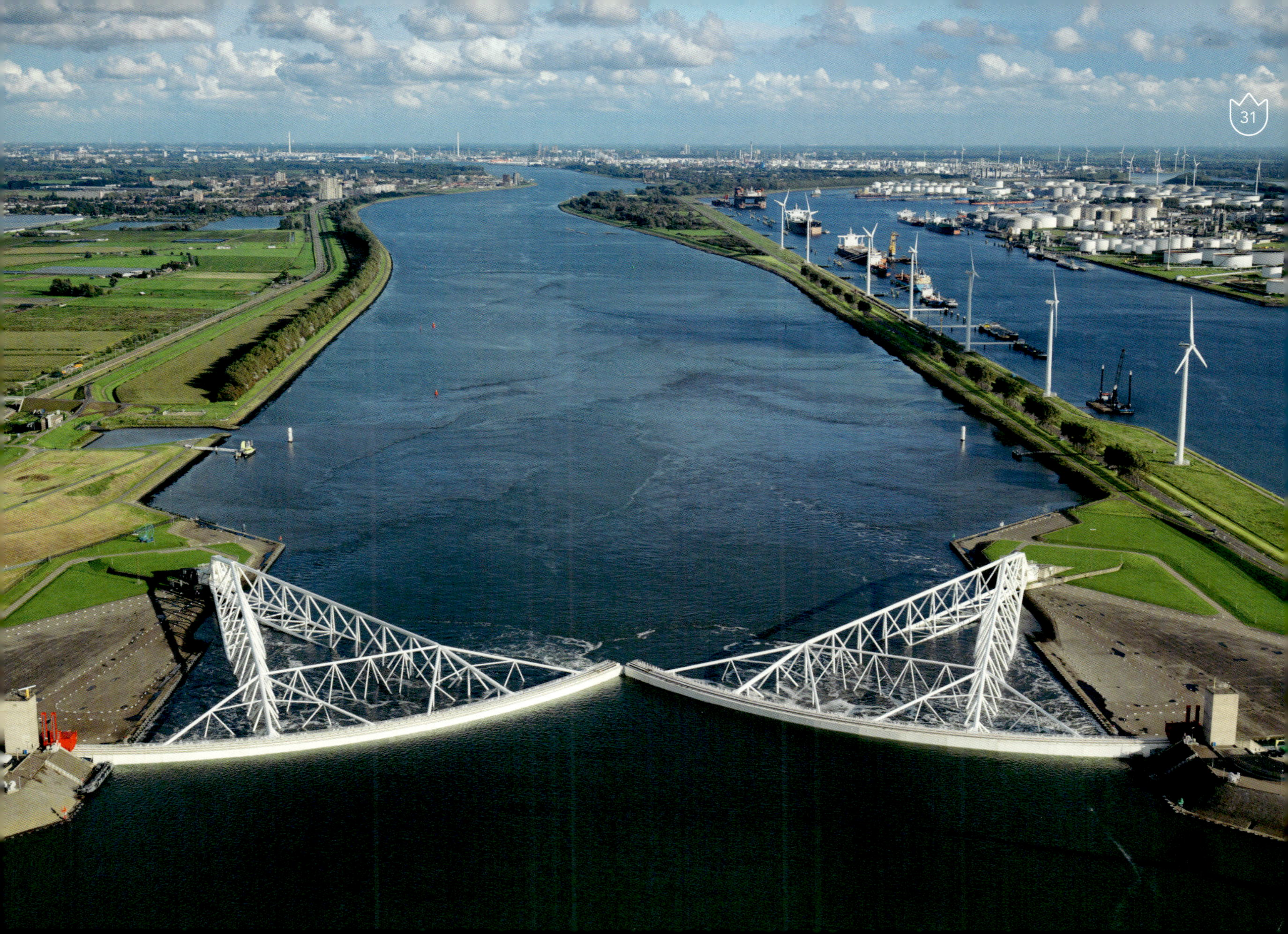

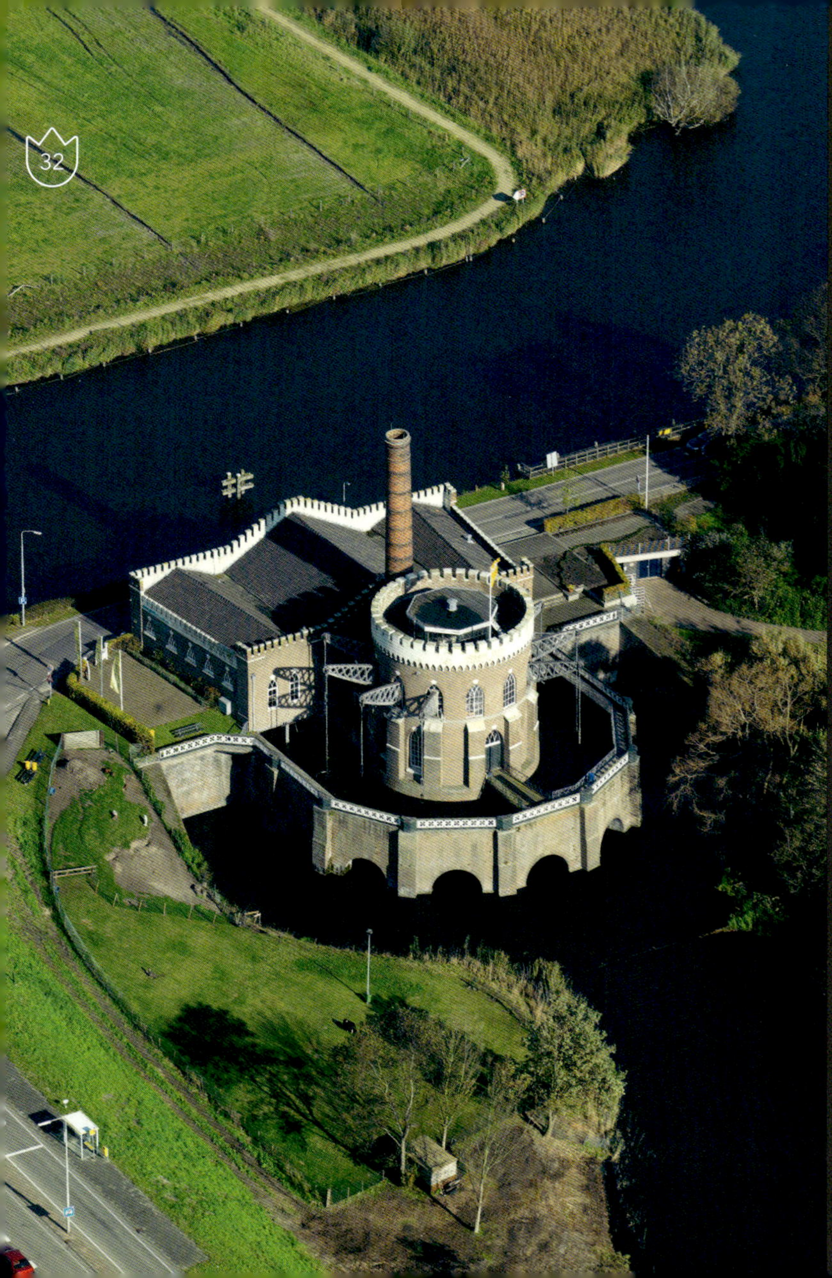

## Wind en stoom

Door de eeuwen heen heeft Nederland met bijzondere projecten land gewonnen op de zee. In de 17e eeuw was dat het droogmalen van de Beemster, een moeras en veengebied in Noord Holland. Met vijftig windmolens werd de polder in enkele jaren droog gelegd. De investeerders, kooplui uit het welvarende Amsterdam, kregen met de Beemster waar voor hun geld. Binnen een jaar hadden zijn hun investeringen terug verdiend, zo vruchtbaar bleek de Beemster. In de 19e eeuw, na de afscheiding van België in 1830, was het tijd voor een volgend prestige project. De Haarlemmermeer werd drooggelegd, met drie stoomgemalen. De Cruquius, de grootste stoommachine ter wereld, geldt nu als symbool van de 19e eeuwse strijd tegen het water. De Beemster en de Cruquius behoren tot het Werelderfgoed van de UNESCO lijst.

## *Wind and steam*

*Throughout the centuries, the Netherlands has reclaimed land from the sea by means of unique projects. In the 17th century, that meant pumping dry De Beemster, an area of marsh and peatlands in Noord-Holland. By means of fifty windmills, the polder was drained in a few years. The investors, merchants from wealthy Amsterdam, got value for money – they earned back their investments within a year, so fertile did De Beemster prove to be. In the 19th century, following the separation of Belgium in 1830, it was time for the next prestige project. The Haarlemmermeer lake was drained, with the help of three steam pumping stations. De Cruquius, the largest steam engine in the world, now stands as a symbol of the 19th-century struggle against the water. De Beemster and De Cruquius are on UNESCO's World Heritage List.*

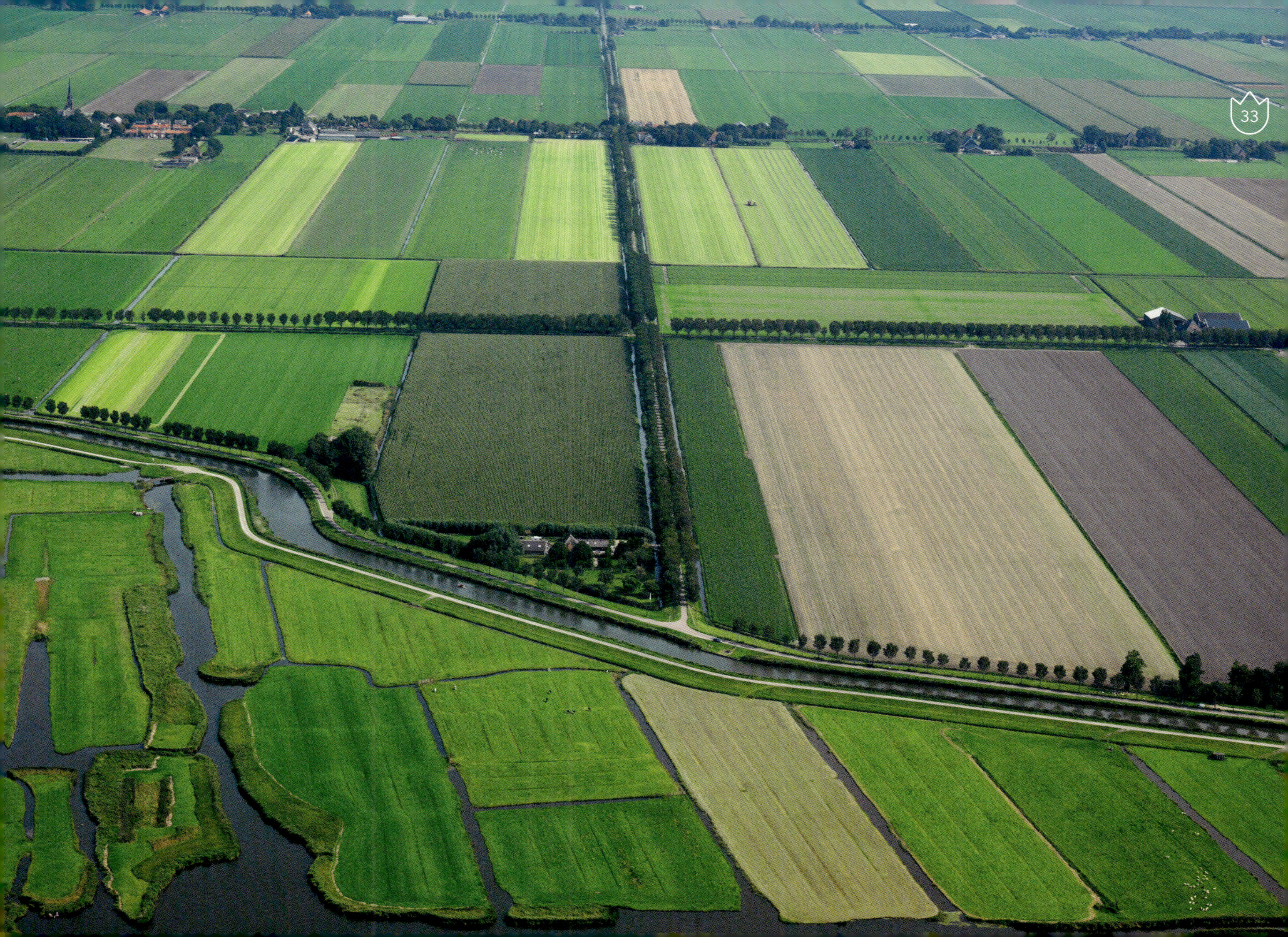

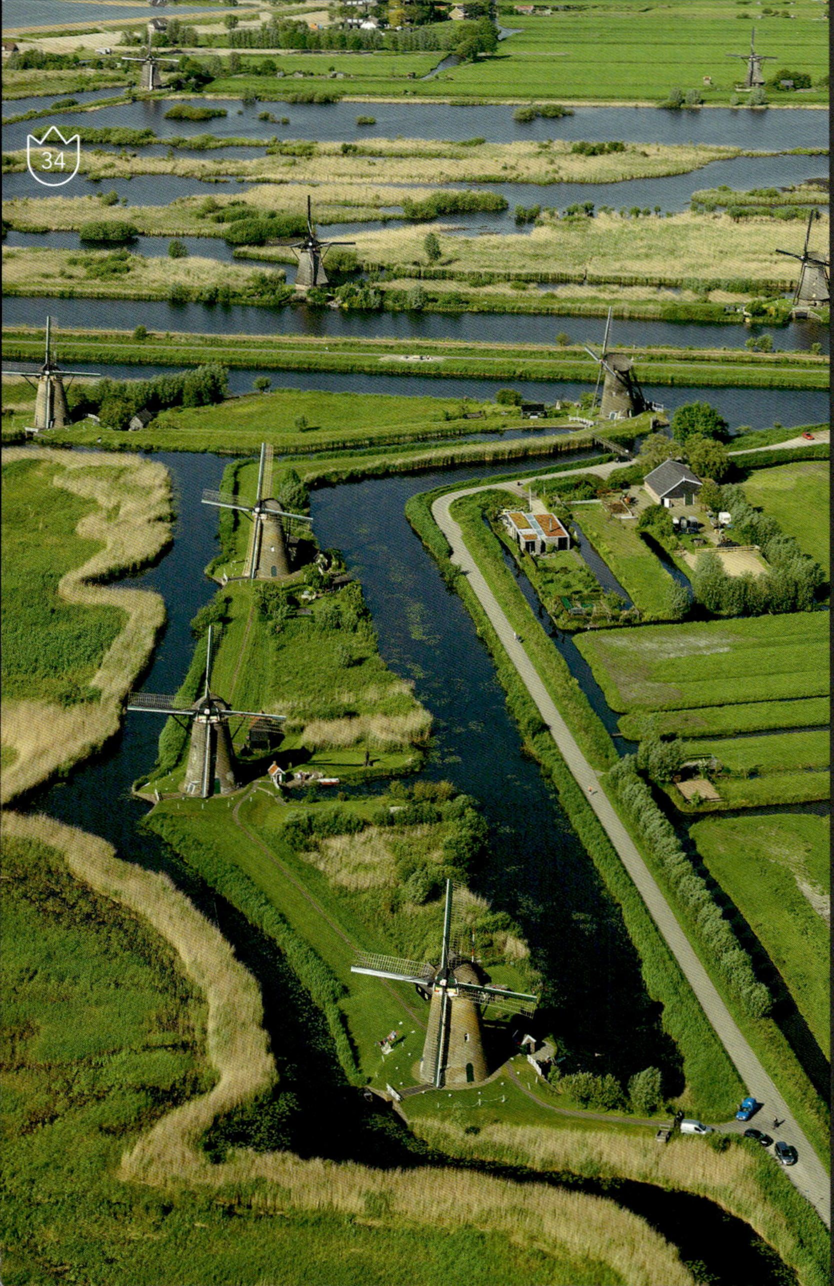

# Werelderfgoed

Nederland ligt voor een groot deel onder de zeespiegel. Dat kan omdat polders omringd worden door dijken en overtollig water heel vernuftig naar zee wordt afgevoerd. Op de Unesco lijst van het Werelderfgoed staan twee Nederlandse symbolen van die strijd tegen het water: de negentien wereldberoemde molens van Kinderdijk, gebouwd tussen 1738 en 1740, en het Wouda Stoomgemaal bij Lemmer, uit 1918. Kinderdijk, in het westen van de Alblasserwaard is het laagste punt van dit grote polderlandschap. Met 19 wereldberoemde geschakelde molens langs de Lage en Hoge Boezem wordt hier het water in de Noord gepompt. Het stoomgemaal Wouda, genoemd naar de ontwerper, heeft dezelfde functie voor zuidwestelijk Friesland. Zowel de molens van Kinderdijk als het stoomgemaal, worden bij hoge waterstanden nog steeds gebruikt.

# *World heritage*

*Much of the Netherlands lies below sea level. This is possible because the polders are surrounded by dykes and excess water is drained to the sea with great ingenuity. UNESCO's World Heritage list contains two Dutch symbols of that struggle against the water: the nineteen world-famous windmills at Kinderdijk, built between 1738 and 1740, and the Wouda steam pumping station at Lemmer, dating from 1918. Kinderdijk, in the west of the Alblasserwaard, lies at the lowest point of this extensive polder landscape. With nineteen linked windmills along the Lage and Hoge Boezem, the water is pumped into the river Noord here. The Wouda steam pumping station, named after its designer, performs the same function for south-western Friesland. Both the Kinderdijk windmills and the steam pumping station are still used when water levels are high.*

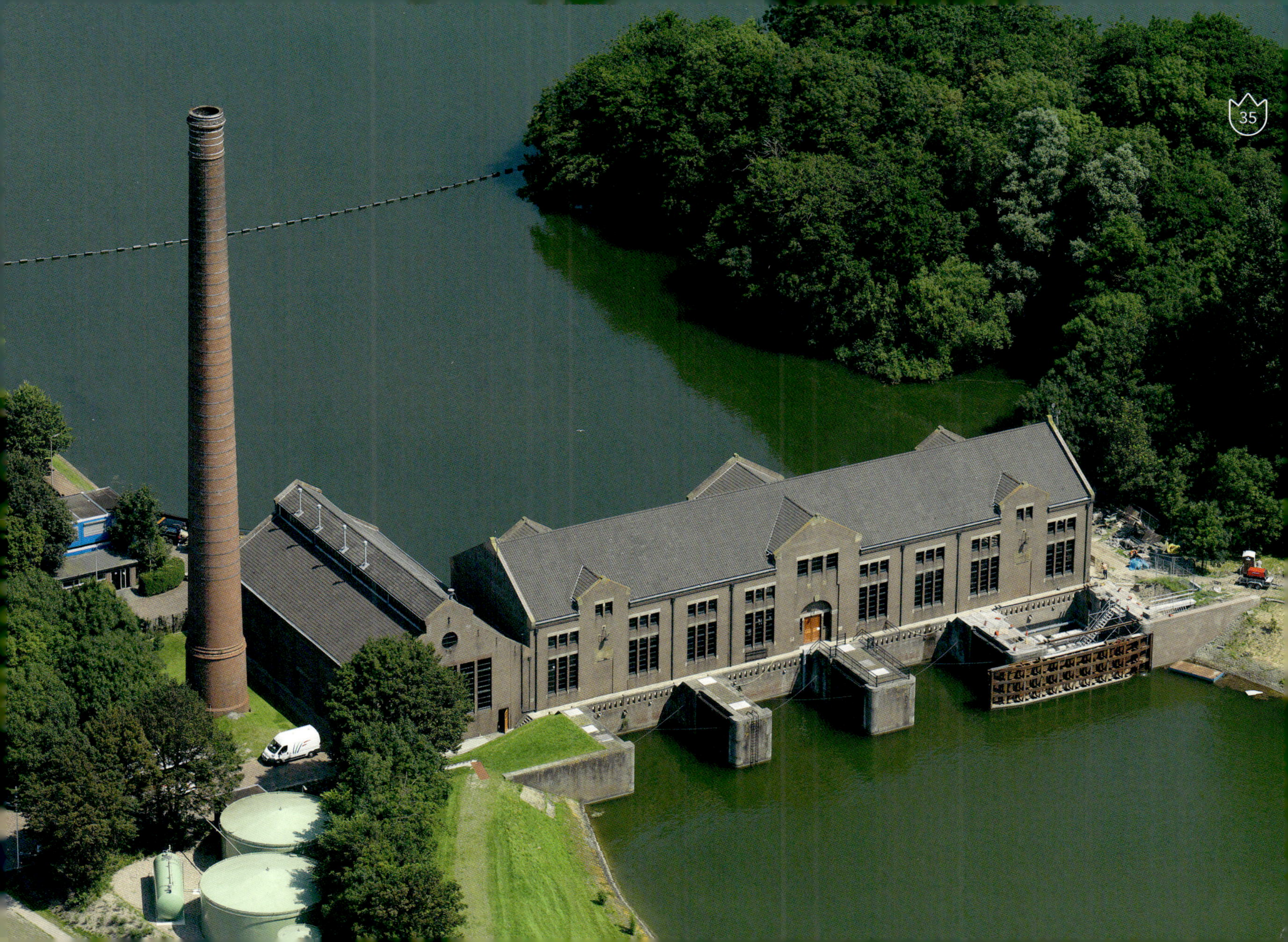

36

## Hollandse Waterlinie

De nieuwe Hollandse Waterlinie, gekandideerd als Unesco wereld erfgoed, is een bijzondere verdedigingsgordel die van het eiland Pampus in de Zuiderzee tot 85 kilometer zuidelijker, de Biesbosch. De nieuwe Hollandse Waterlinie, met 46 forten, moest de steden van Holland beschermen tegen vijandelijke legers uit het Oosten en het Zuiden. Met de aanleg van de nieuwe Hollandse Waterlinie werd begonnen in 1815 maar er zou worden gebouwd tot 1939. Bij het begin van de Tweede Wereldoorlog bleek de verdedigingsgordel van geen enkele waarde. Duitse bommenwerpers waren heer en meester in het Nederlandse luchtruim en vernietigden het centrum van Rotterdam op 14 mei binnen enkele minuten. De waterlinie is nu een nationaal landschap, het Fort Steurgat is daar onderdeel van.
Het is omgebouwd tot een wooncomplex met acht luxe appartementen en drie villa's.

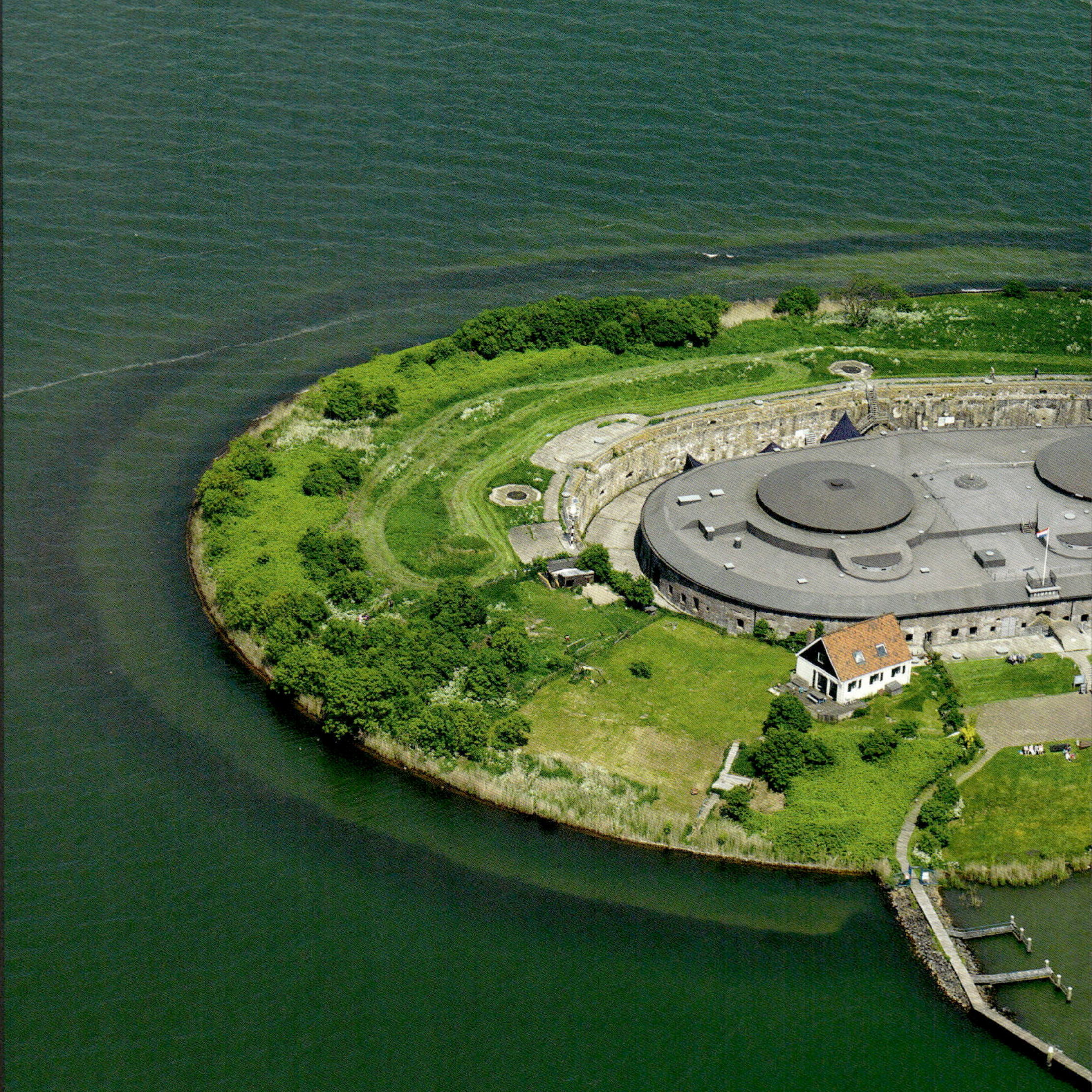

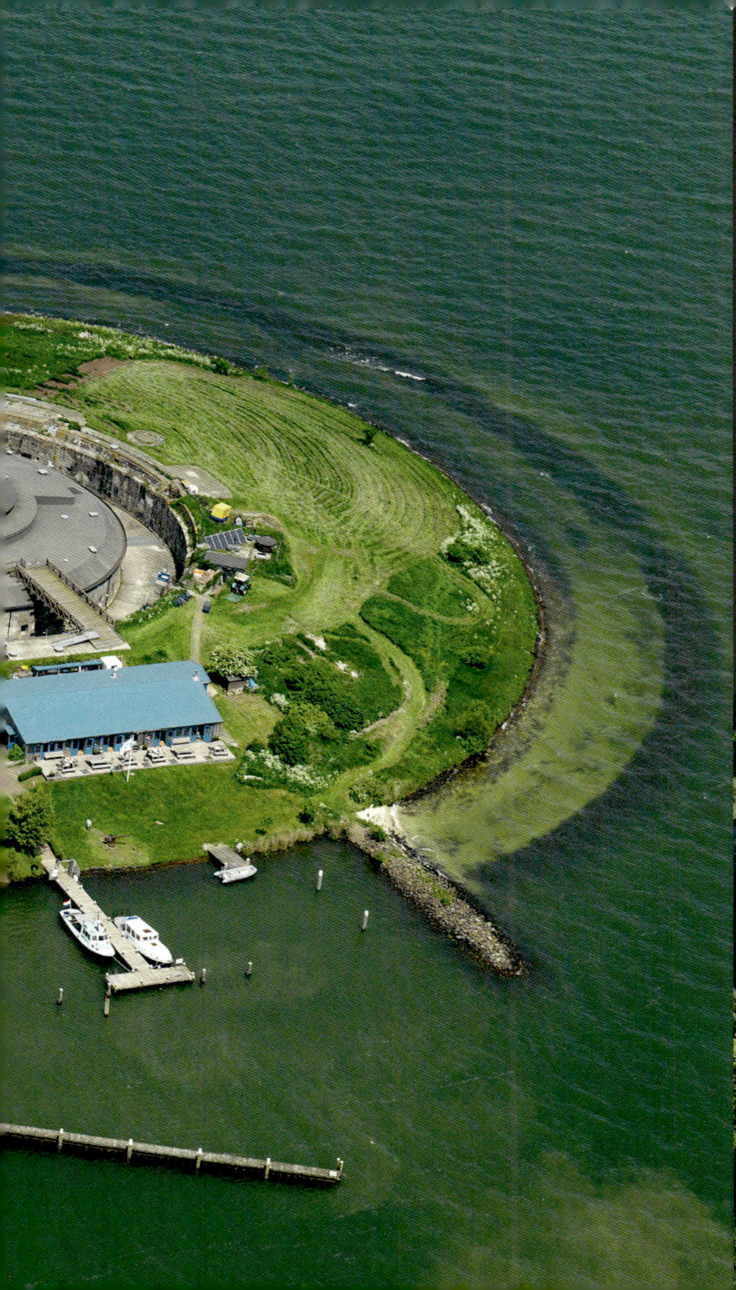

## Dutch Waterline



*The New Dutch Waterline, put forward for the UNESCO World Heritage list, is a unique defensive chain extending 85 kilometres southwards from the island of Pampus in the Zuiderzee to De Biesbosch National Park. With 46 forts, the New Dutch Waterline was designed to protect the cities of Holland against enemy armies from the East and South. Construction began in 1815 but work would continue until 1939. At the start of World War II, the defensive chain proved to be worthless. German bombers ruled the Dutch skies and destroyed the centre of Rotterdam within a few minutes on 14 May. The water line is now part of the national landscape, with Fort Steurgat as one link in the chain. It has been converted into a residential complex with eight luxury apartments and three villas.*

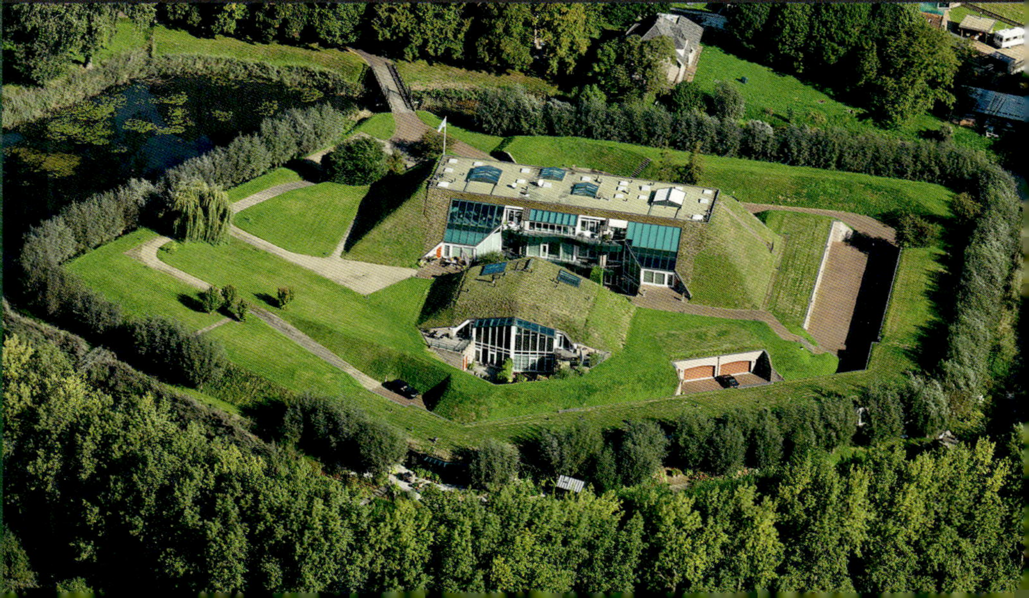

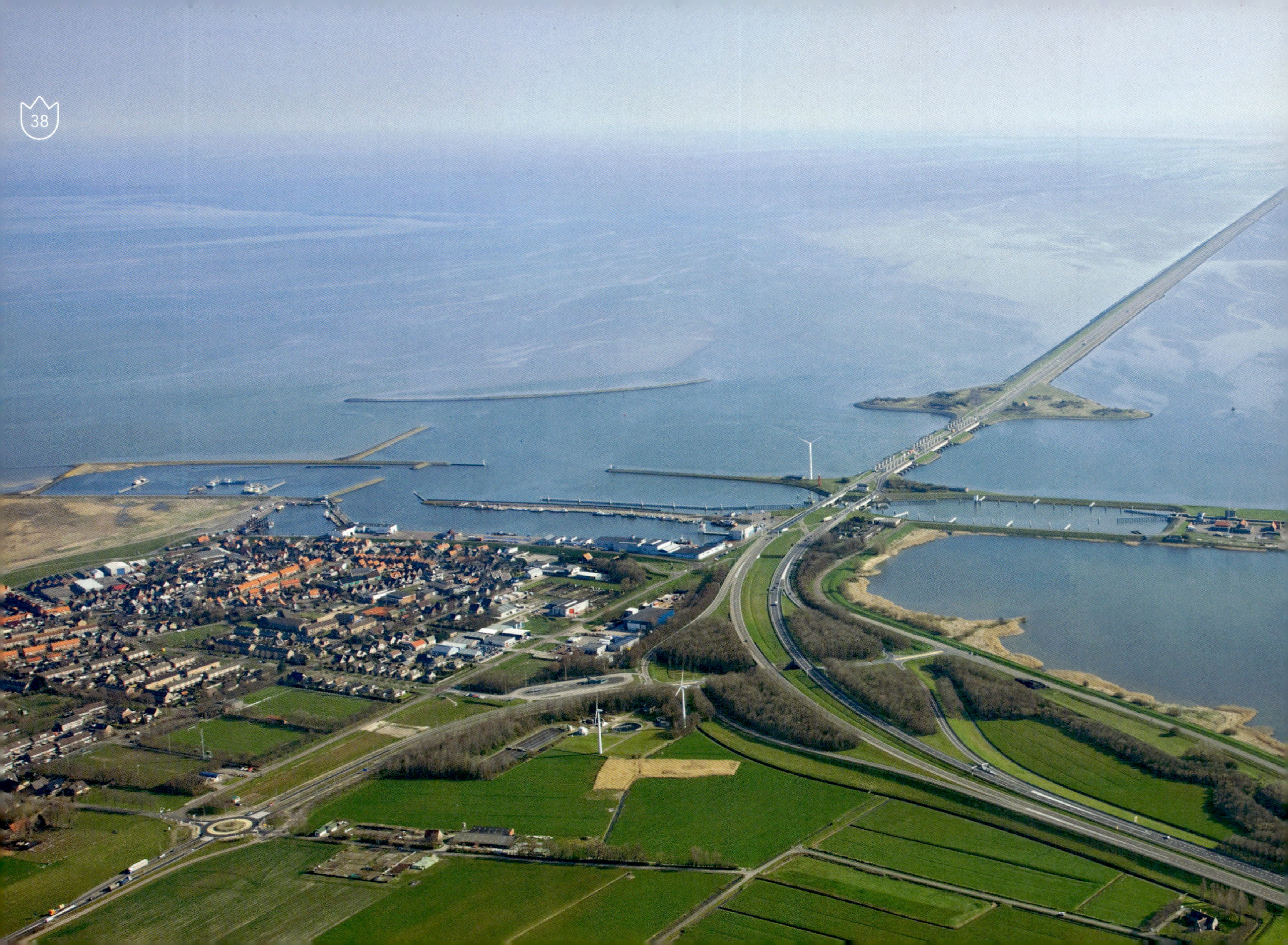

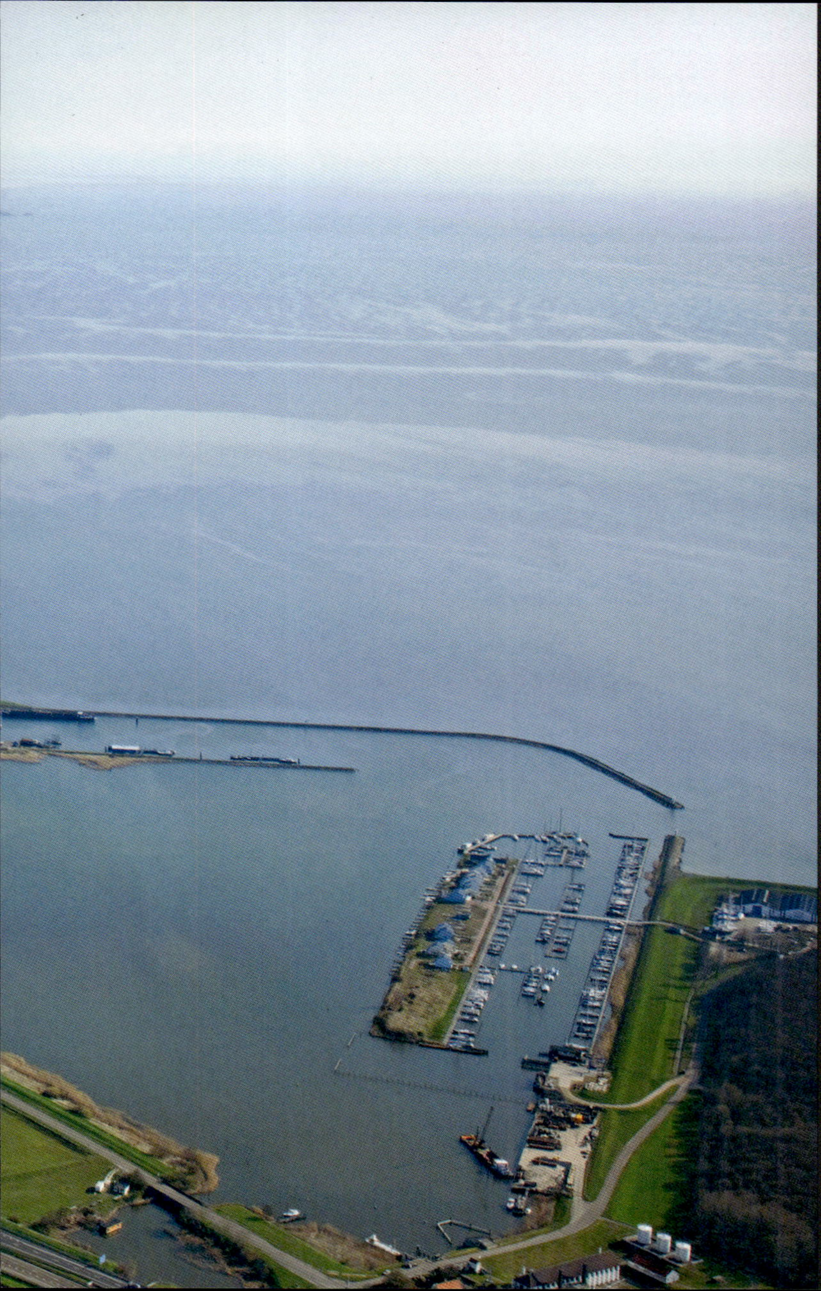

# Afsluitdijk



De Afsluitdijk, tussen 1927 en 1932 aangelegd om grote delen van Nederland tegen de zee te beschermen en tegelijkertijd mogelijkheden te scheppen om nieuwe polders aan te leggen, moet worden versterkt. Als gevolg van de veranderingen in het klimaat houdt Rijkswaterstaat rekening met een hogere zeespiegel en tegelijk met hogere waterstanden in de rivieren, waardoor de afvoer van overtollig water uit het IJsselmeer sneller moet kunnen. In 2022 is de nieuwe 32 kilometer lange Afsluitdijk gereed. Tegelijk zullen dan ook allerlei innovatieve projecten, zoals energieopwekking en natuurbeheer bij de dijk zijn gerealiseerd. Zo worden nu vispassages in de dijk gemaakt waardoor trekvissen vanuit de Waddenzee het zoete water van het IJsselmeer kunnen bereiken.

# *Afsluitdijk*

*The Afsluitdijk ('enclosure dyke'), which was constructed between 1927 and 1932 to protect large parts of the Netherlands against the sea and at the same time create opportunities for new polders, needs reinforcing. As a result of climate change, the Directorate-General for Public Works and Water Management (Rijkswaterstaat) is anticipating higher sea levels coupled with raised water levels in the rivers, which means excess water from the IJsselmeer will need to be drained more quickly. The new 32 kilometre long Afsluitdijk will be completed in 2022. All kinds of other innovative projects will be delivered at the same time, such as energy generation and nature management initiatives near the dyke. For example, fish corridors are currently being created in the dyke, through which migratory fish from the Wadden Sea can reach the freshwater of the IJsselmeer.*

40

## Dammen en dijken

Na de Watersnoodramp van 1953 werd besloten om Zuid-Holland, Zeeland en Noord-Brabant met de Deltawerken te beschermen tegen hoog water van de zee. Decennia lang werd aan de Deltawerken gewerkt. Aan de Grevelingendam, hier gezien vanaf Bruinisse richting Goeree-Overflakkee, werd van 1958 tot 1965 gewerkt. Met de gesloten Brouwersdam aan de zeezijde, ontstond zo de Grevelingen, een zout meer waarvan het water nu met het getijdegemaal in verbinding staat met de Oosterschelde.
De Veerse Gatdam uit 1961 sloot het Veerse Gat af en beschermt Walcheren, Zuid- en Noord-Beveland.
Na de voltooiing werden de Deltawerken zo aangepast dat de waterkwaliteit en natuurwaarden werden hersteld.

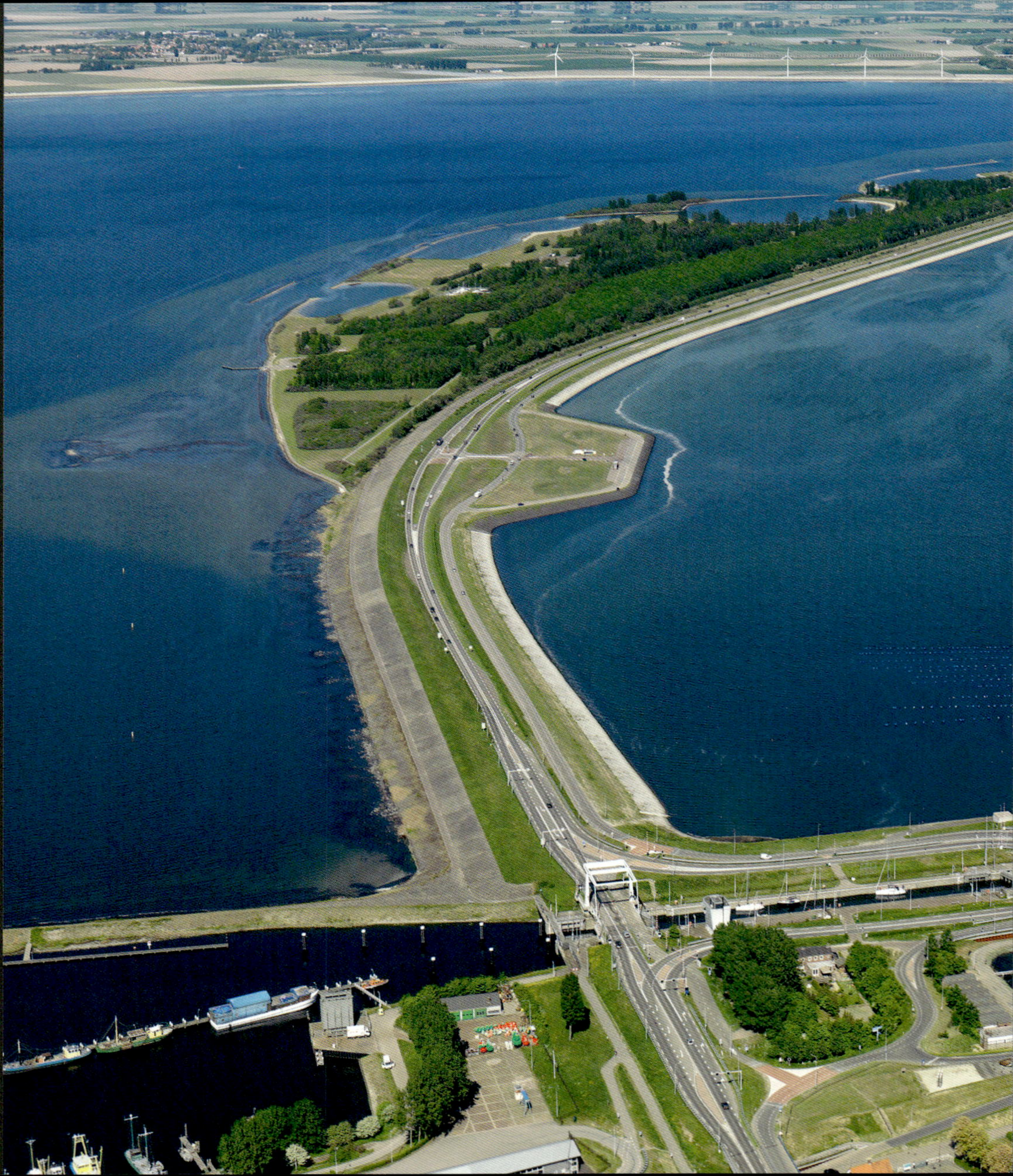

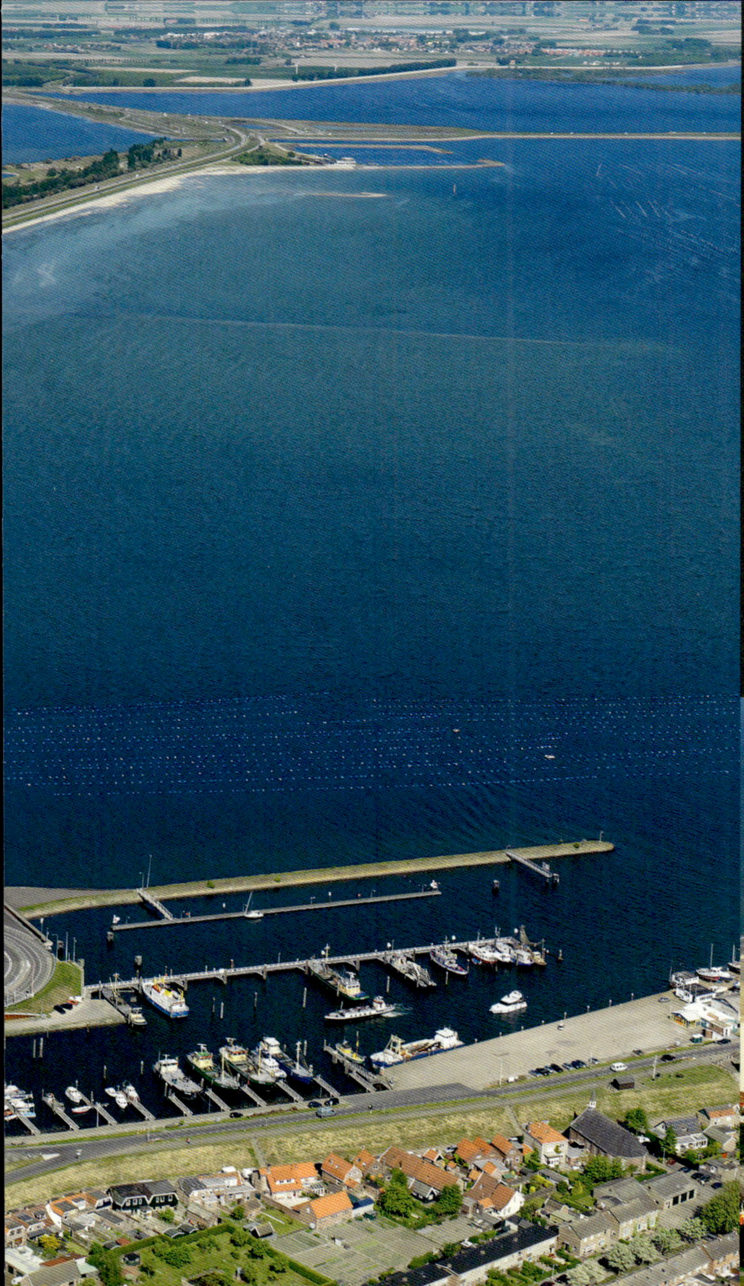

## Dams and dykes



*Following the catastrophic floods of 1953, it was decided to protect Zuid-Holland, Zeeland and Noord-Brabant against high water levels in the North Sea by means of the Delta Works. The work went on for decades. The Grevelingen Dam, here seen from Bruinisse looking towards Goeree-Overflakkee, was built between 1958 and 1965. The construction of Brouwers Dam on the seaward side created the Grevelingen, a saltwater lake now connected to the Eastern Scheldt by tidal action. The Veerse Gat Dam built in 1961 closed the Veerse Gat, protecting Walcheren, Noord- and Zuid-Beveland. Following their completion, the Delta Works were modified in order to restore water quality and conservation features.*

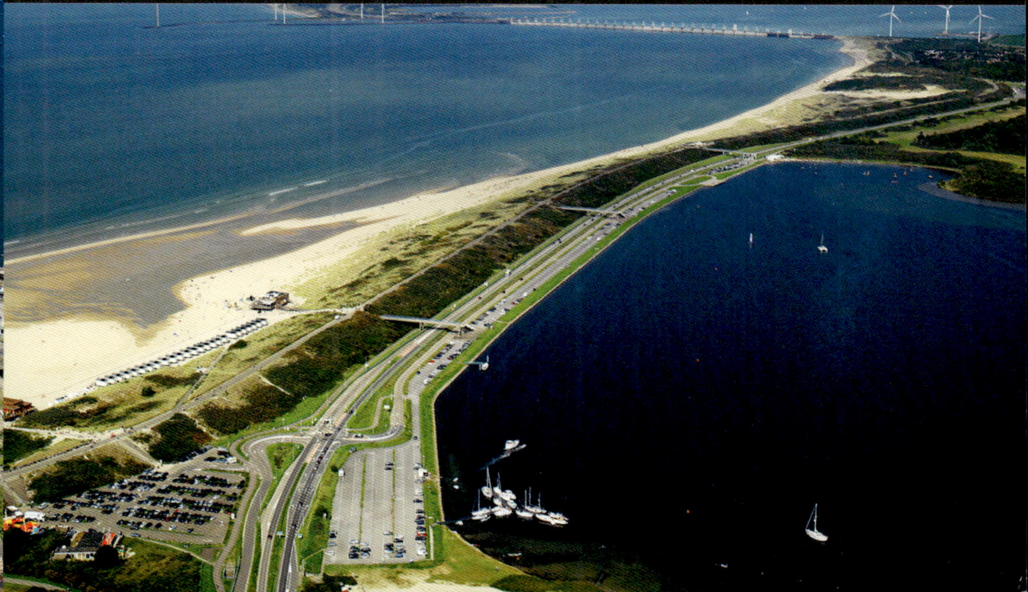

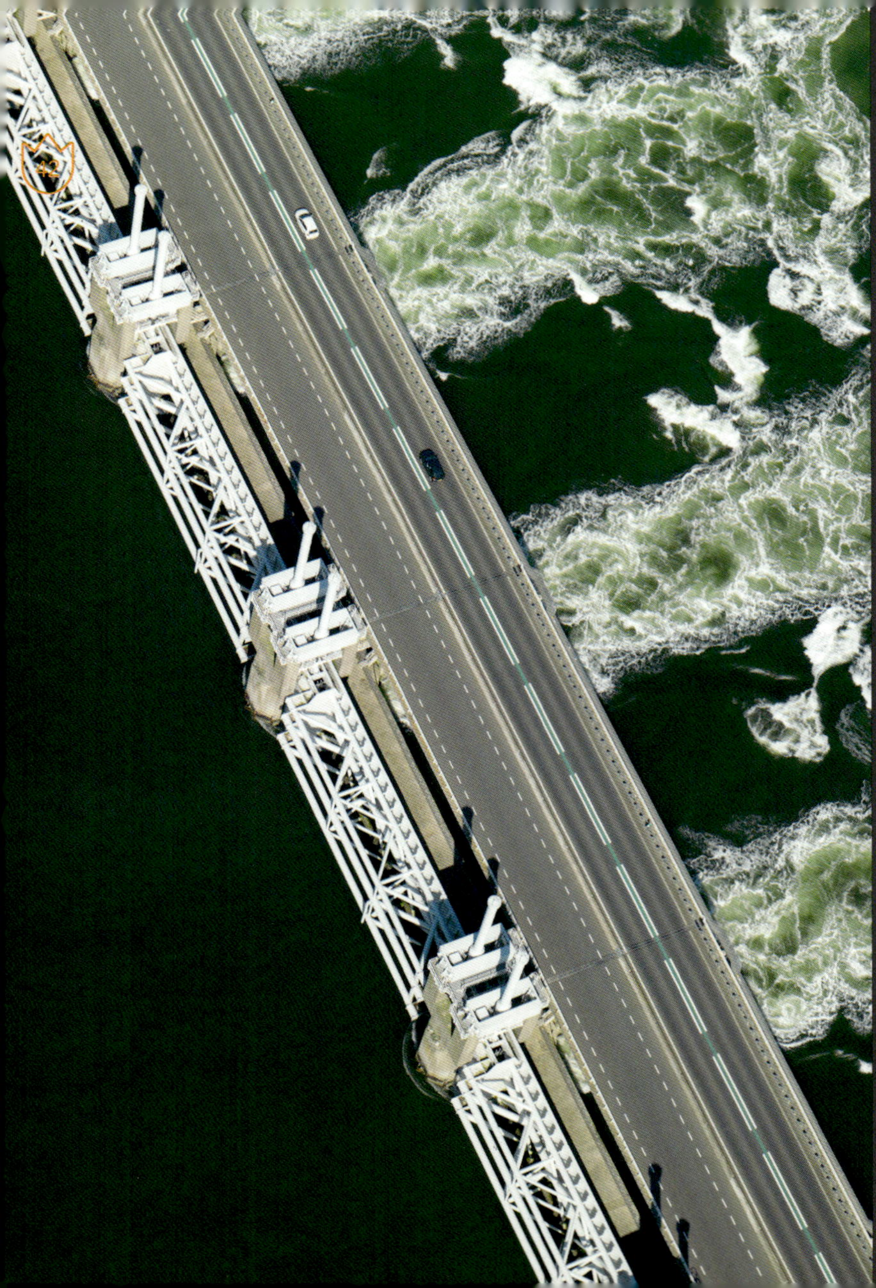

## Veilige delta

Na de Watersnoodramp van 1953 werd besloten om de veiligheid van de zuidwestelijke delta te vergroten.
Dijken werden verhoogd en de kustlijn werd verkort door het aanleggen van dammen in de monding van de grote stromen. Het Haringvliet en de Grevelingen werden afgedamd; in de monding van de Oosterschelde werd een afsluitbare dam aangebracht. Deze negen kilometer lange kering vormt een hoogtepunt van technisch vermogen in de Nederlandse strijd tegen het water. Het combineert veiligheid met natuurlijkheid. Bij extreem hoog water kunnen de schuiven in de dam worden gesloten. Zo wordt het achterland beschermd tegen de grillen van de zee. Maar meestal heeft eb en vloed nog vrij spel in de Oosterschelde.

## *Safe delta*

*After the North Sea floods of 1953, the Dutch government decided to improve the safety of the south-western delta. Dykes were raised and the coastline was shortened by building dams at the mouths of the main distributaries. Haringvliet and Grevelingen were dammed and a closable dam was built in the mouth of the Eastern Scheldt.
This nine kilometre long storm surge barrier is a highlight of Dutch technical prowess in the struggle against the water. It combines safety with nature. At extremely high water, the shutters in the dam can be closed. In this way, the hinterland is protected from the vagaries of the sea. But most of the time, ebb and flow still have free reign in the Eastern Scheldt.*

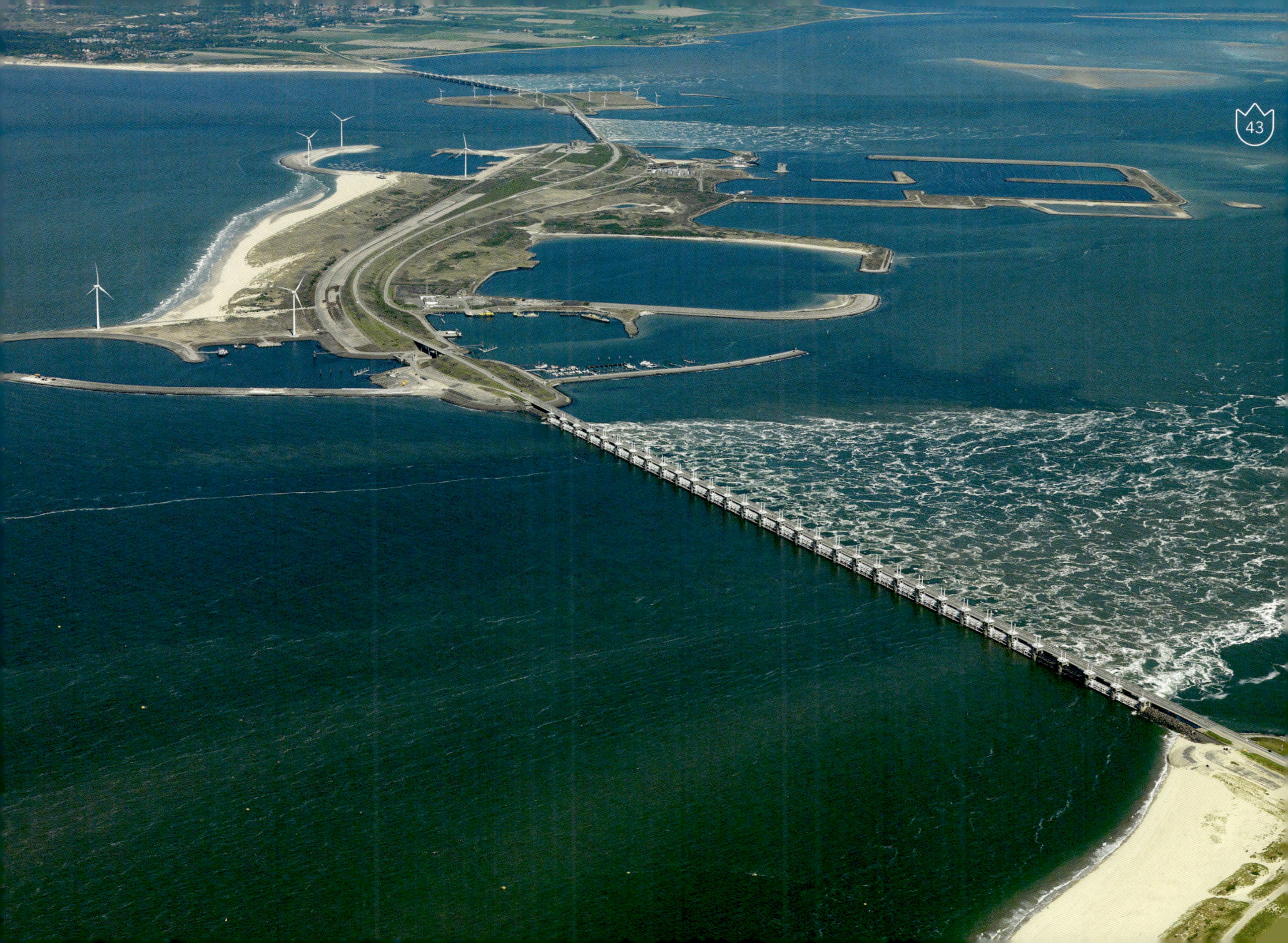

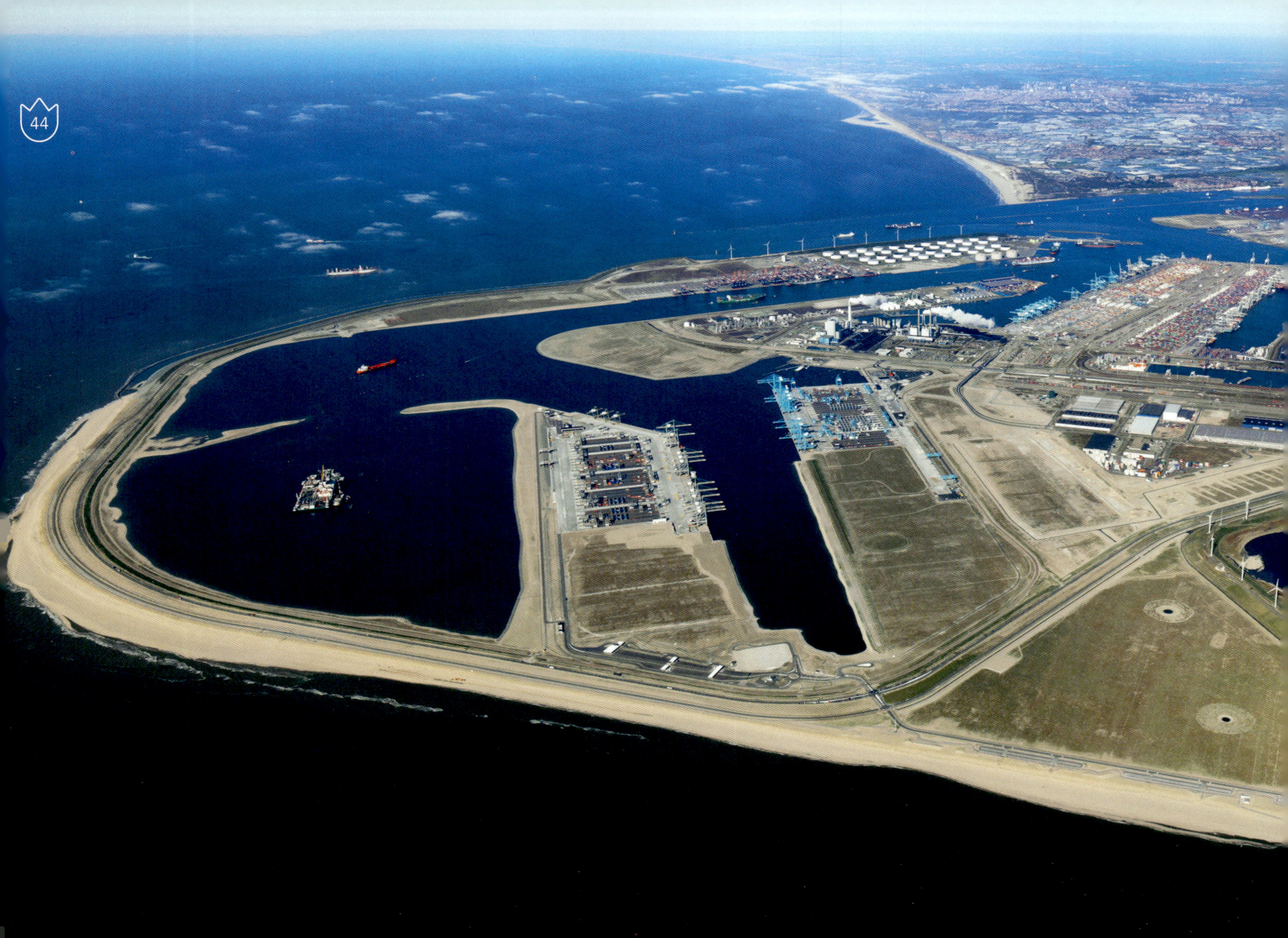

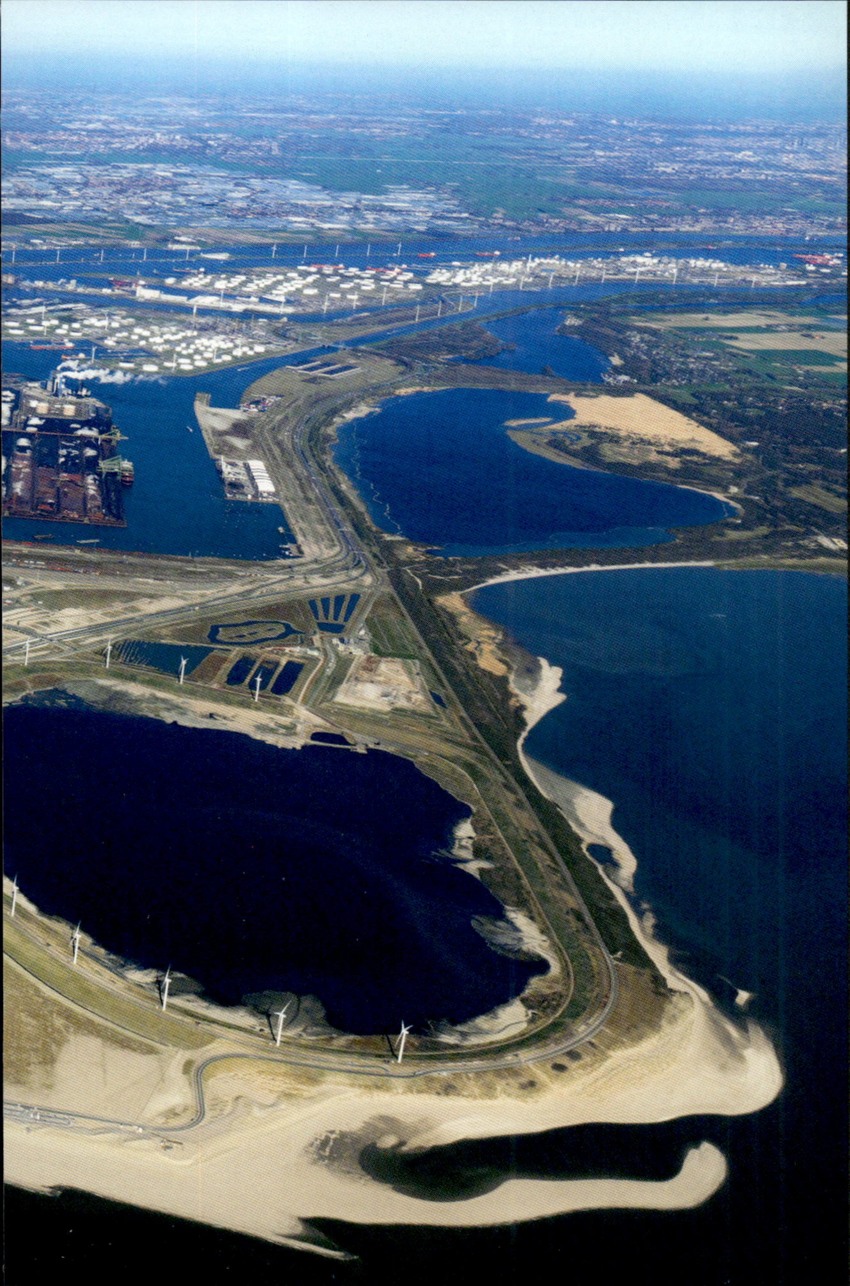

## De Tweede Maasvlakte

De dynamiek van globalisering, steeds grotere schepen en steeds verdere digitalisering veranderen het aanzien van scheepvaart en dus van de havens. Rotterdam, als een van de grootste havens ter wereld, heeft daarop geanticipeerd met een uitbreiding van de haven… in zee. Voor de kust van Goeree-Overflakkee is tussen 2008 en 2013 tweeduizend hectare aan Nederland toegevoegd, de Tweede Maasvlakte. Het betekent voor de Rotterdamse haven een enorme impuls: een brede toegang van 600 meter, een diepgang van twintig meter en met twaalf kilometer aan nieuwe kademuren, kunnen de grootste schepen ter wereld snel en veilig op de Tweede Maasvlakte hun containers en grondstoffen lossen.

## *Maasvlakte II*

*The dynamic of globalisation, ever larger ships and increasing digitisation are changing the face of shipping, and therefore of the ports. Rotterdam, as one of the biggest ports in the world, has anticipated these changes by extending the port… into the sea. Between 2008 and 2013, two thousand hectares were added to the Netherlands off the coast of Goeree-Overflakkee in order to create Maasvlakte II. The development represents a huge stimulus for the port of Rotterdam: it features a wide access channel some 600 metres across, is 20 metres deep throughout and has twelve kilometres of new quay walls, which means the largest ships in the world can quickly and safely discharge their containers and raw materials here.*

## 46 Wereldhaven

De Rotterdamse haven is de grootste haven van Europa en een van de belangrijkste vervoersknooppunten van de wereld. Het havengebied heeft een lengte van 42 kilometer; er werd in 2016 461,2 miljoen ton aan goederen overgeslagen. Er werken meer dan 90.000 mensen in de Rotterdamse haven; de indirecte werkgelegenheid bedraagt 175.000 arbeidsplaatsen. De toegevoegde waarde van de haven is 21 miljard euro; ruim drie procent van het BNP. De Rotterdamse haven kon, na de aanleg van de Nieuwe Waterweg in 1872, vooral snel groeien tijdens de Eerste Wereldoorlog , toen Nederland neutraal bleef. Na de Eerste Wereldoorlog ontwikkelde de Rotterdamse haven zich snel verder. Met de digitalisering van havenactiviteiten op de Tweede Maasvlakte loopt de Rotterdamse haven ook nu weer voorop.

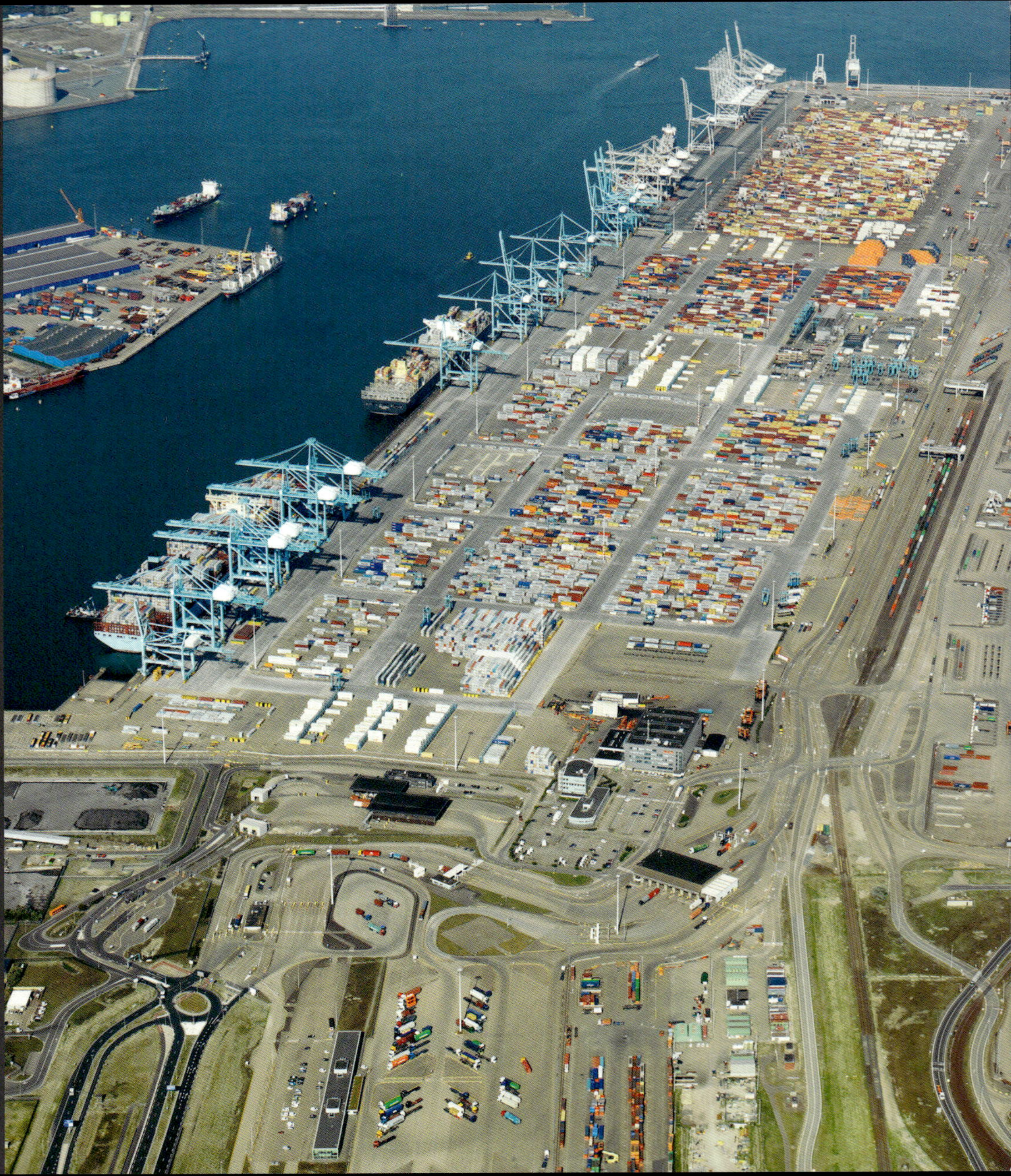

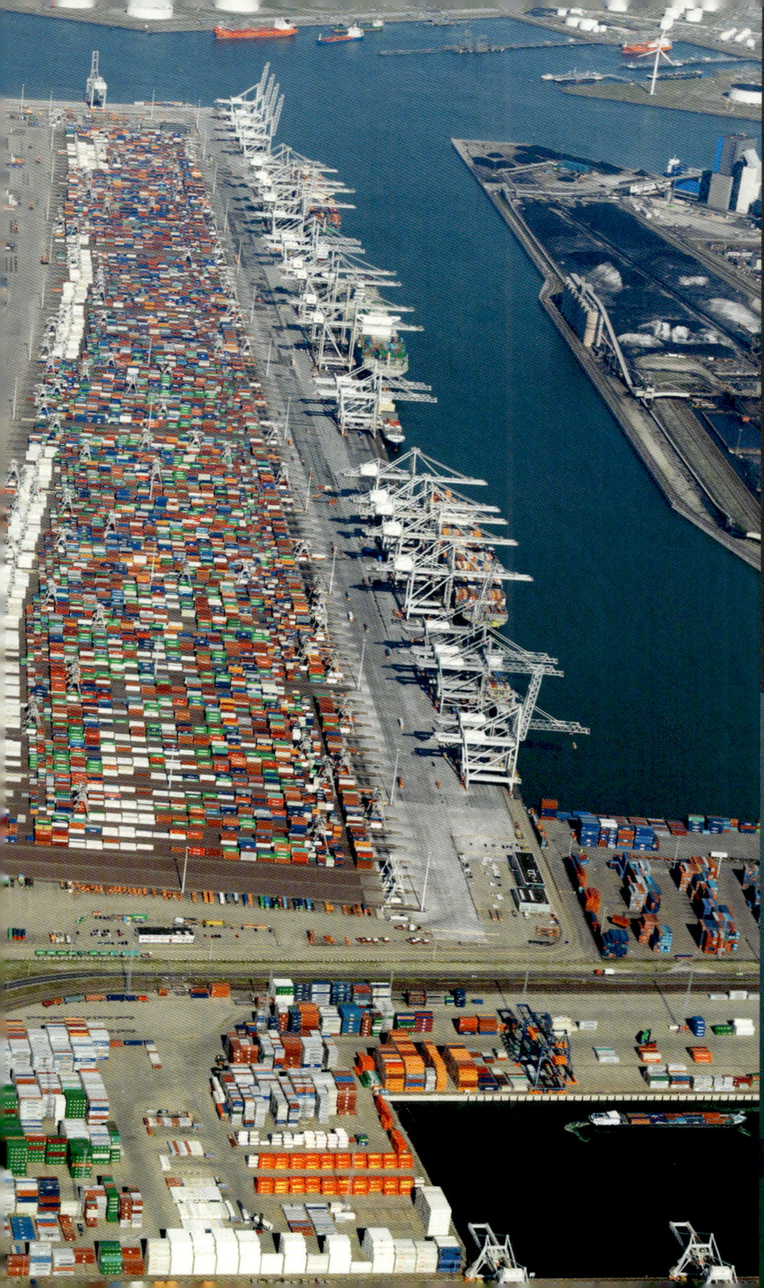

# Global port



*The port of Rotterdam is Europe's largest and one of the most important transport hubs in the world. The port zone is 42 kilometres long; in 2016, 461.2 million tons of goods were transhipped there. The port of Rotterdam employs more than 90,000 people, with indirect employment standing at 175,000. The added value of the port is €21 billion, equivalent to over three percent of GNP. Following the construction of the Nieuwe Waterweg in 1872, the port of Rotterdam grew particularly quickly during the First World War, when the Netherlands remained neutral. After the First World War, the port of Rotterdam continued to expand rapidly. With the digitisation of port activities on Maasvlakte II, the port of Rotterdam is once again leading the way.*

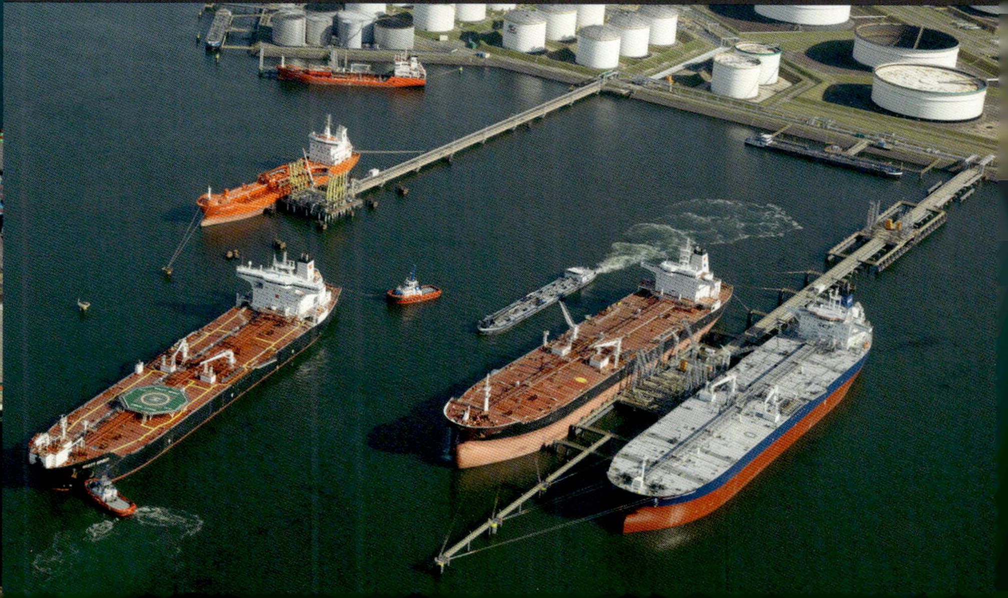

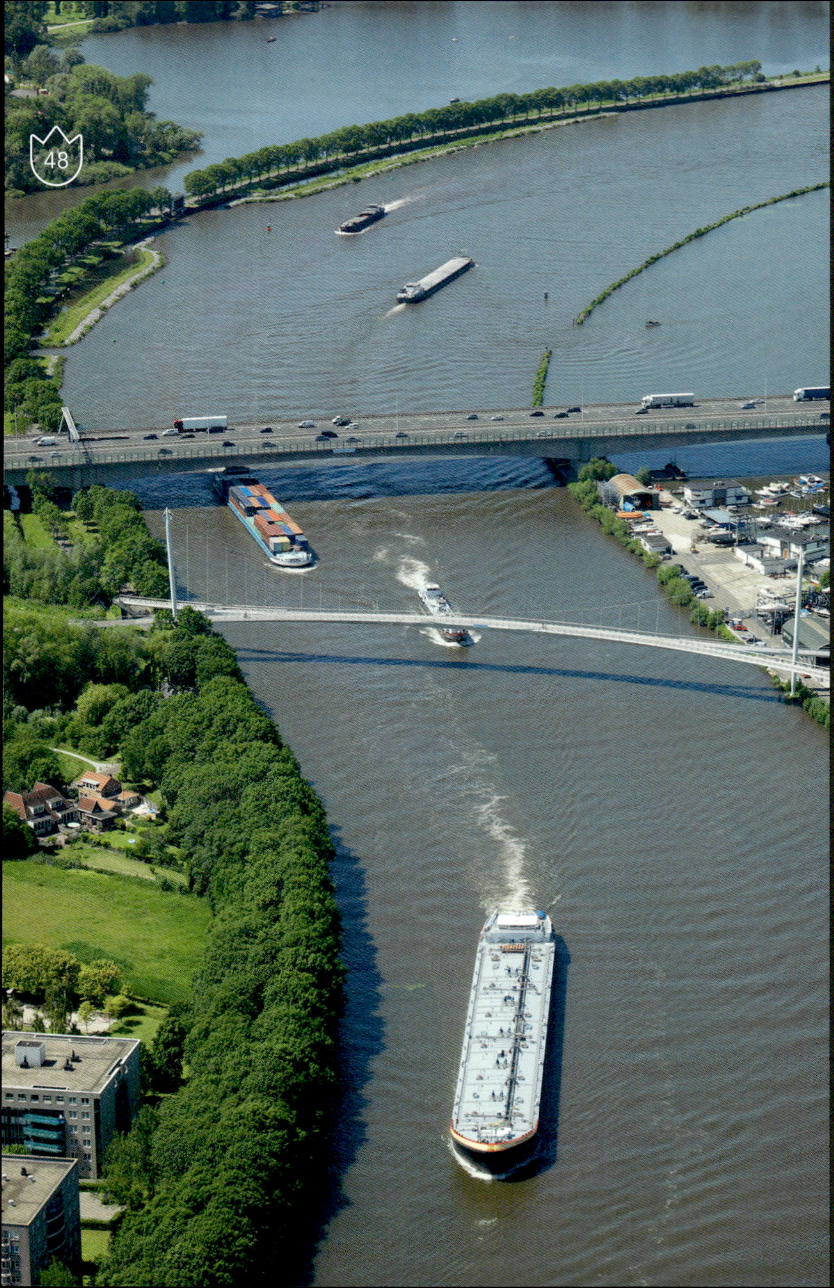



## Drijvende kracht

Het Europese vaarwegennet telt meer dan 50.000 kilometer rivieren, kanalen en meren. Je kunt veel Europese bestemmingen via het binnenwater bereiken; van Rotterdam tot aan de Zwarte Zee; van Delfzijl tot Antwerpen en Parijs. Nederland telt meer dan 5000 kilometer aan binnenvaarwegen. Door de ligging aan de monding van drie grote Europese rivieren, Rijn, Maas en Schelde, vormt Nederland de toegangspoort tot Europa. De binnenvaart is van het grootste belang voor de logistiek van de grote havens. Met 6500 binnenvaartschepen heeft Nederland de grootste binnenvaartvloot van Europa; 43 procent van het vervoer uit de haven wordt met binnenvaartschepen gerealiseerd. Het is aanzienlijk veiliger en milieuvriendelijker dan wegvervoer en het leidt bovendien niet tot files

## *Driving force*

*The European waterway network includes over 50,000 km of rivers, canals and lakes. Many European destinations can be reached by means of inland navigation – from Rotterdam to the Black Sea and from Delfzijl to Antwerp and Paris. The Netherlands has more than 5,000 kilometres of inland waterways. Thanks to its location at the mouth of three major European rivers, Rhine, Maas and Scheldt, the Netherlands is the gateway to Europe. Inland navigation is hugely important for the logistics of the major ports. With 6,500 self-propelled barges, the Netherlands has Europe's largest inland navigation fleet; 43 percent of transport from the port is carried by barge. They are considerably safer and more environmentally-friendly than trucks and, moreover, do not cause congestion.*

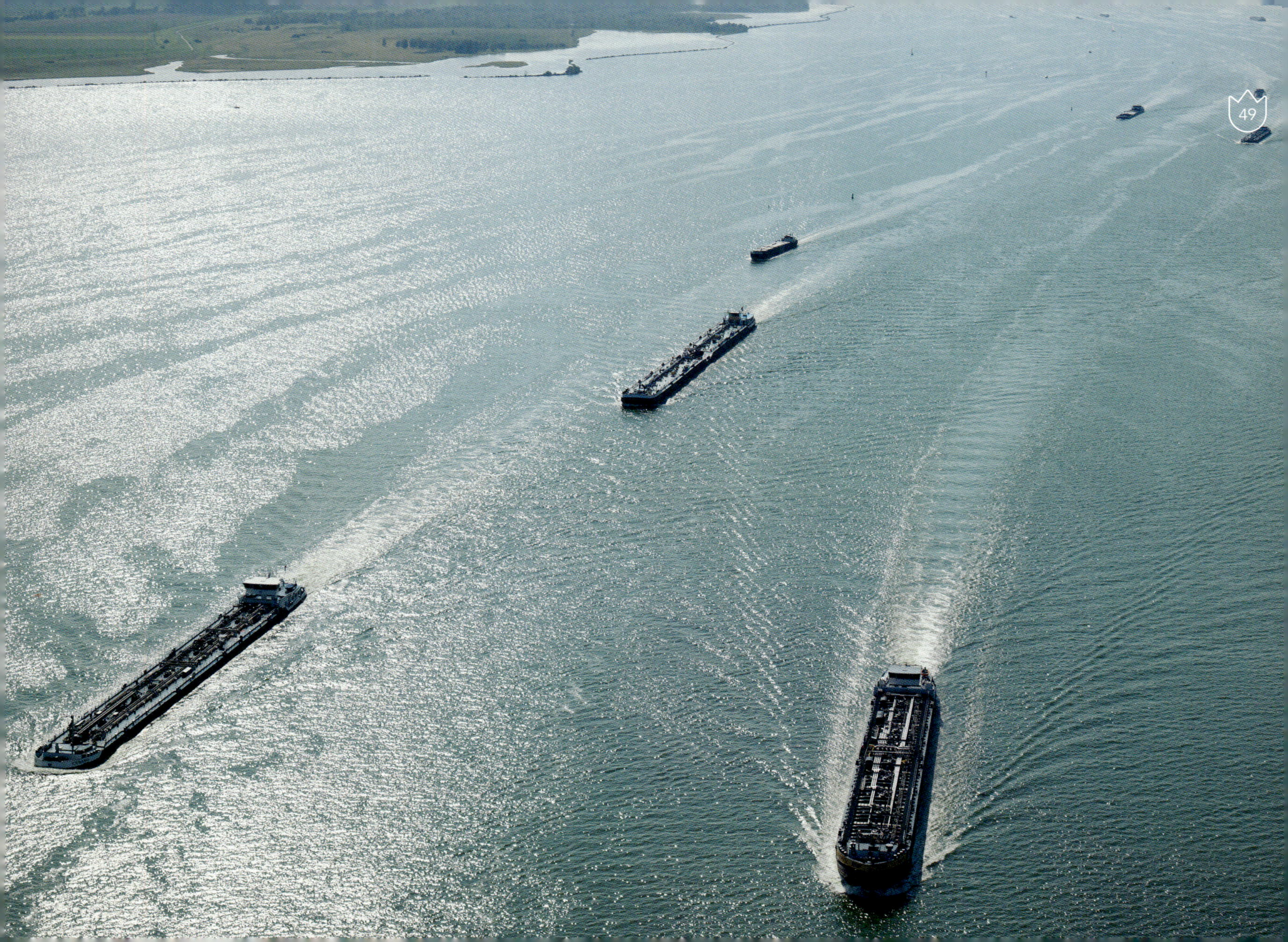

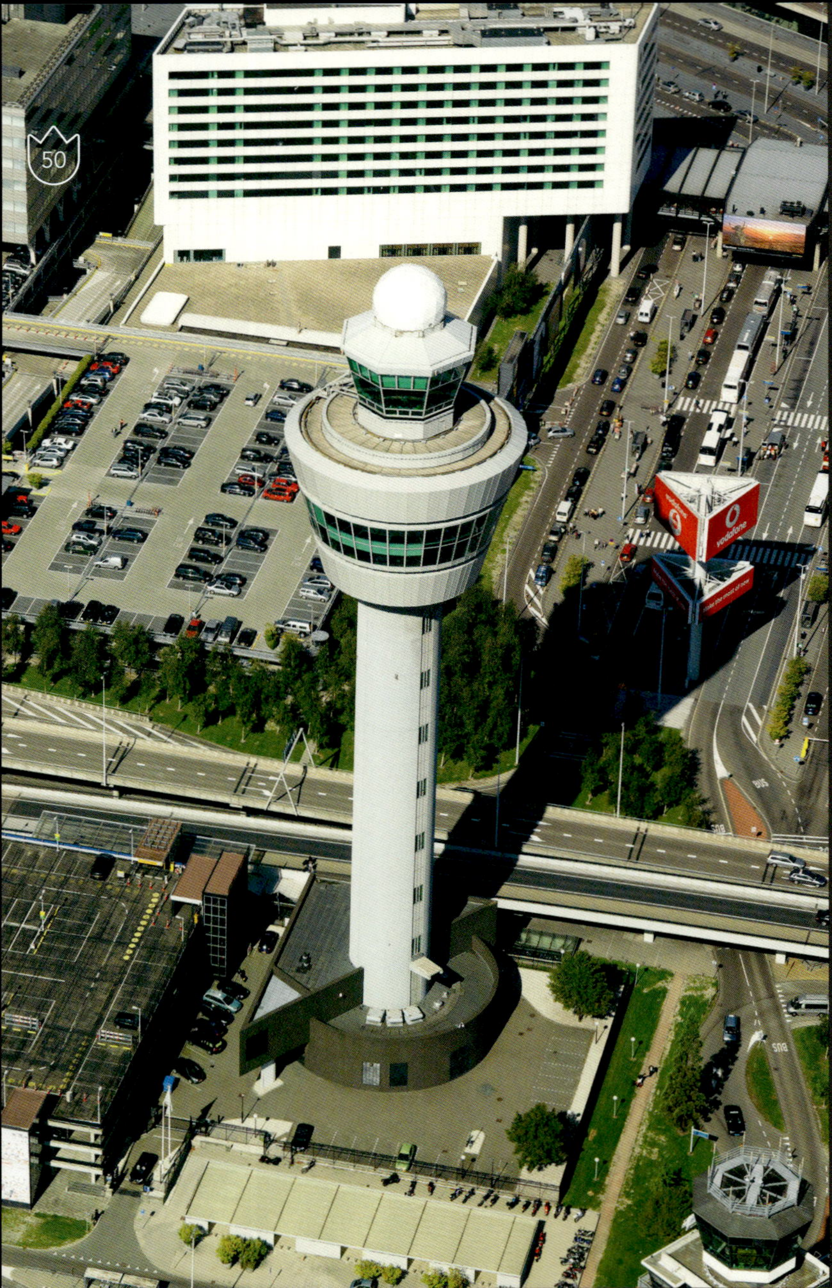

## Mainport Schiphol

Luchthaven Schiphol is na Heathrow (Londen) en Charles de Gaulle (Parijs) de derde luchthaven van Europa. In 2016 telde Schiphol 63,5 miljoen passagiers, een half miljoen vliegtuigbewegingen op zes banen. De passagiers treffen op Schiphol een groot winkel en wandelgebied en een ondergronds treinstation vanwaar zij binnen een half uur zowel in Den Haag als in Amsterdam zijn. Schiphol geldt voor de Nederlandse overheid, net als de Rotterdamse haven als een mainport. Het heeft een enorme economische betekenis; op en om Schiphol werken honderdduizend mensen; de indirecte werkgelegenheid is nog eens driemaal zoveel. De economische betekenis van Schiphol kan niet worden onderschat: de toegevoegde waarde bedraagt miljarden euro's.

## *Mainport Schiphol*

*After Heathrow (London) and Charles de Gaulle (Paris), Schiphol Airport is Europe's third airport. In 2016, Schiphol handled 63.5 million passengers and half a million aircraft movements on six runways. The airport has a large area where passengers can shop and walk around and an underground railway station from where they can reach either The Hague or Amsterdam within half an hour.*
*The Dutch government has given Schiphol the status of 'mainport', like the port of Rotterdam. It is of huge economic importance; one hundred thousand people work at and around Schiphol, while indirect employment is three times as much again. Schiphol's economic significance cannot be overestimated: its added value runs to billions of euros.*

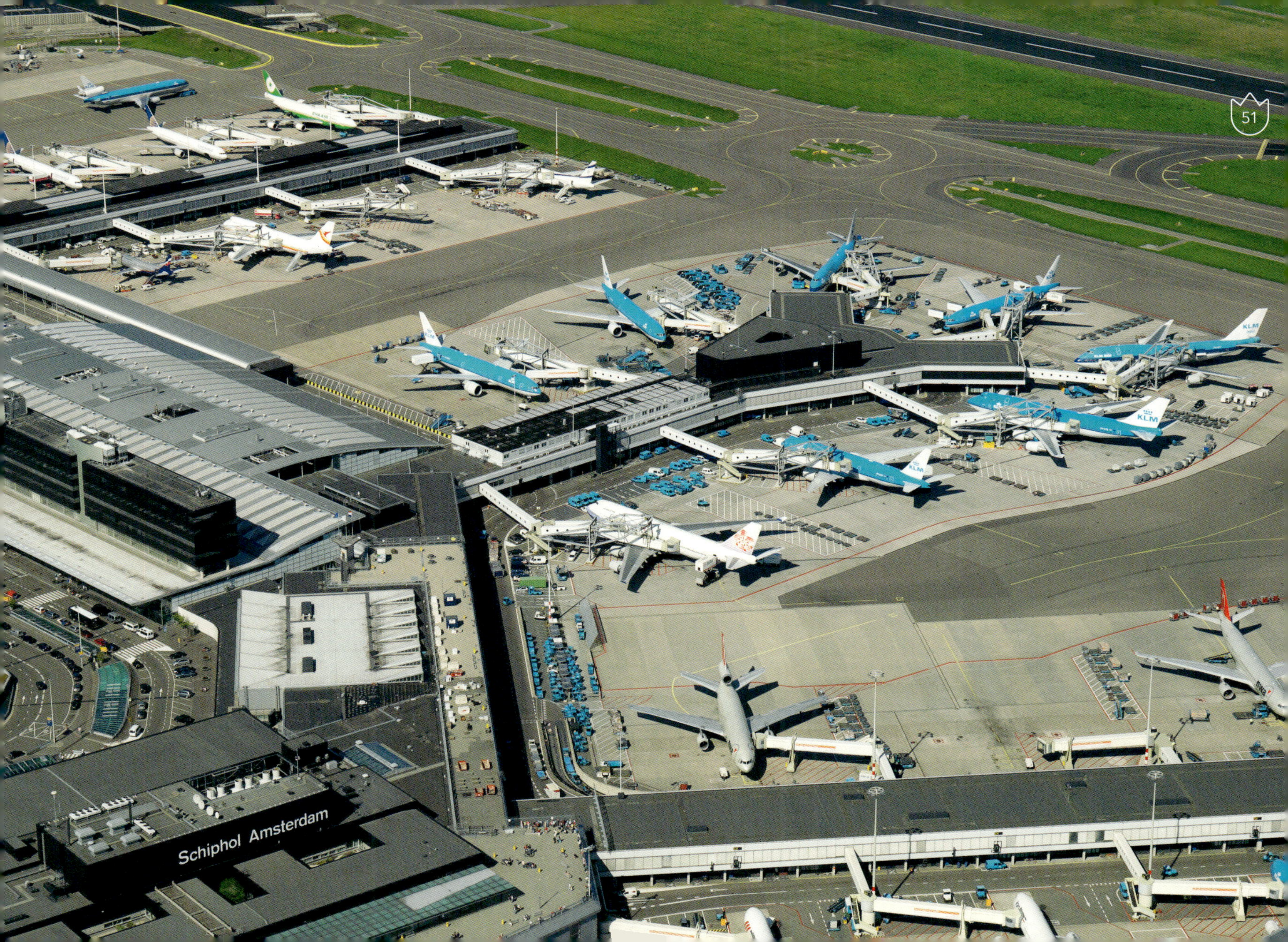
Schiphol Amsterdam
KLM

52

## Klein Manhattan

In Amsterdam zijn de laatste decennia twee nieuwe locaties in ontwikkeling gebracht voor zakelijke dienstverlening. De Zuidas, tussen de luchthaven Schiphol en het Amsterdamse centrum is een internationaal gericht centrum voor financiële, juridische bedrijven en accountancy. Amsterdammers hopen dat zich hier internationale financiële bedrijven zullen vestigen nadat Engeland zich heeft los gemaakt uit de Europese Unie.

De Omval ligt net ten oosten van het centrum van Amsterdam, op een landtong aan de rivier de Amstel. Rembrandt maakte een idyllische ets van deze omgeving; vier eeuwen later domineren drie wolkenkrabbers de omgeving die allen zijn genoemd naar beroemde schilders: Rembrandt, Mondriaan en Breitner.

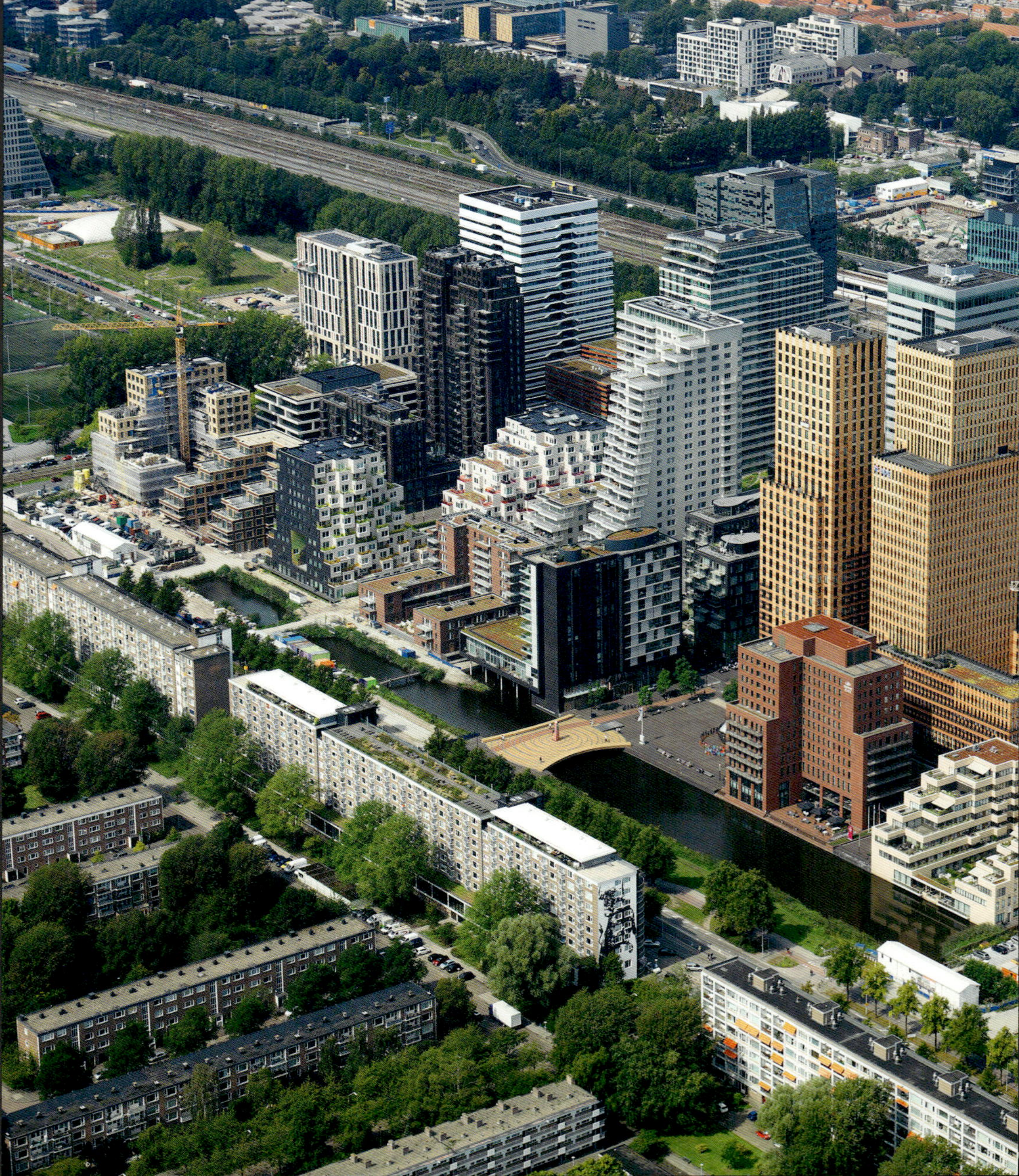

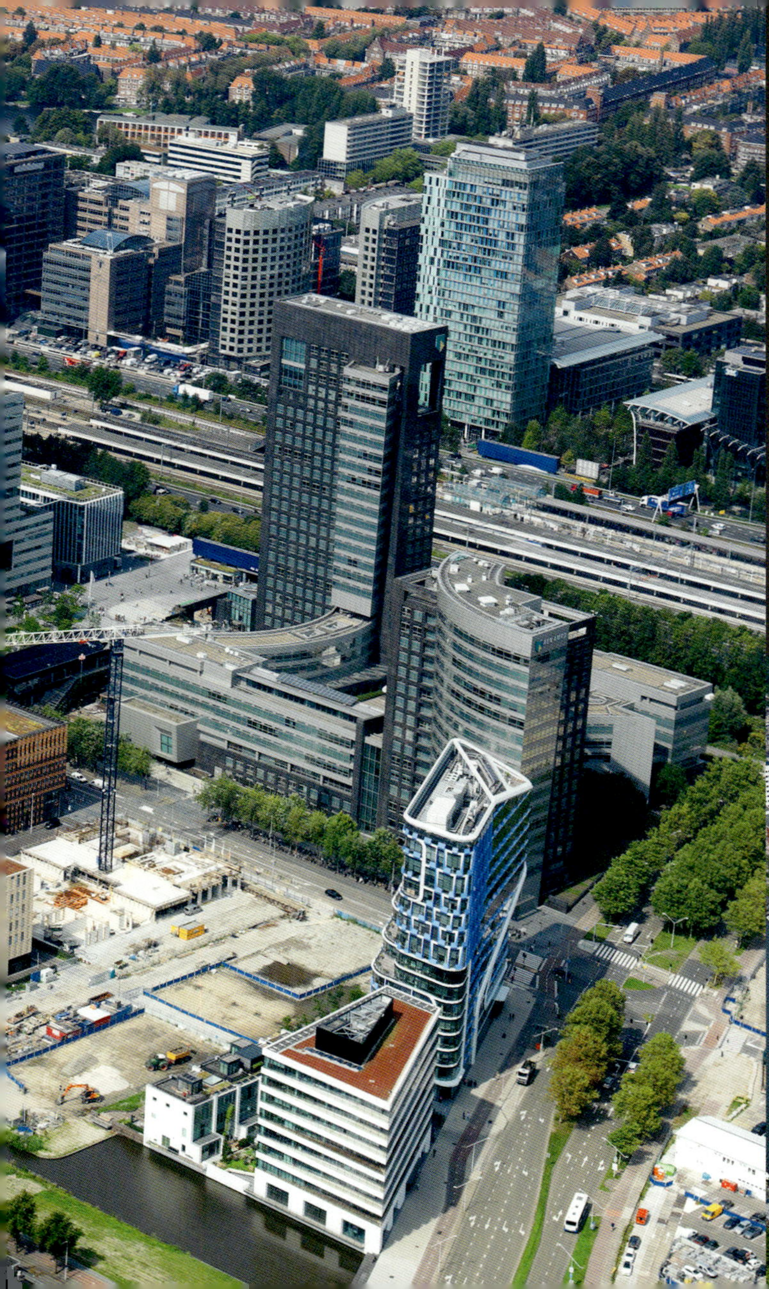

## Little Manhattan



Two new business locations have been developed in Amsterdam in recent decades. The Zuidas, between Schiphol Airport and the centre of Amsterdam, is an internationally-oriented centre for financial, legal and accountancy firms. Amsterdam hopes that international financial companies will be attracted there after the UK has left the European Union. The Omval is located just to the east of Amsterdam's city centre, on a peninsula along the Amstel river. Rembrandt made an idyllic etching of this setting; four centuries later, three skyscrapers dominate the area, all of them named after famous painters: Rembrandt, Mondrian and Breitner.

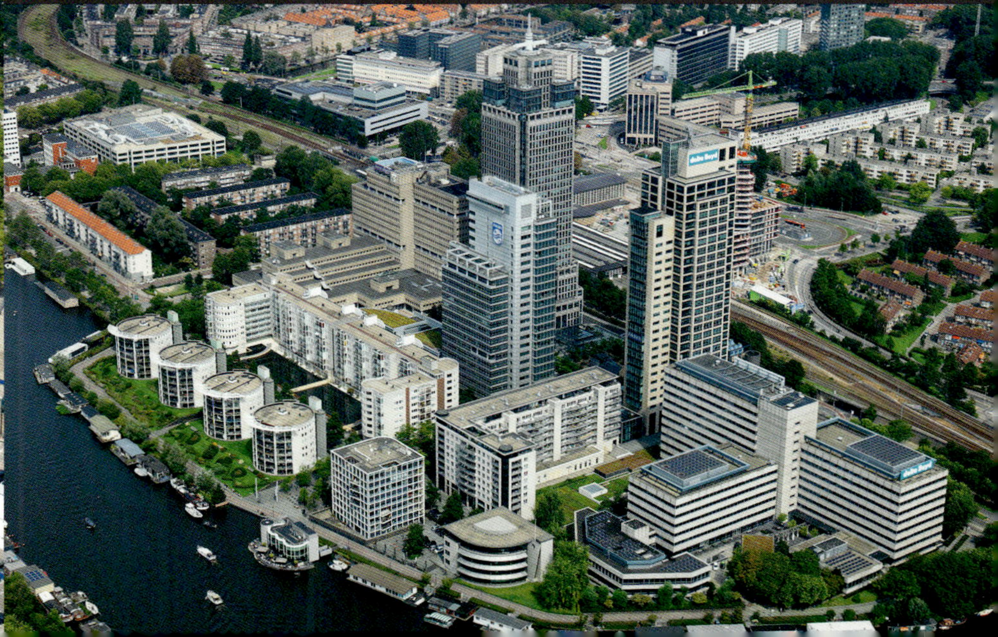

54

# Herbouwd Rotterdam

Op 14 mei 1940 om half twee in de middag bombardeerde het Duitse leger het centrum van Rotterdam. Binnen een kwartier was het historische centrum van Rotterdam weggevaagd, waren meer dan 800 burgers gedood en tachtig duizend mensen dakloos. Het centrum van Rotterdam stond in brand; je kon de vuurzee zien vanaf Delft.
Een halve eeuw later is de stad herbouwd en geeft moderne architectuur een nieuwe dynamiek aan de stad. De Erasmusbrug over de Maas, de Zwaan, is het symbool van de stad. Wolkenkrabbers in het nieuwe centrum van de stad bieden woon- en werkgelegenheid aan een jonge, internationaal georiënteerde bevolking.

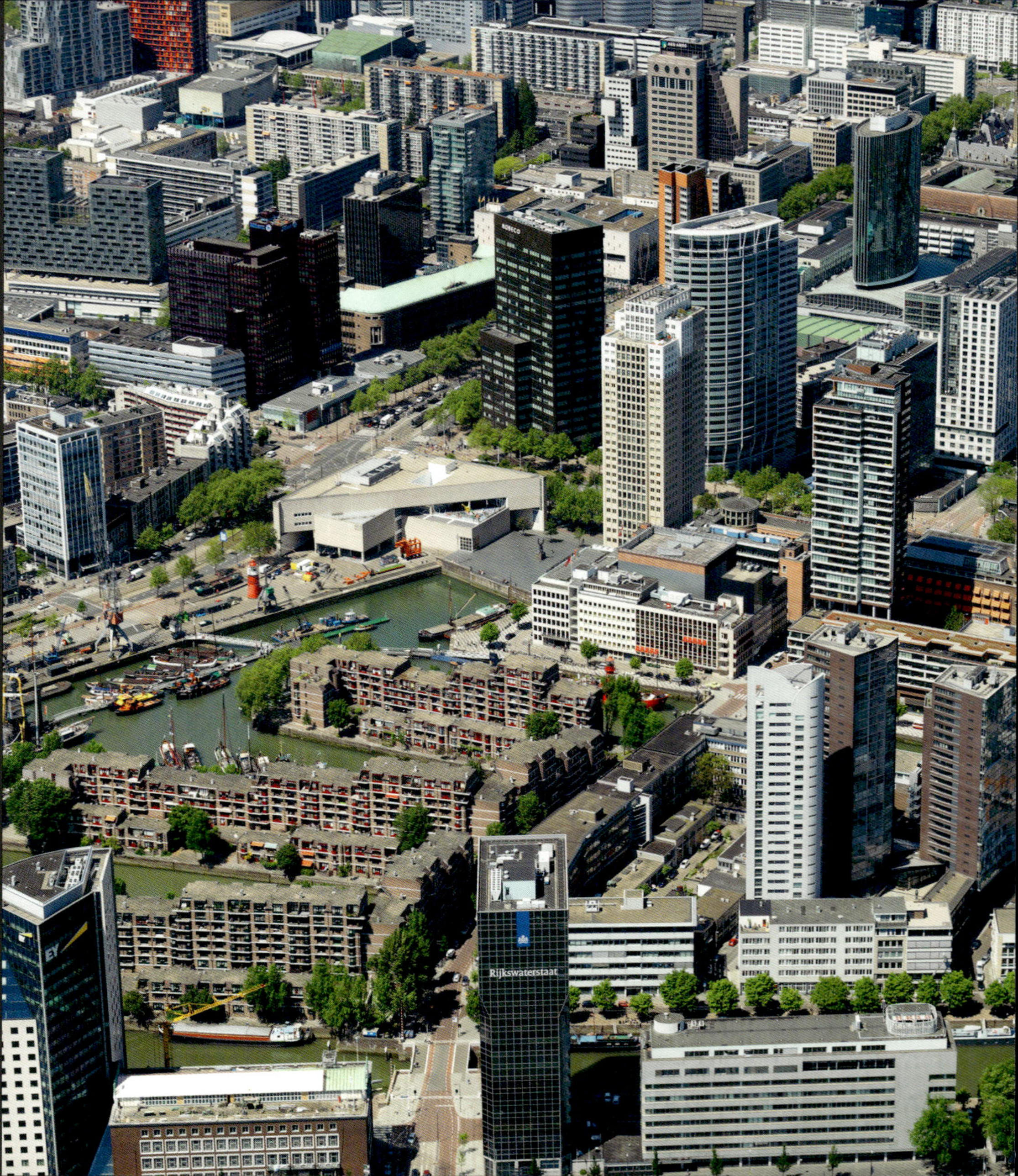

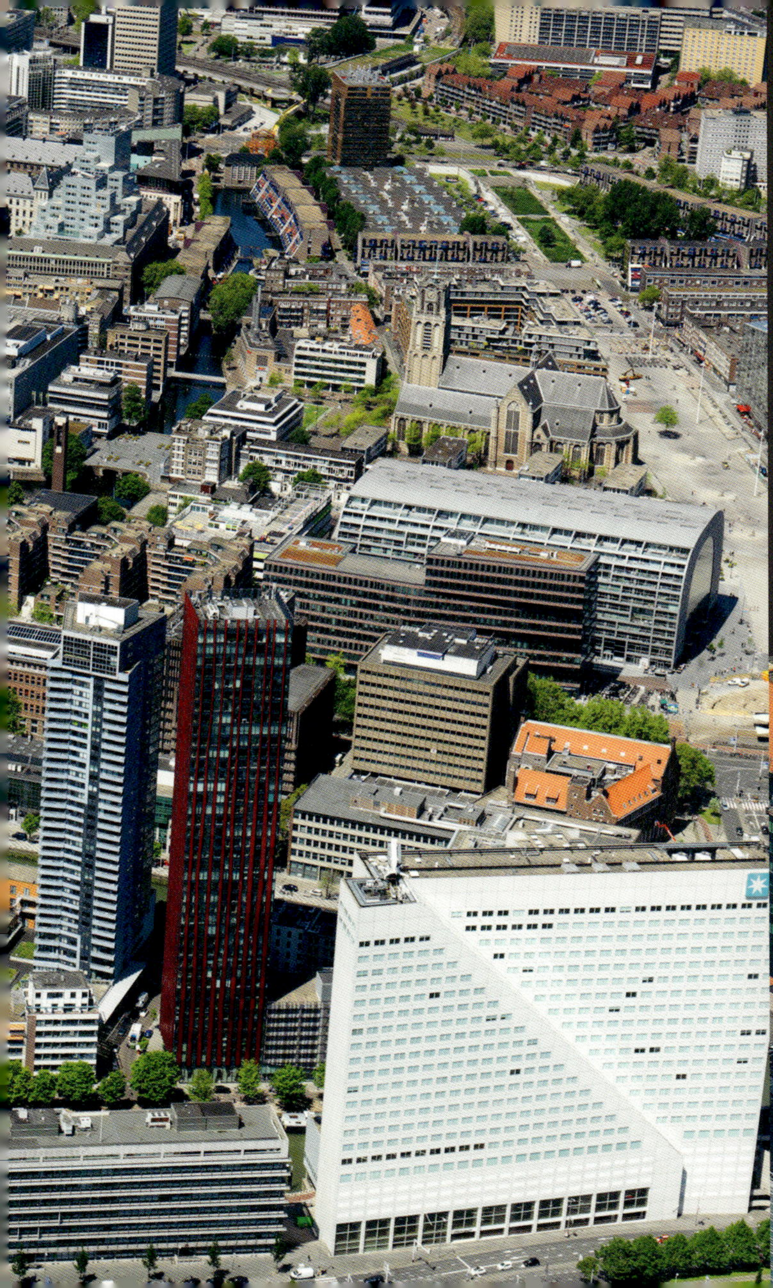

# Rebuilt Rotterdam



*At half past one on the afternoon of 14 May 1940, the German Luftwaffe bombed the centre of Rotterdam. Within 15 minutes, the historic city centre had been obliterated, more than 800 citizens were dead and 80,000 left homeless. The centre of Rotterdam was in flames; the conflagration was visible from Delft. Half a century later, the city was rebuilt and modern architecture gave the city a new dynamism.*
*The Erasmus Bridge over the river Maas, de Zwaan ('the Swan'), is the symbol of Rotterdam. Skyscrapers in the city's new centre provide living space and employment for a young, internationally oriented population.*

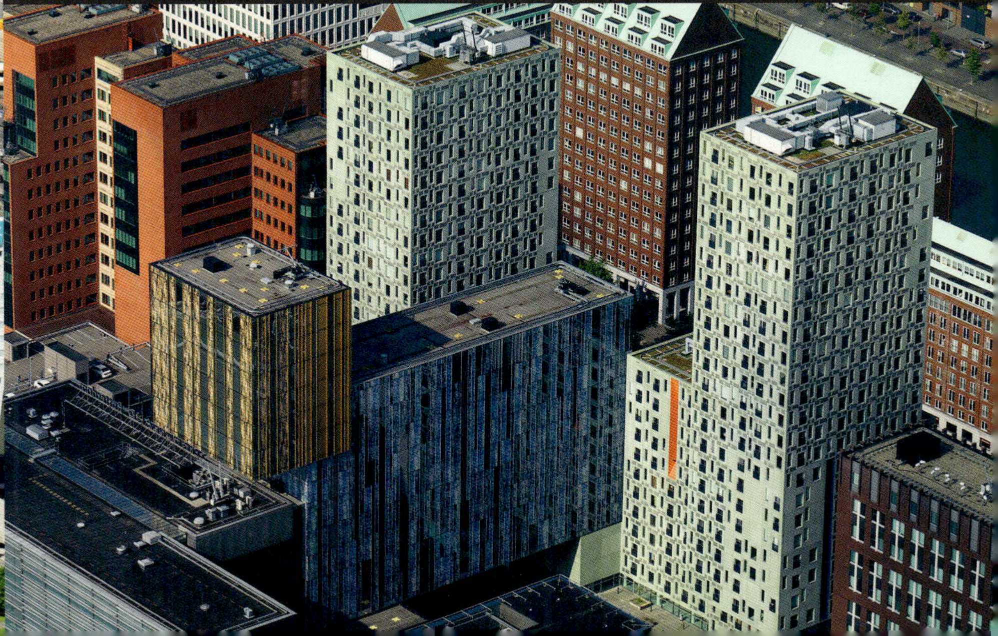

56

# Buildings en brains

De Nederlandse samenleving staat open voor vernieuwing, is gericht op een open en vrije wereld(markt) en biedt ruimte aan de ontwikkeling van elk individu. Die kenmerken zie je ook terug in het onderwijs, vanaf de basisschool tot aan de dertien universiteiten in het land.
De landbouwuniversiteit in Wageningen is in de wereld leidend op landbouwgebied en natuur-ontwikkeling. De technische en algemene universiteiten behoren bij de top van de wereld.
In Groningen: Het groene gebouw is de Linnaeusborg, de faculteit voor ‘Levenswetenschappen’ en het bolle gebouw is de Smitsborg, het ICT knooppunt voor Noord Nederland.
De markante moderne architectuur beoogt het innovatieve karakter van het onderwijs te illustreren.

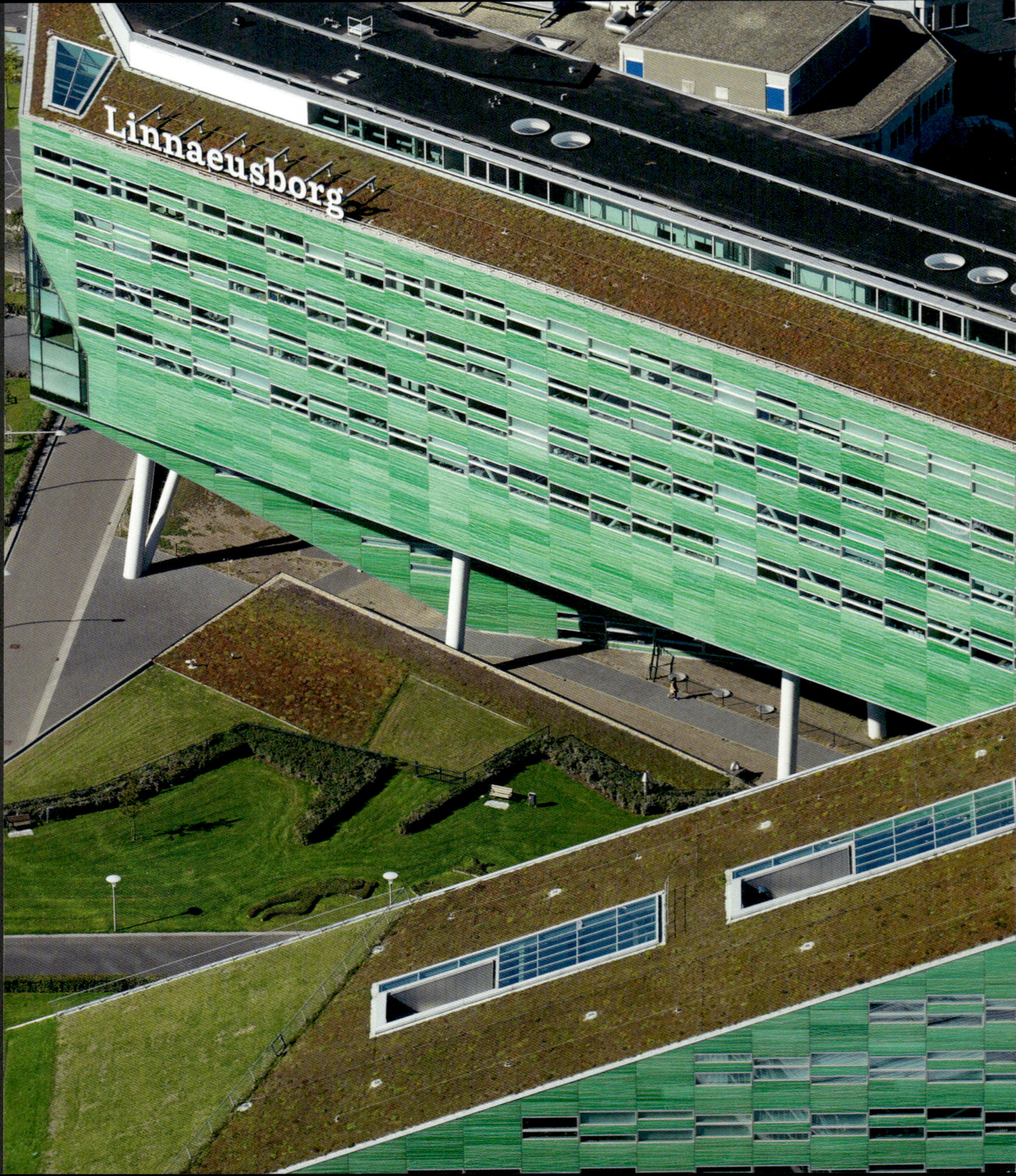

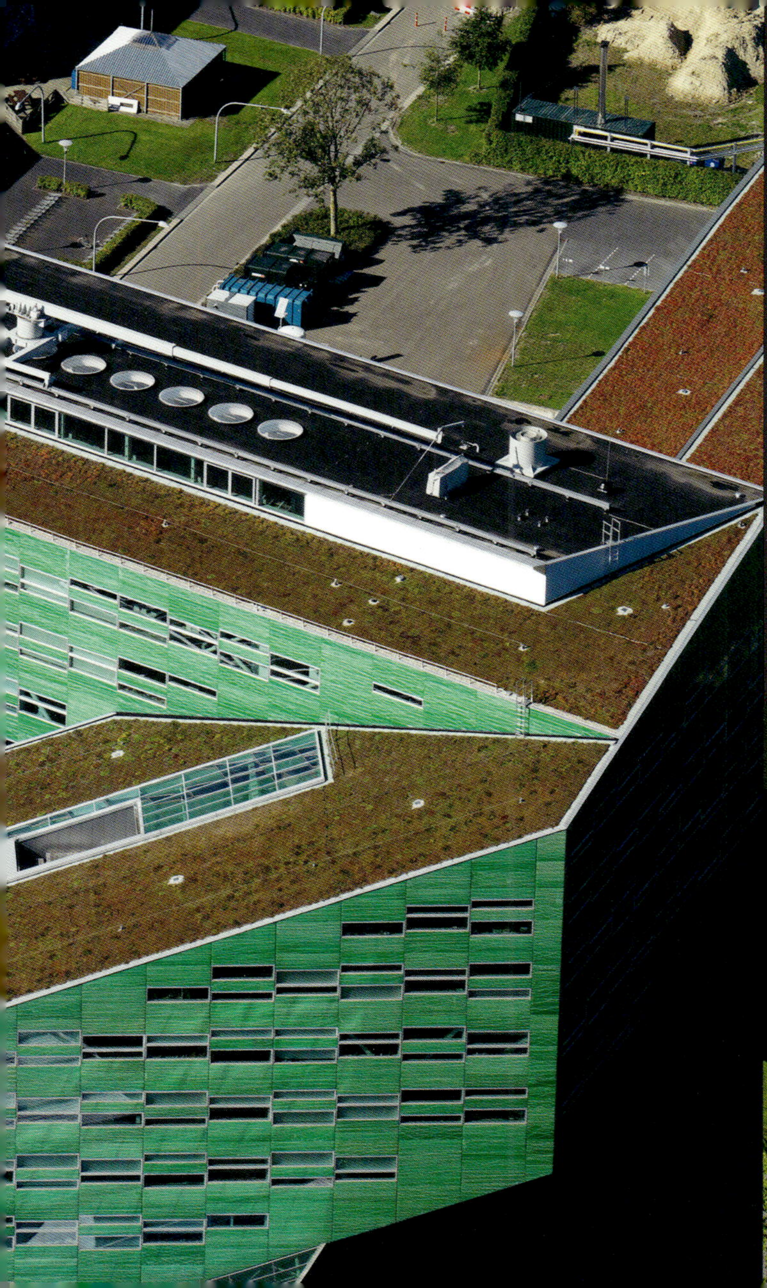

## Buildings and brains



*Dutch society is open to innovation, is oriented towards an open and free world (market) and offers space for each individual to develop. These features are reflected in education, starting from primary school right through to the thirteen universities across the country. The agricultural university in Wageningen is the world leader in the realm of agriculture and nature development. Dutch technical and general universities rank among the best in the world. In Groningen: the green building is Linnaeusborg, the faculty for Life Sciences, and the spherical building is Smitsborg, the ICT hub for the northern Netherlands. The striking modern architecture aims to illustrate the innovative character of the education.*

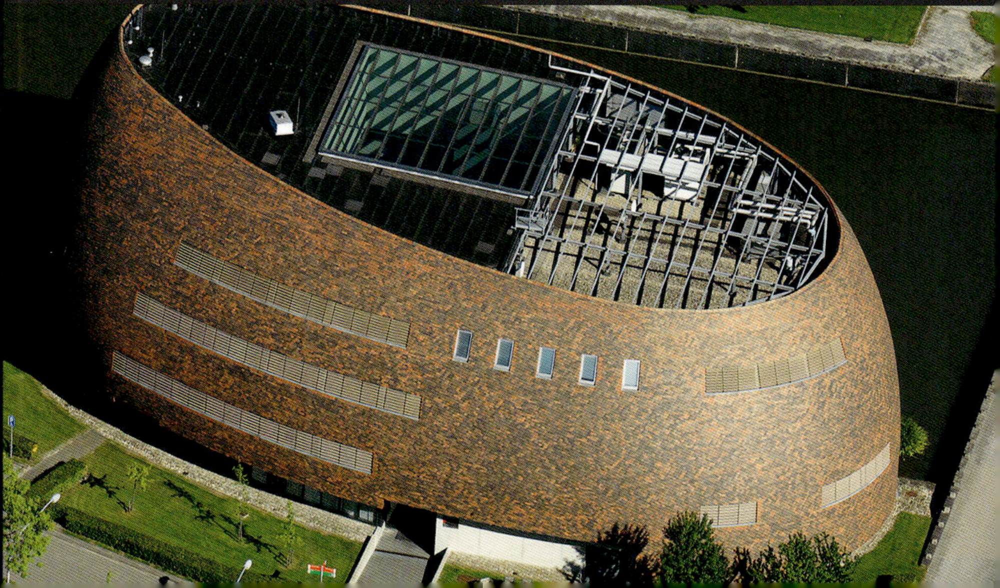

58

## Kleurrijke teelten

Nederland, Tulpenland. Overal ter wereld staat Nederland bekend om haar bloembollen. Vele honderden miljoenen bloembollen worden jaarlijks in het buitenland verkocht, met een waarde van meer dan 870 miljoen euro. Duitsland en de Verenigde Staten zijn de grootste afnemers, gevolgd door China en Engeland. Bloembollenvelden zijn van oudsher in Noord Holland te vinden, maar in de jongste jaren ook grote percelen in Flevoland, Drenthe en op Goeree Overflakkee.
De meest efficiënte vorm van landbouwproductie is de teelt onder glas, op een oppervlakte van 10.000 hectare wordt voor tien miljard aan producten (groente en bloemen) geteeld. De glastuinbouw biedt werk aan 150.000 mensen.

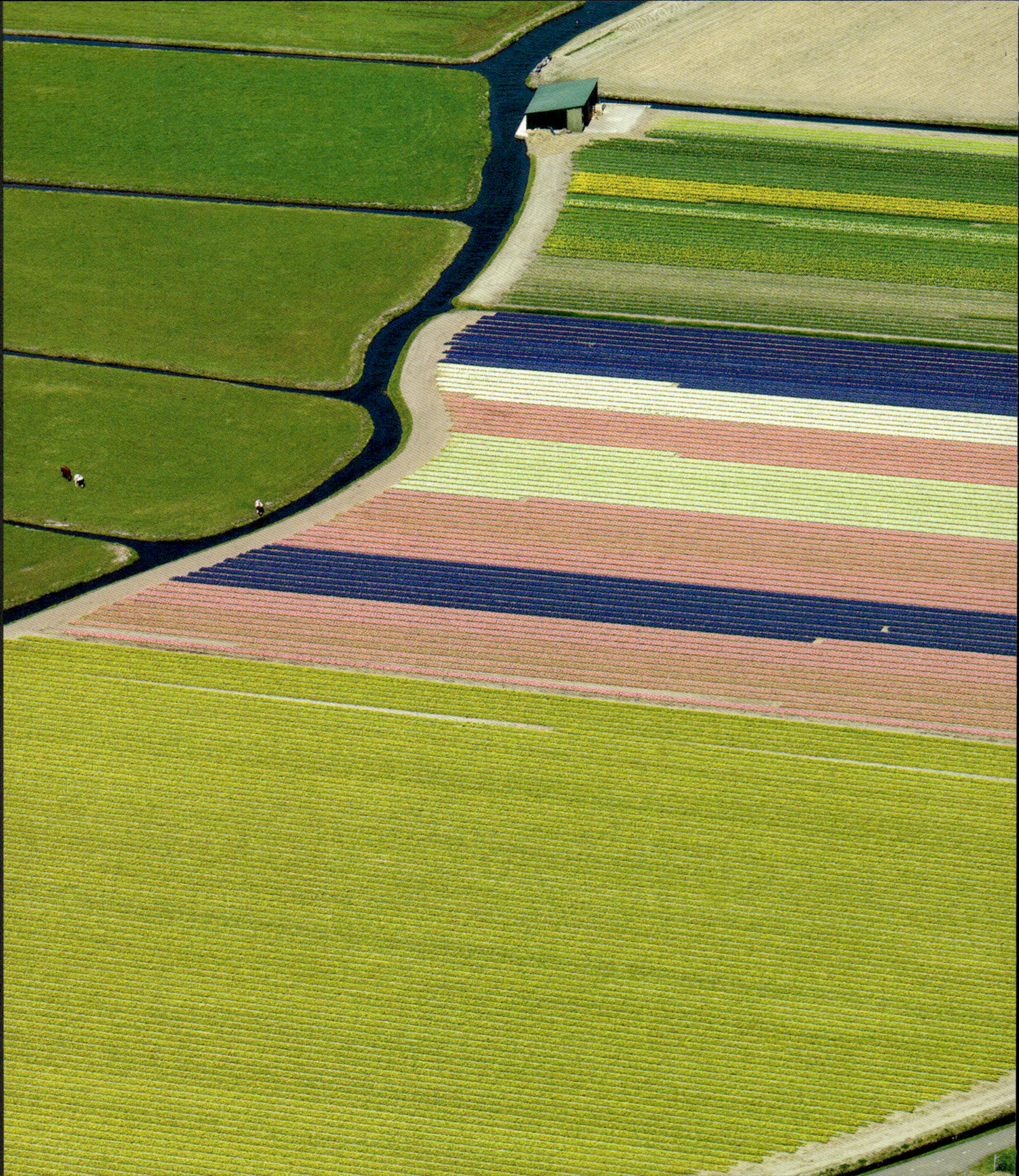

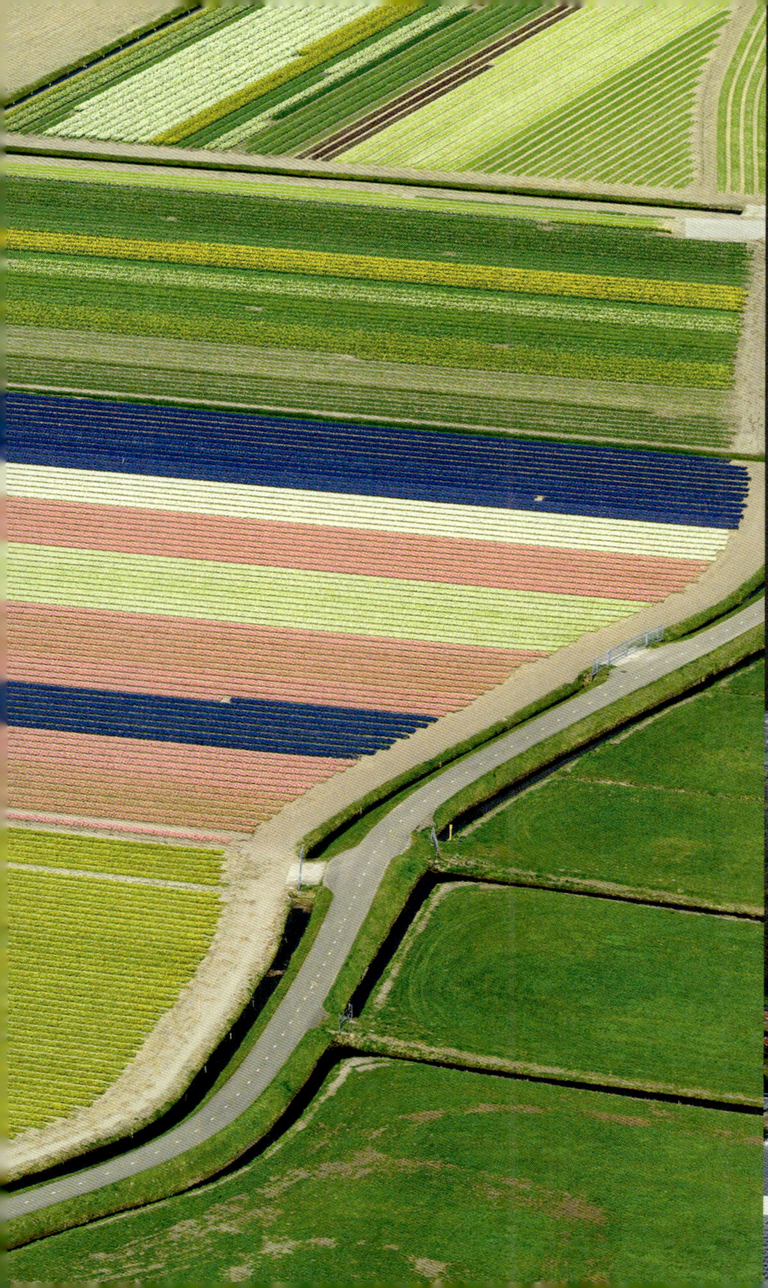

## Colourful crop



The Netherlands, land of tulips. All over the world, the Netherlands is known for its flower bulbs. Many hundreds of millions of bulbs are sold abroad every year, with a value of more than €870 million. Germany and the United States are the biggest export markets, followed by China and the UK. Flower fields are traditionally found in Noord-Holland, but in recent years large areas have also been given over to flower growing in the provinces of Flevoland and Drenthe and on the island of Goeree-Overflakkee. The most efficient form of horticultural production is cultivation under glass; products (vegetables and flowers) worth tens of billions of euros can be grown on an area of 10,000 hectares. Greenhouse horticulture employs 150,000 people in the Netherlands.

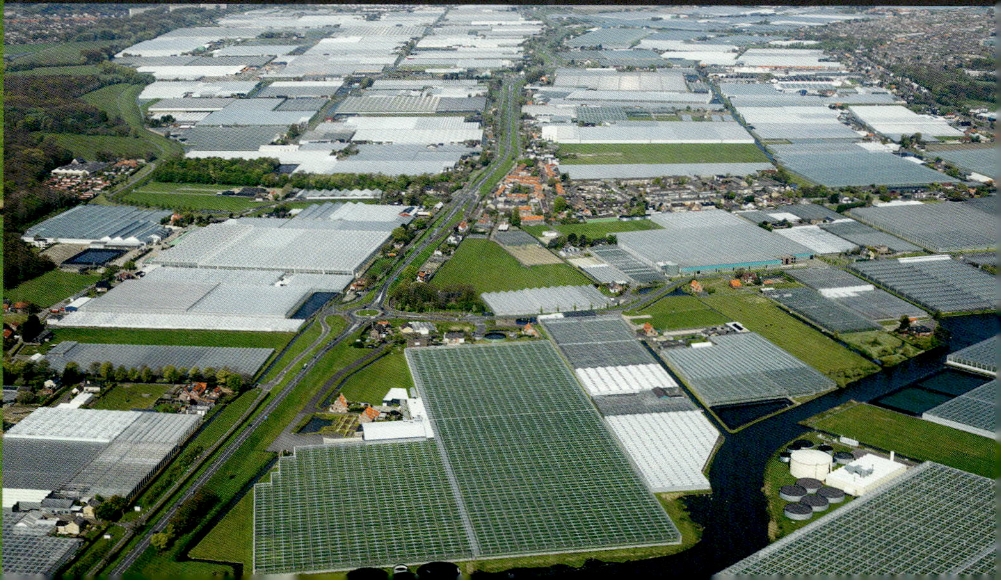

# Rijkdom van de zee

De beroepsvisserij op de rivieren, in de kustwateren en op zee is in Nederland van oudsher van groot belang. Eeuwenlang is vis een belangrijk onderdeel van het voedsel. Met grote, krachtige, computer gestuurde schepen heeft de sector zich ingrijpend ontwikkeld. Binnen het Europese visserijbeleid zijn er strikte regels die overbevissing moeten tegen gaan. Typische Nederlandse visserijsectoren zijn de garnalen en mosselvisserij. De Noordzeegarnalen worden met kotters gevangen, vooral in het voor en najaar, direct aan boord gespoeld, gekookt en gekoeld. De oester en mosselvisserij concentreert zich voornamelijk in Zeeland, in Bruinisse en Yerseke. Met speciale platte schepen worden de mosselbanken bevist. Mossels met frieten, één van de favoriete gerechten van de Vlamingen.

# *The wealth of the sea*

*Commercial fishing in the rivers, in coastal waters and at sea has traditionally been very important in the Netherlands. For centuries, fish has been an important part of the diet. The sector has developed dramatically with the advent of large, powerful, computer-controlled ships. European fisheries policy lays down strict rules to prevent overfishing.Typical Dutch fishing sectors are shrimp and mussel fisheries. North Sea shrimps are caught using cutters, especially in the spring and autumn, and immediately rinsed, cooked and refrigerated on board. Oyster and mussel fisheries are concentrated primarily in Zeeland, in Bruinisse and Yerseke. The mussel beds are fished using special flat ships. Mussels and chips is one of Flanders' favourite dishes.*

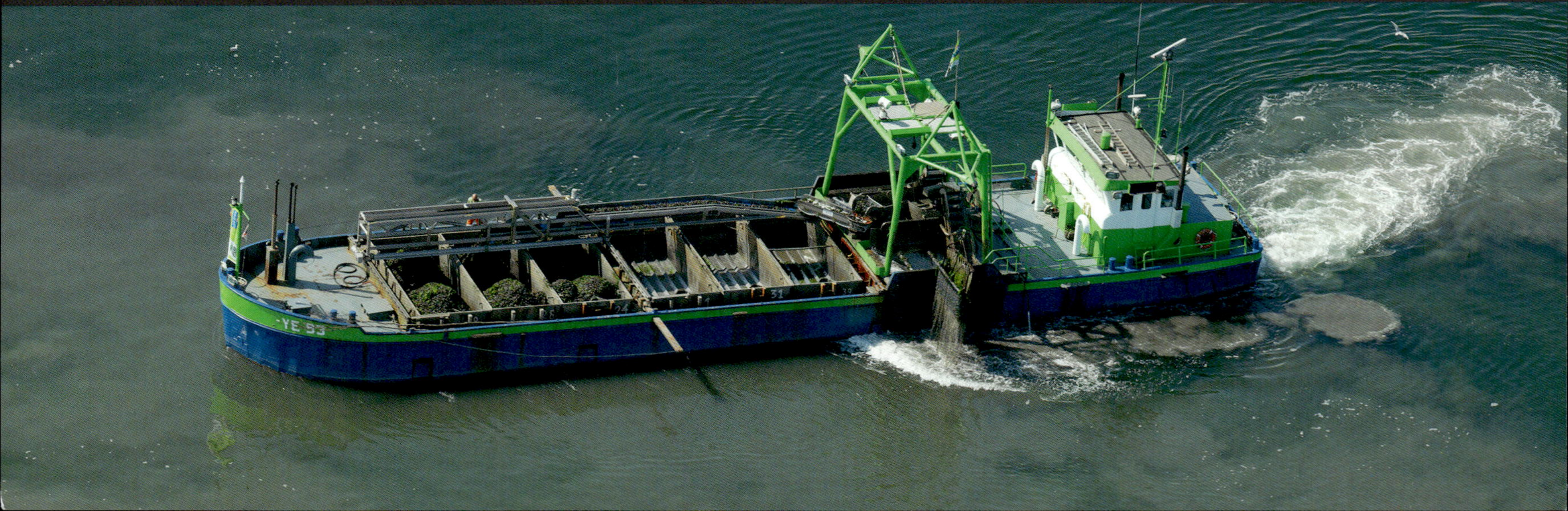

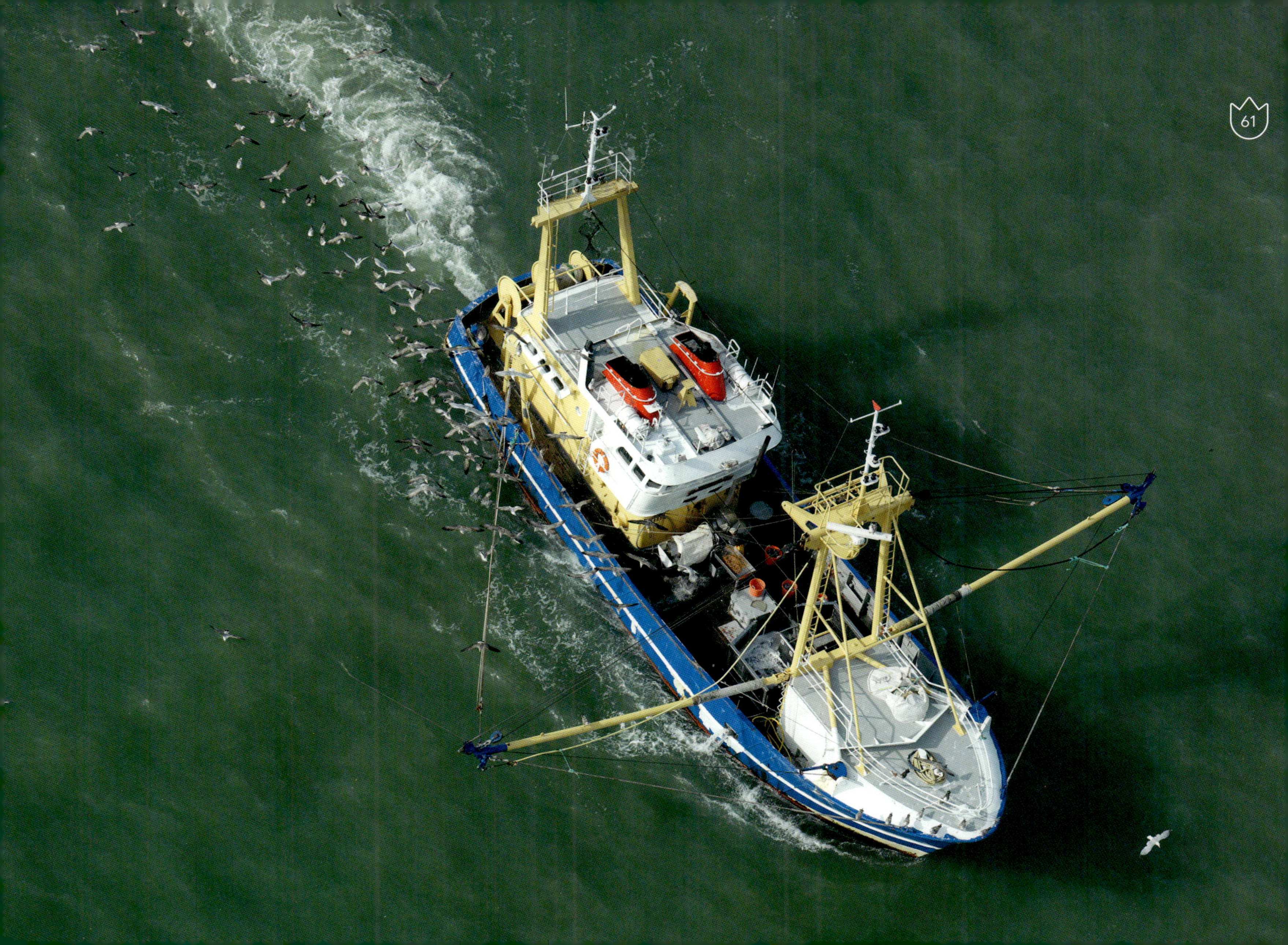

# Agrarisch Nederland

In het kleine en dicht bevolkte Nederland wordt met een relatief beperkt gebruik van water, kunstmest en bestrijdingsmiddelen een maximale opbrengst in de landbouw gerealiseerd. Na de Verenigde Staten is Nederland de tweede landbouwexporteur van de wereld. In 2016 werd, volgens de officiële cijfers, voor meer dan 85 miljard euro aan landbouwproducten geëxporteerd. De efficiënte Nederlandse landbouw vindt haar oorsprong in de late zestiende eeuw toen de eerste polders werden ingericht volgens de principes van de wiskundige Simon Stevin (Brugge 1548 - Den Haag 1620) met rechte lijnen, en evenwichtige verhoudingen. Voeg daarbij de opgebouwde wetenschappelijke kennis van de landbouwuniversiteit in Wageningen, goede grond en een gematigd klimaat en je vindt een verklaring voor dit fenomeen.

# *Farming Netherlands*

*In the small and densely populated Netherlands, maximum agricultural yields are achieved with relatively limited use of water, fertilizers and pesticides. After the United States, the Netherlands is the world's second-largest agricultural exporter. According to official figures, in 2016 the country exported agricultural products to the value of more than €85 billion. Efficient Dutch agriculture has its origins in the late 16th century, when the first polders were created in accordance with the principles of the mathematician Simon Stevin (Bruges 1548 - The Hague 1620), with straight lines and balanced proportions. Add to this the accumulated scientific knowledge of the agricultural university in Wageningen, good soil and a temperate climate and you have an explanation for this phenomenon.*

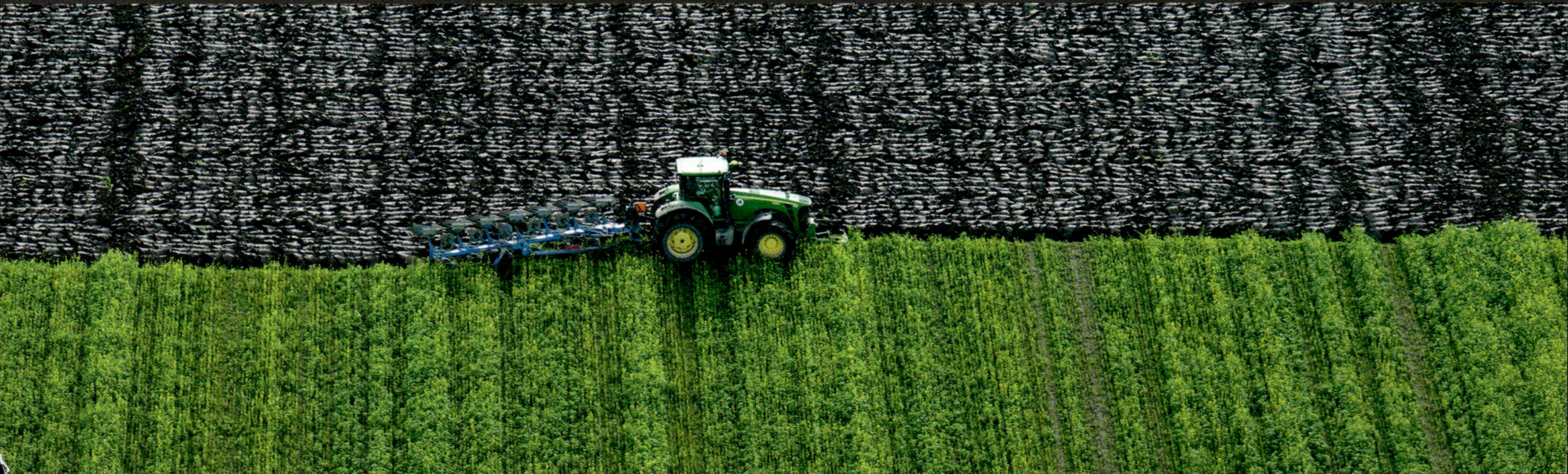

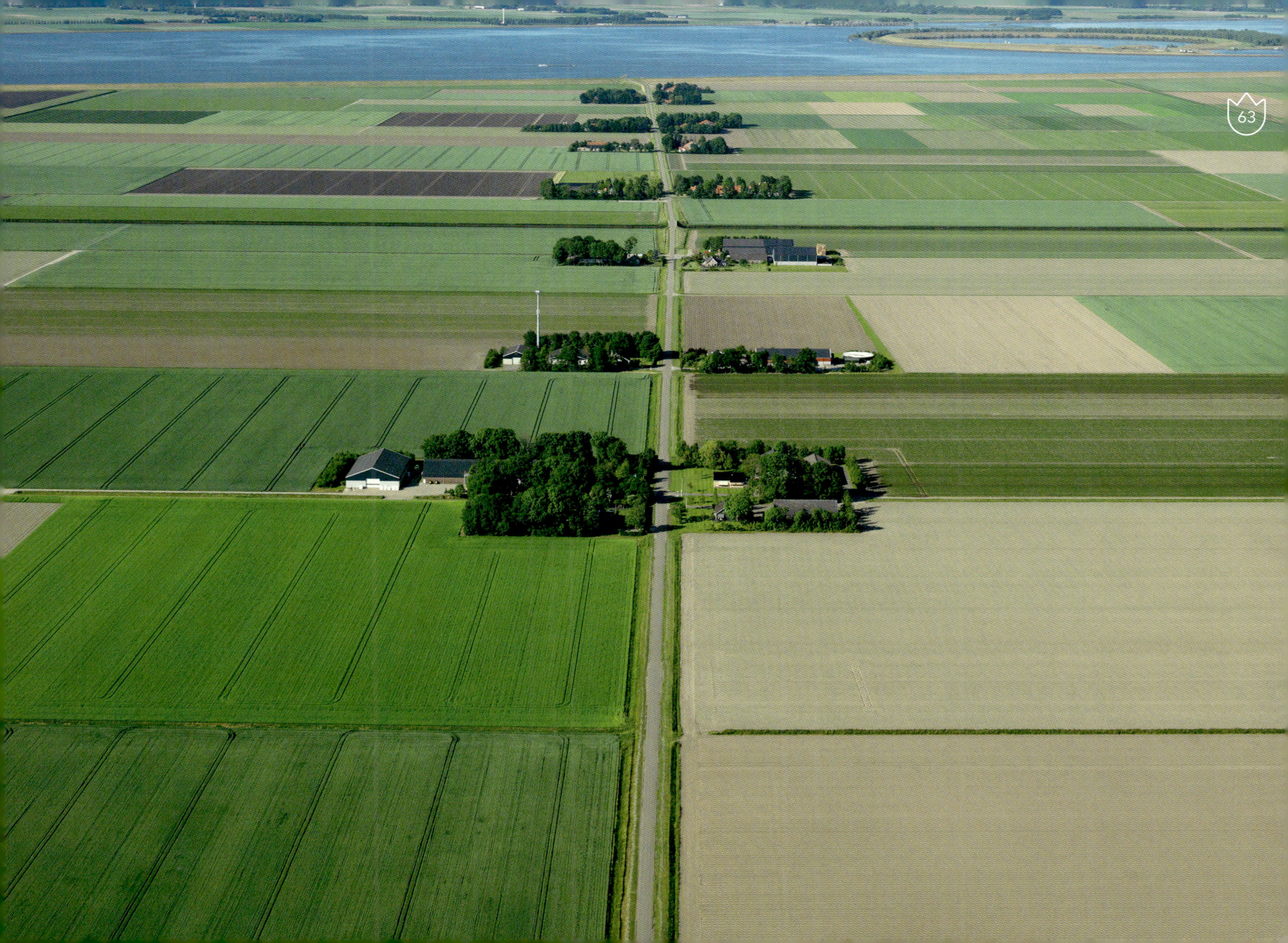

64

## Boerderijen: wonen en werken

Alles onder één dak. Zo zou je de oude boerderijen kunnen noemen, zoals die vanaf de zeventiende eeuw in Nederland ontstonden. De stal voor het vee, met een hoge schuur voor de opslag van graan en hooi plus het woonhuis hoorden bij elkaar. Naar mate de boeren meer en beter verdienden, werden de woonhuizen voor de stal geplaatst, maar bleven wel met elkaar verbonden: de kop-hals-romp boerderijen zijn kenmerkend voor Friesland en Groningen. De hedendaagse boerenwoningen zijn gebouwd nabij de efficiënte grootschalige stallen en schuren. De woningen of bungalows verschillen nu niet meer van de vrijstaande huizen, elders op het platteland.

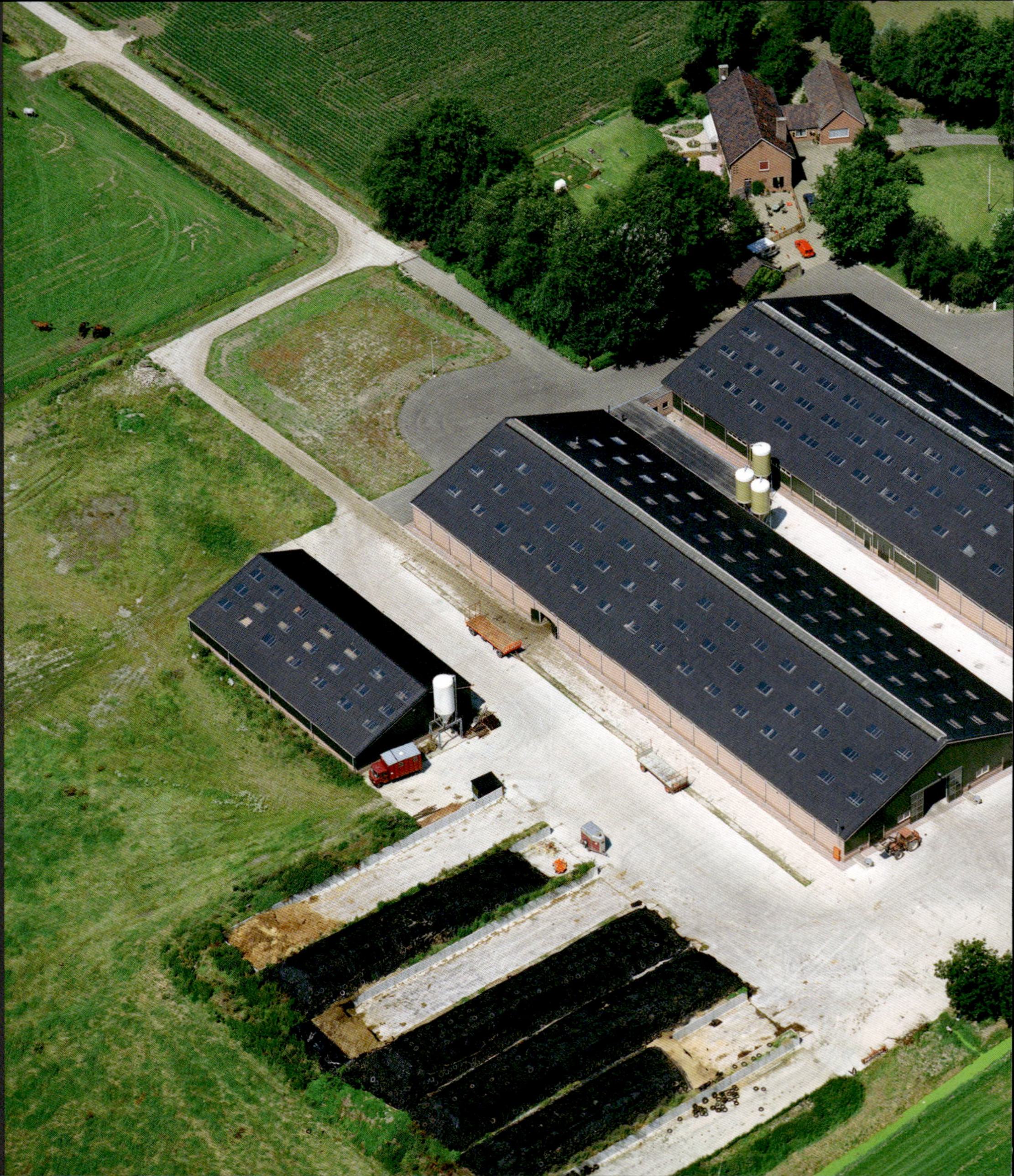

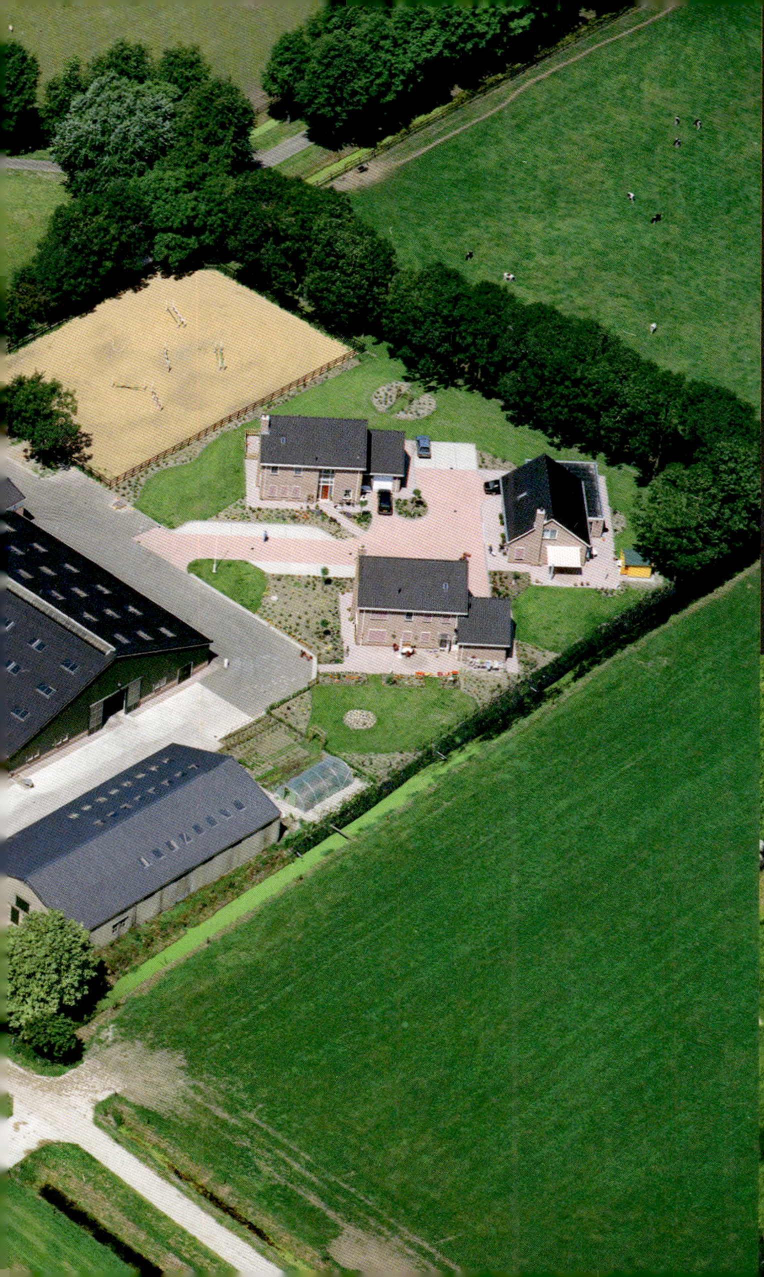

## Farms: living and working



*Everything under one roof – that's how you could describe the old farms like the ones built in the Netherlands from the seventeenth century. The stalls for the livestock, a high barn for storing grain and hay, plus the house were all part of the same building. As farmers started earning more, the houses came to be placed in front of the stalls, but they continued to be linked together: these 'head-neck-body' farms are characteristic of Friesland and Groningen. Today's farmers' homes are built close to their efficient large-scale cattle sheds and barns. The houses and bungalows no longer differ from the other detached homes elsewhere in the countryside.*

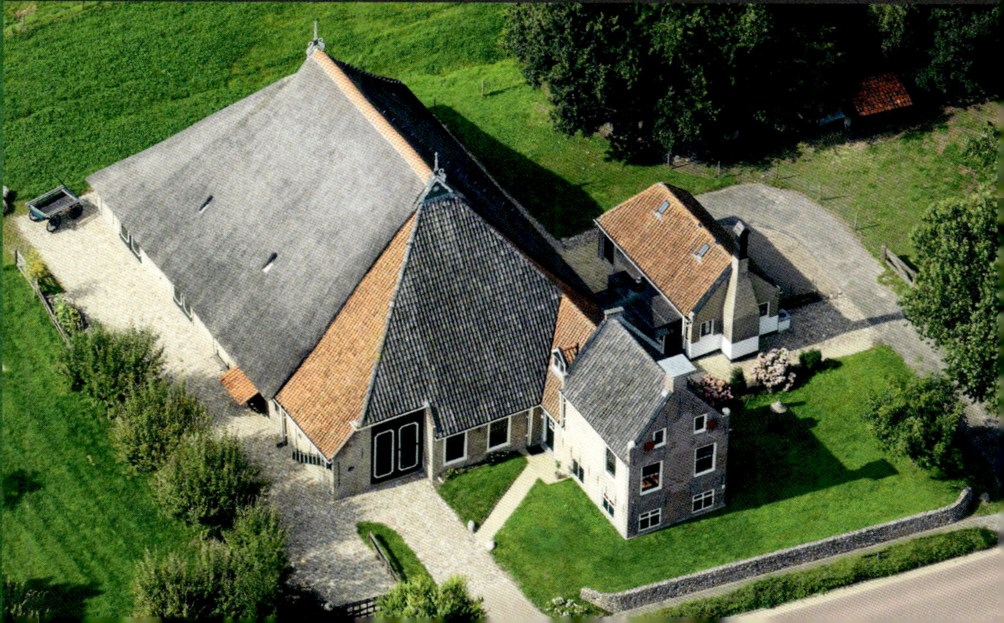

66

## Terpen en Wierden

Een van de oudste vormen van de strijd tegen het water, zijn de terpen zoals je in het noorden van Nederland nu nog steeds kunt vinden. Terpen, of wierden in het Gronings, zijn kunstmatig opgeworpen heuvels waarop boeren zich konden beschermen tegen hoog water.
Er zijn terpen voor een enkele boerderij, maar meestal is op een terp plaats voor een hele gemeenschap, inclusief een kerk in het midden.
In de loop van de eeuwen werd de strijd tegen het water met steeds betere dijken en bemalingen verbeterd. De terpen verloren daardoor hun primaire functie.
Van veel terpen werd de omringende vruchtbare grond tot aan de bewoning afgegraven.

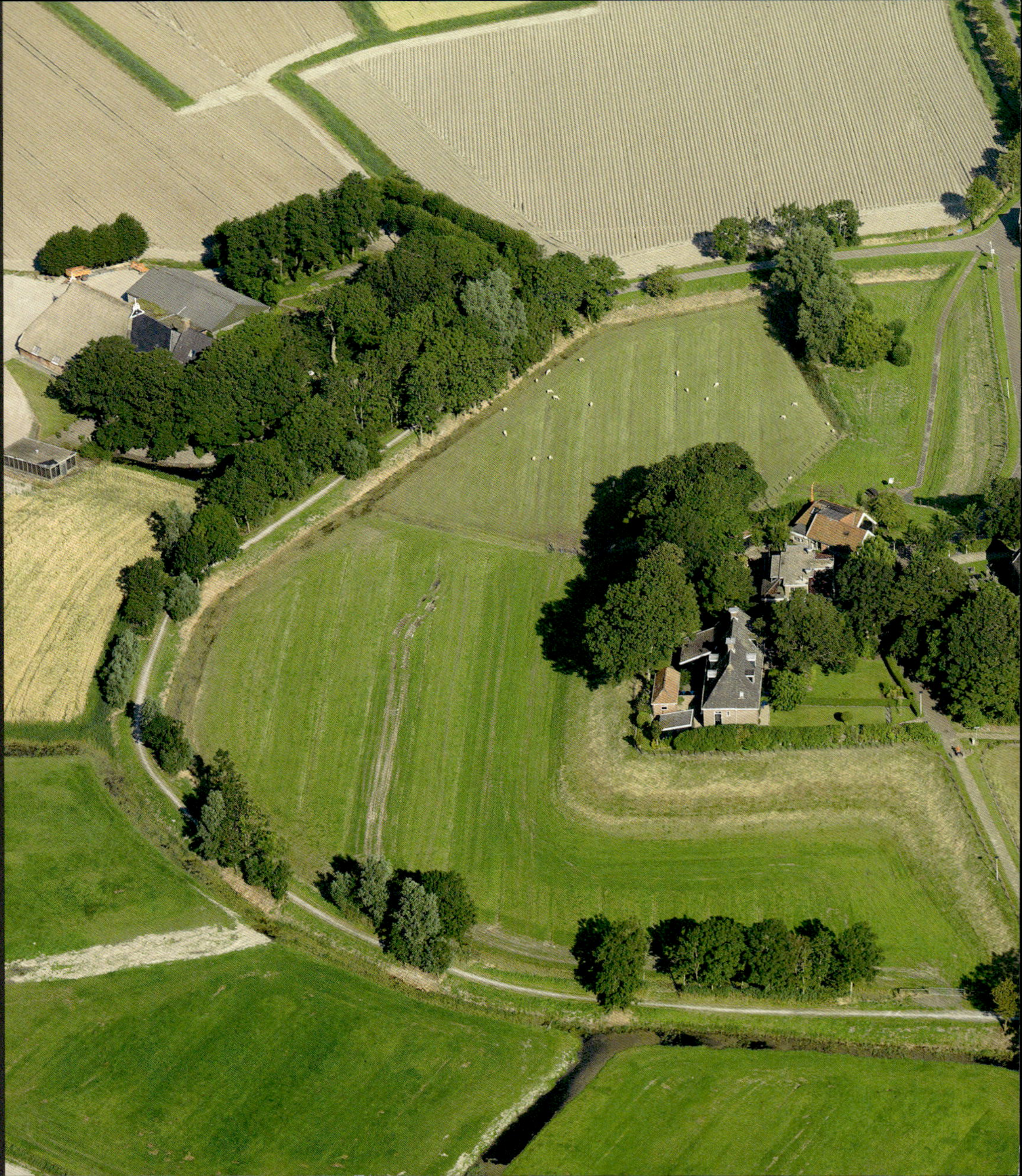

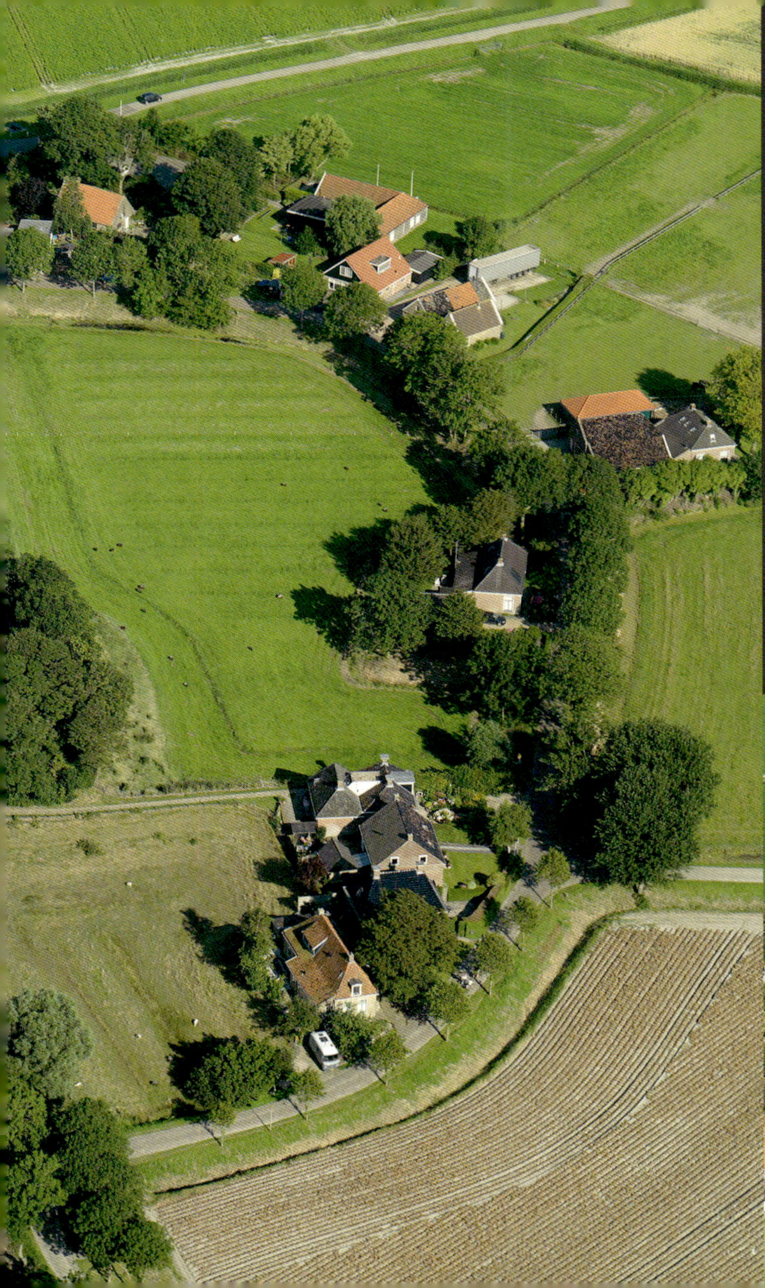



## Terpen and Wierden

*One of the oldest expressions of the struggle against the water are the so-called 'terpen' or mounds, which you can still find in the north of the Netherlands. Terpen, or wierden in the Groningen dialect, are artificial hills on which farmers could protect themselves against high water. There are mounds for a single farm, but usually there is space for a whole community on a terp, including a church in the middle.*
*In the course of the centuries, ever better dykes and drainage strengthened the inhabitants' hand in the struggle against the water. As a result, the terpen lost their primary function. In many cases, the surrounding fertile soil has been given over to cultivation right up to the dwellings themselves.*

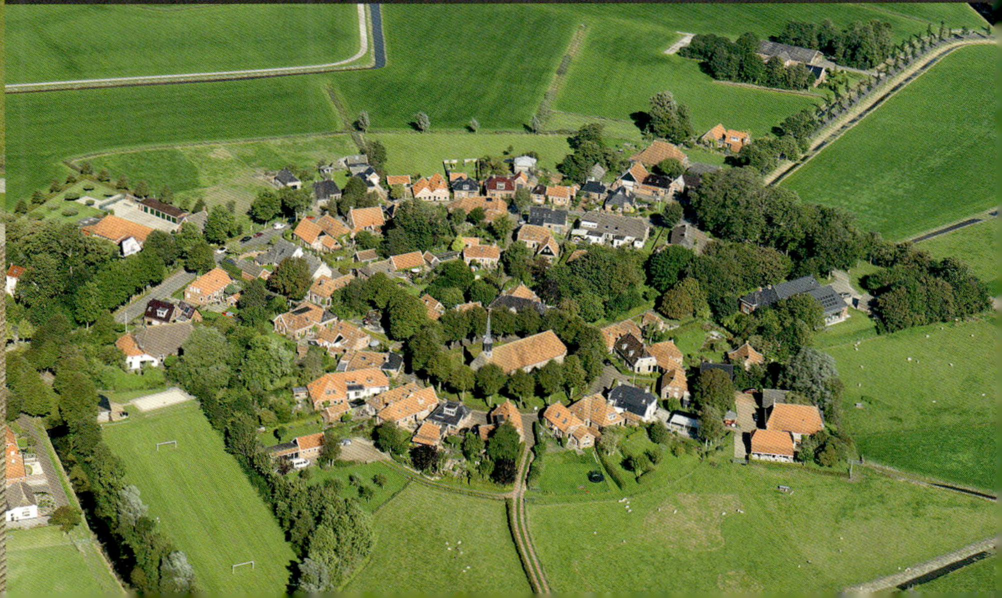

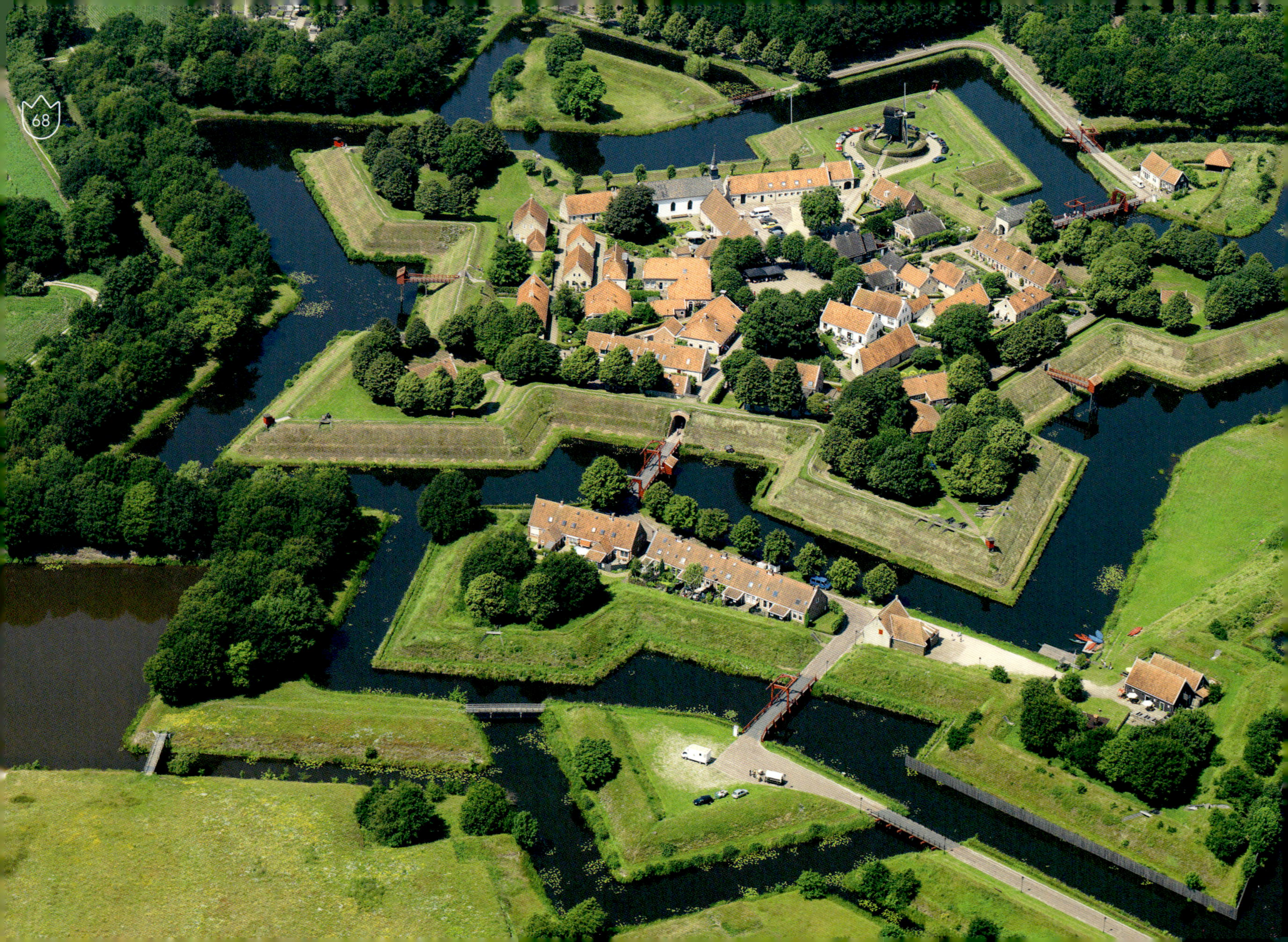

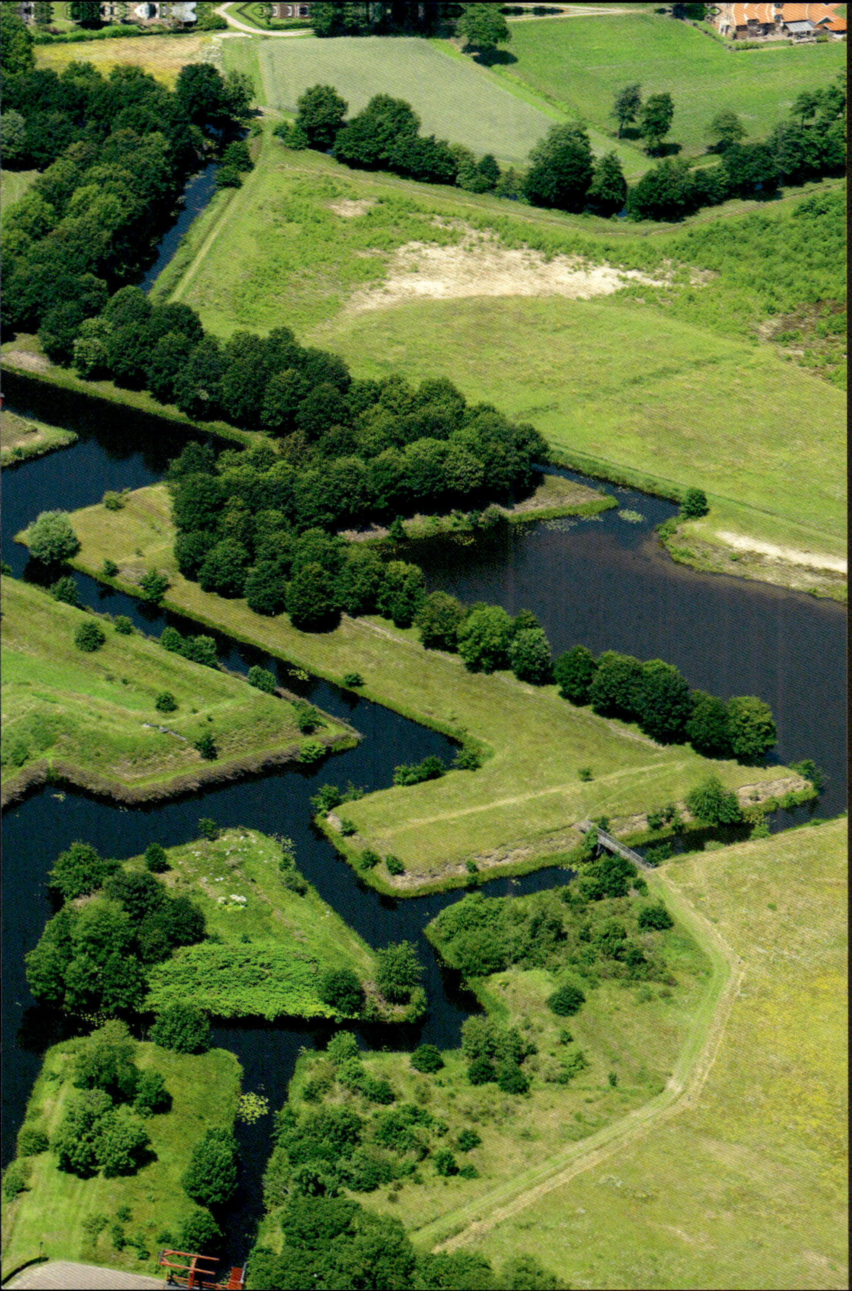



## Vestingstad

Bourtanghe is een vesting in Groningen, op de Duitse grens, in 1580 in opdracht van prins Maurits aangelegd, op een zandrug, een strategische plaats in het uitgebreide Bourtangher moeras. Op die manier kon de stadhouder de noordelijke provincies tijdens de Tachtigjarige Oorlog beschermen tegen aanvallen van de Spaanse legers. In de loop der jaren werd Bourtanghe verder uitgebreid en versterkt, totdat halverwege de 19e eeuw de militaire betekenis van de vesting verviel. In de daarop volgende honderd jaar raakte de vesting volledig in verval. Om die teloorgang te stoppen werd Bourtanghe tussen 1972 en 1992 volledig terug gebracht in de oorspronkelijke staat; het is nu een van de belangrijkste toeristische attracties in de provincie Groningen.

## *Fortified town*

*Bourtanghe is a fort in Groningen, on the German border. It was built in 1580 on a sand ridge, a strategic spot in the extensive Bourtanghe Marshes, at the orders of Prince Maurits. This allowed the stadtholder to protect the northern provinces against attacks by the Spanish armies during the Eighty Years' War. Over the years, Bourtanghe was further extended and reinforced, until the military significance of the fortress waned in the mid-19th century. Over the following hundred years, the fortress fell into disrepair. In order to prevent it from being lost completely, between 1972 and 1992 Bourtanghe was completely restored to its original state. It is now one of the most important tourist attractions in Groningen province.*

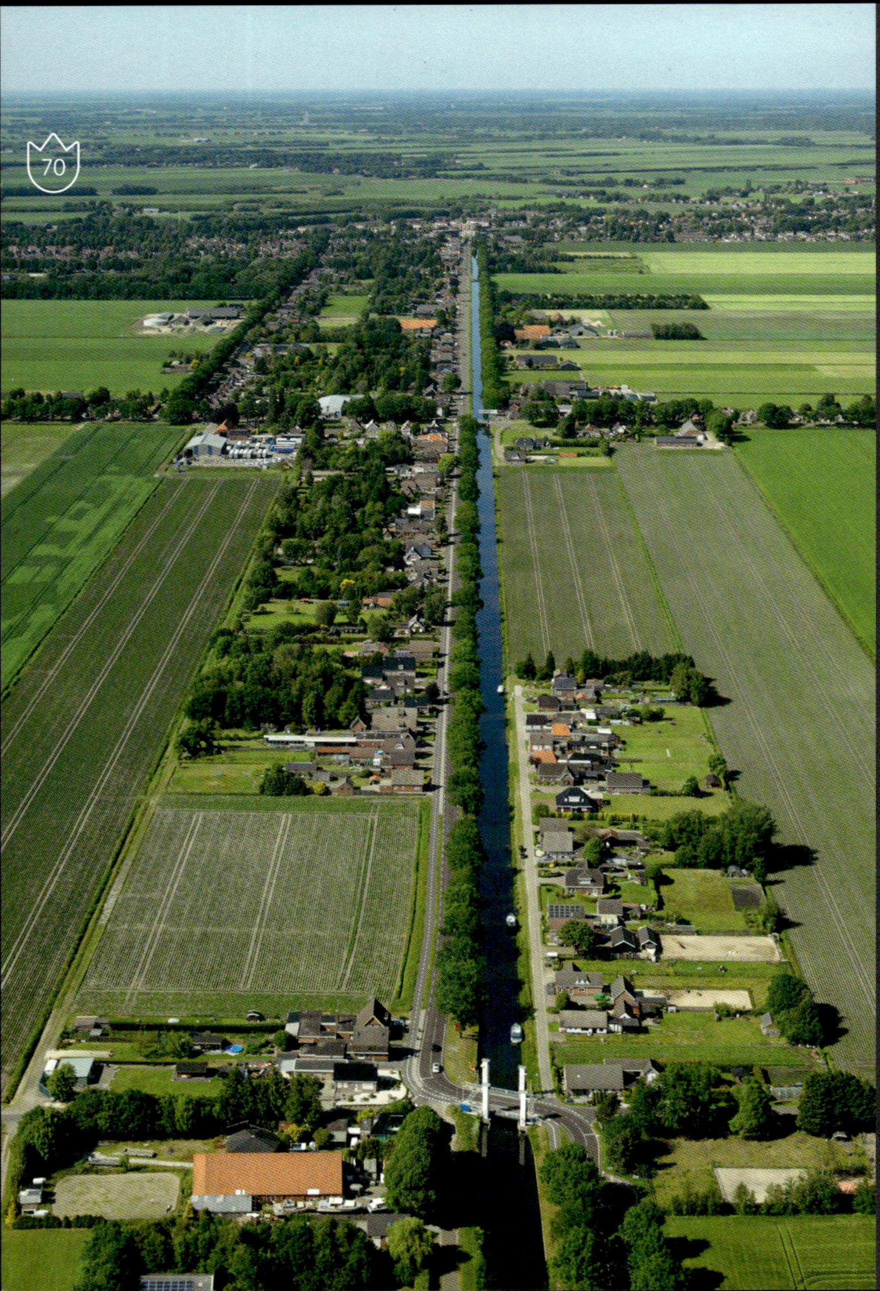



## Veenkoloniën en esdorpen

In de veenkoloniën in Groningen en Drenthe, zijn er lintdorpen van kilometers lang. De woningen staan langs smalle kanalen waarover gestoken turf met schepen naar de steden werd afgevoerd. De plaggenhutten waarin veenarbeiders en turfstekers tot zelfs in de eerste decennia van de 20 ste eeuw nog woonden, maakten plaats voor stenen behuizing. De lintdorpen ontberen een dorpskern, zoals die in een esdorp als Balloo nu juist centraal ligt. Een esdorp heeft een gemeenschappelijke, centraal gelegen weide, waarom heen boerderijen liggen. Op de gemeenschappelijke brink werden in de late Middeleeuwen de schapen voor de nacht bijeen gebracht. In Balloo worden de omringende heidevelden nog steeds door herders met schapen beheerd.

## *Peat colonies and esdorpen*

*The peat colonies of Groningen and Drenthe are characterised by ribbon villages that extend many kilometres. Homes were built alongside narrow canals, which were used to transport the cut peat to the towns by boat. The turf huts in which peat cutters lived as late as the early decades of the 20th century later made way for stone houses. The ribbon settlements lack a village centre, in contrast to an esdorp like Balloo.*
*An esdorp has a common, centrally located meadow, around which farms are grouped. In the late Middle Ages, the sheep were herded together on the common village square for the night. In Balloo, the surrounding heathland is still managed by shepherds with the help of their sheep.*

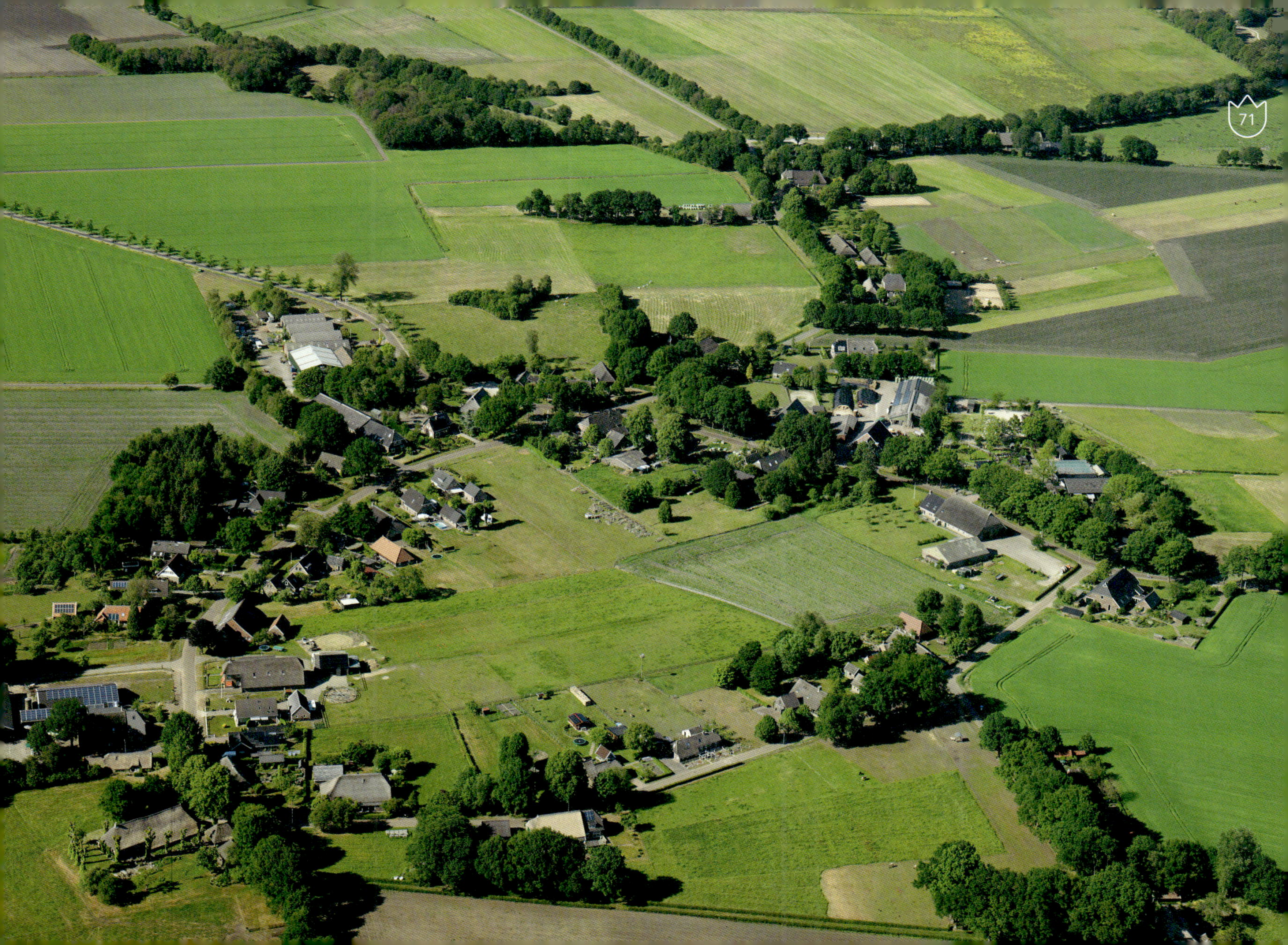

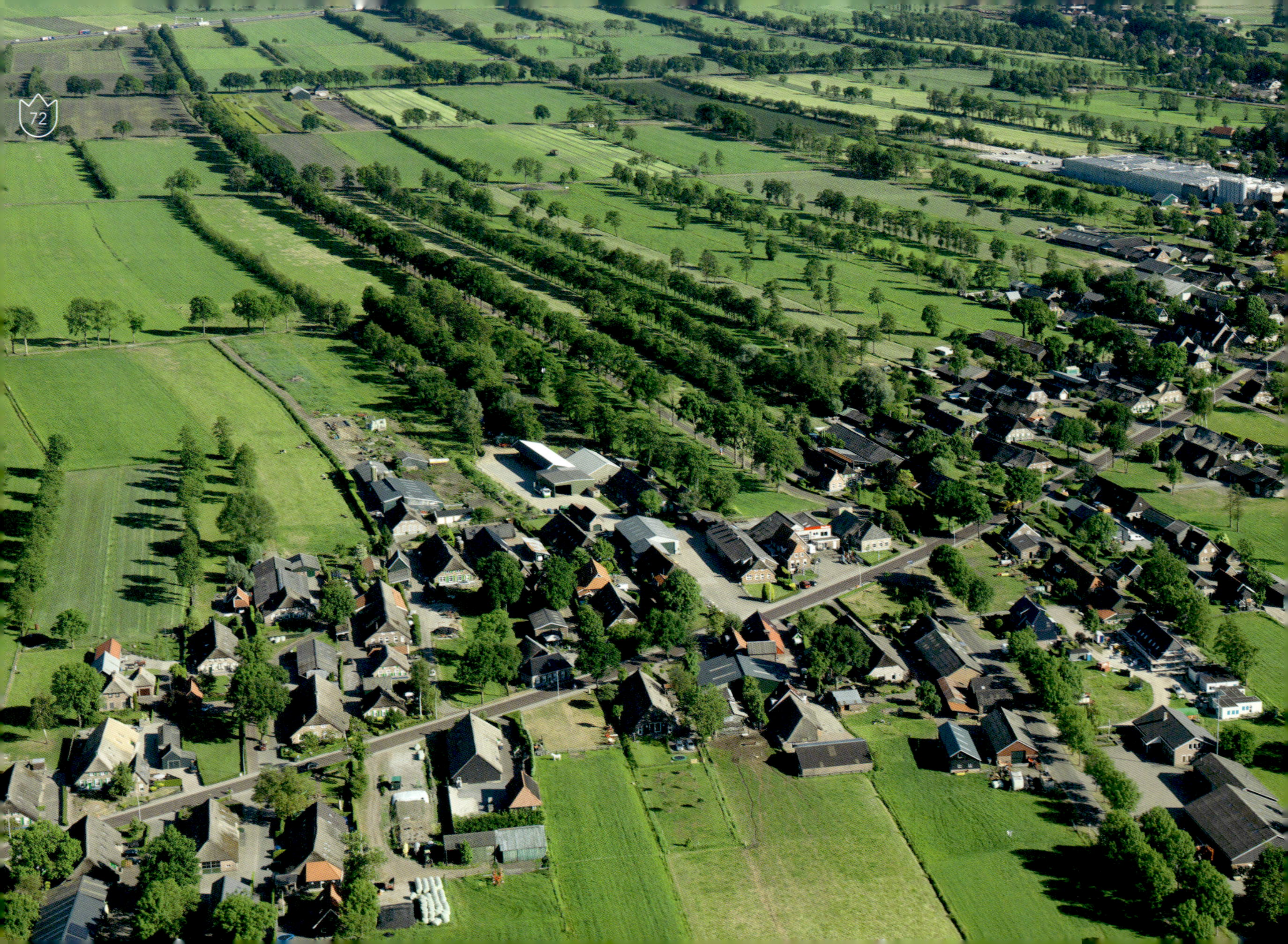
72

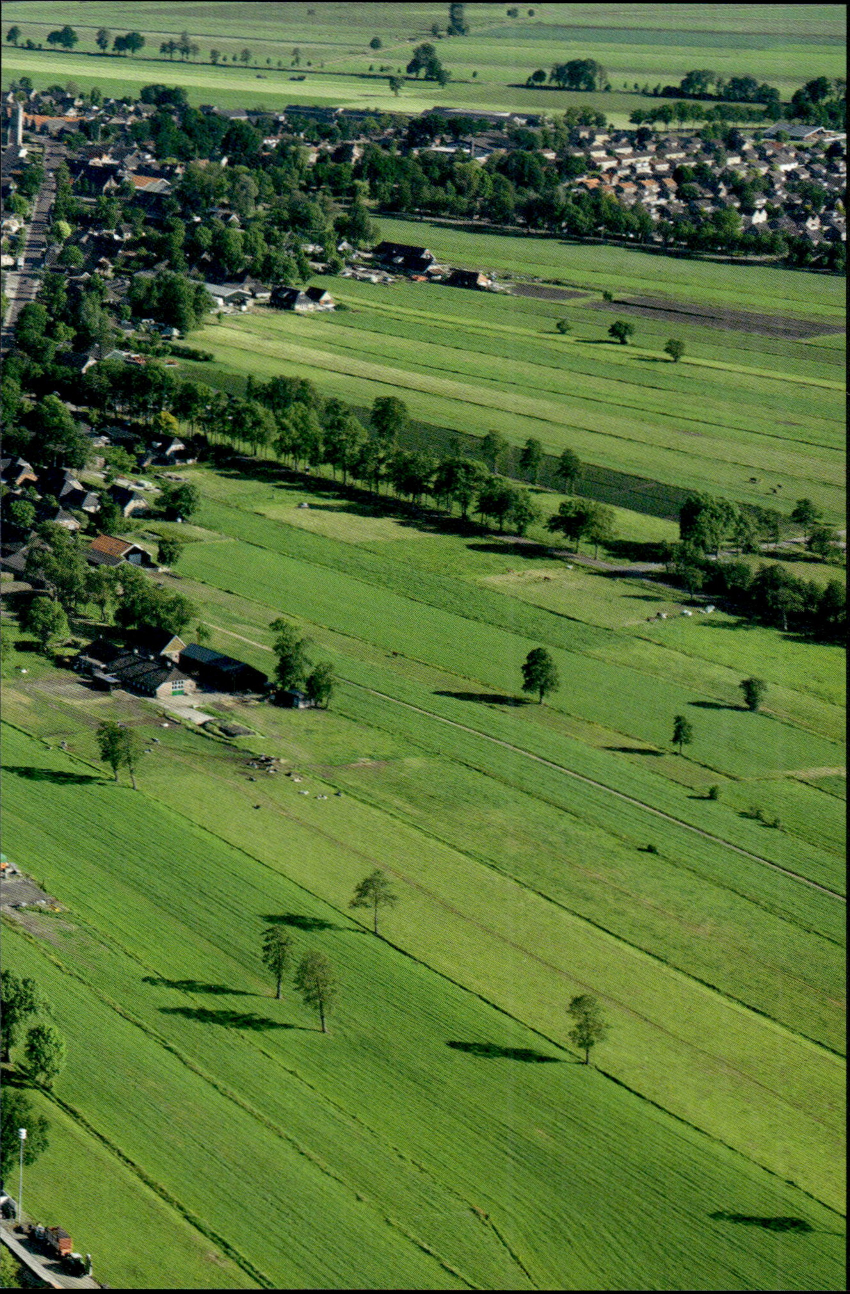

## Lintdorp

Lintdorpen vindt je overal in Nederland. Het zijn dorpen die langs een dijk, een doorgaande sloot, of een kanaal werden aangelegd. Sommige lintdorpen zijn kilometers lang en missen dan ook een centrale kern. Vooral in de Groninger en Drentse veenkoloniën zijn zulke lintdorpen te vinden.
In het westen van het land tref je die dorpen aan langs de afwateringssloten in de veenweide gebieden. Boerderijen hebben het land achter het huis op lange, smalle percelen, die door visrijke sloten worden omzoomd. In andere delen van het land, zoals in de Friese Wouden, waar sloten ontbraken, werden houtwallen aangelegd om de percelen achter de huizen te markeren.

## *Ribbon settlement*

*Ribbon settlements are found all over the Netherlands. They are villages built along a dyke, a long, continuous drainage ditch or a canal. Some ribbon settlements are several kilometres long and lack a village centre. They are particularly characteristic of the Groningen and Drenthe peat colonies.*
*In the west of the country, you find similar villages along the drainage ditches in the peatland areas. The land behind the houses is divided into long, narrow lots, each originally belonging to one farm, bordered by drainage ditches teeming with fish. In other parts of the country, such as the Frisian forests, where there were no ditches, hedgerows or 'wood walls' were created to mark the plots behind the houses.*

74

# Hofje

In vrijwel alle oude Nederlandse steden vindt je een of meerdere hofjes. Dat zijn veelal kleine woningen gebouwd om een gemeenschappelijke binnentuin. Ze ontstonden vanaf de 13e tot de 19e eeuw meestal vanuit sociale of maatschappelijke motieven, voor ouderen, weduwen, of arbeiders. De kleine, bescheiden huizen boden bescherming en zekerheid voor de oude dag, maar de bewoners waren ook onderworpen aan strikte leefregels en sociale controle.
Aan het begin van de twintigste eeuw werd de bouw van dergelijke hofjes verboden… totdat aan het einde van diezelfde eeuw architecten en projectontwikkelaars nieuwe oude vormen bedachten en hier, zoals in Den Bosch, terugvielen op het oude, middeleeuwse concept van beschermd en gemeenschappelijk wonen.

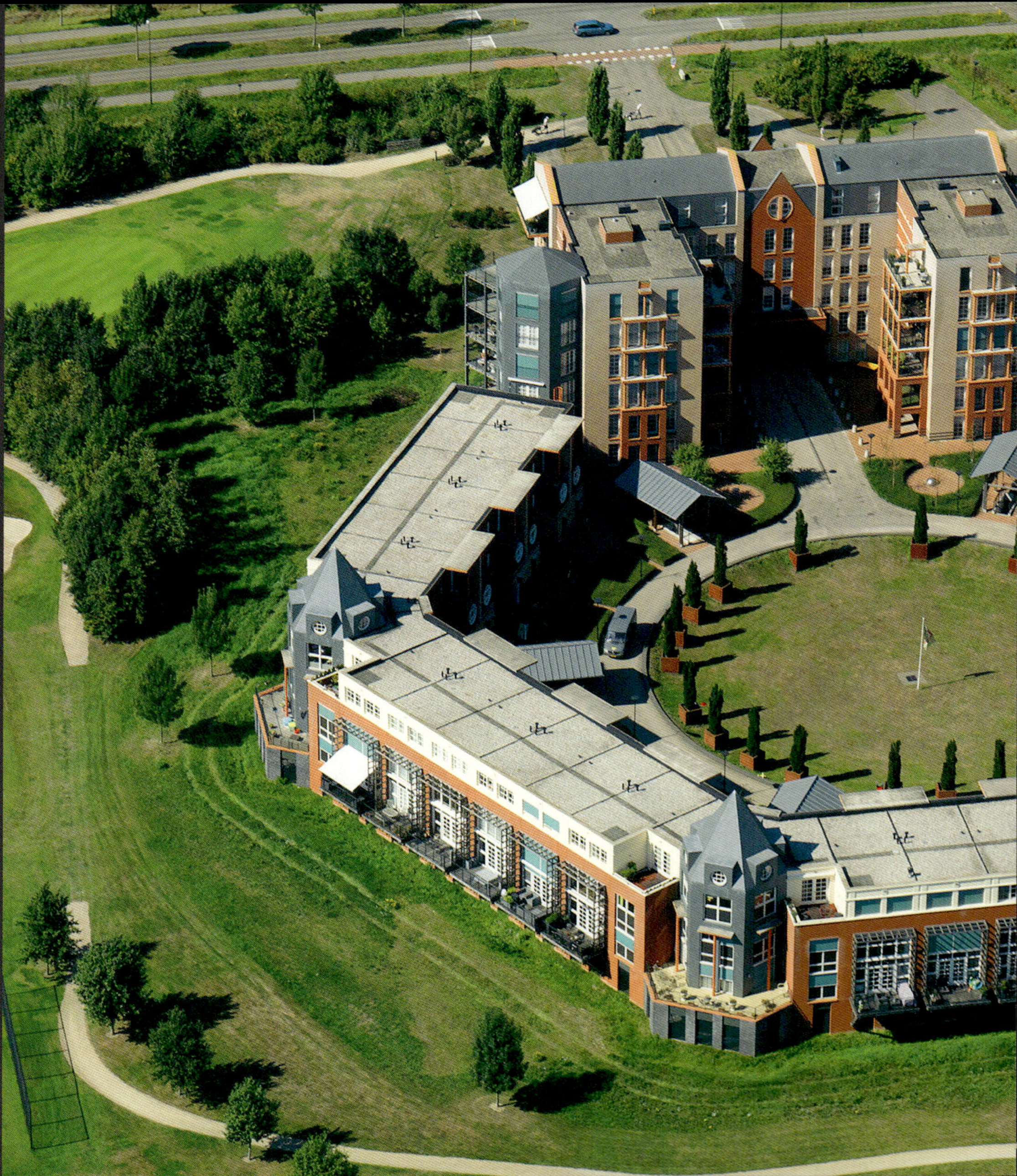

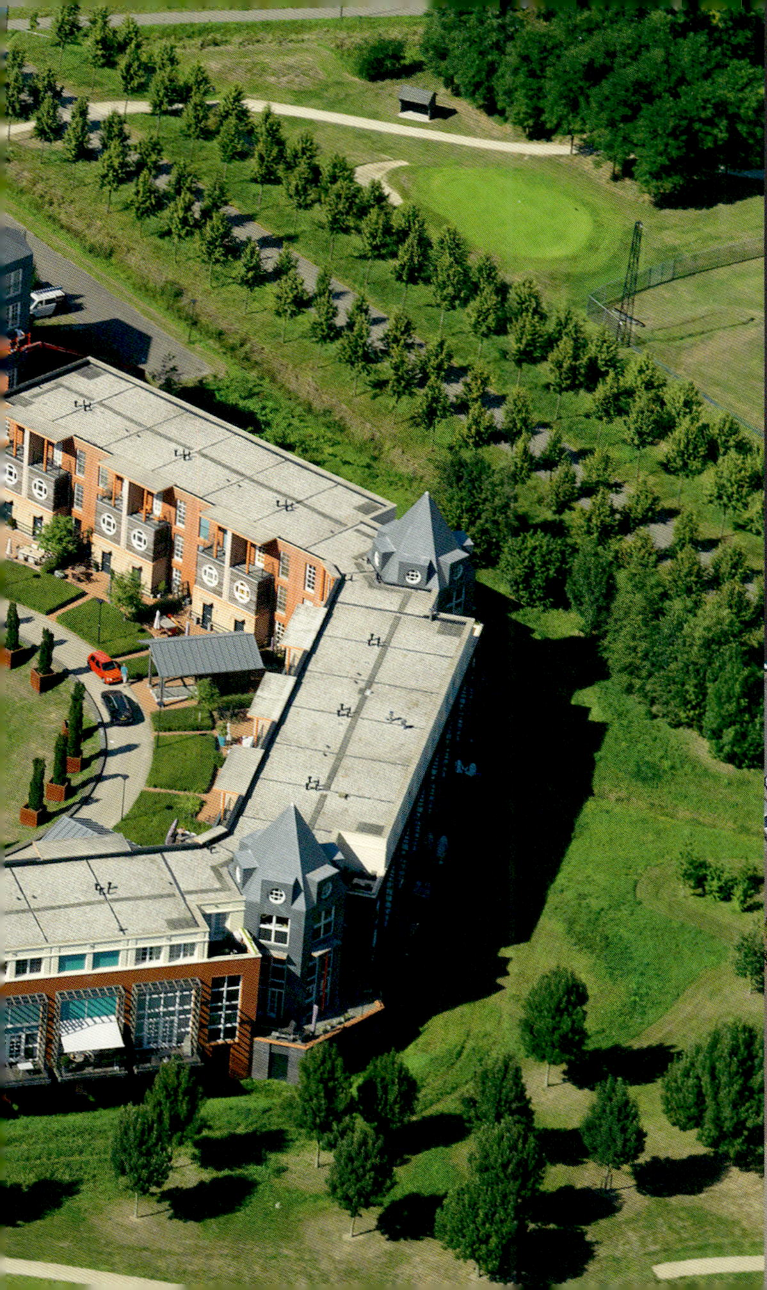

## Courtyard



*In almost every old Dutch town you will find one or more of these little courtyards. They are mostly small homes built around a shared inner garden. They were built from the 13th to the 19th century, mostly prompted by social or societal motives, for the elderly, widows, or workers. The small, modest homes offered protection and security for old age, but residents were also subject to strict rules and social control. In the early twentieth century, the construction of such courtyards was prohibited... until at the end of that same century, architects and property developers came up with new-old forms and, as here in Den Bosch, revisited the old, medieval concept of protected and communal living.*

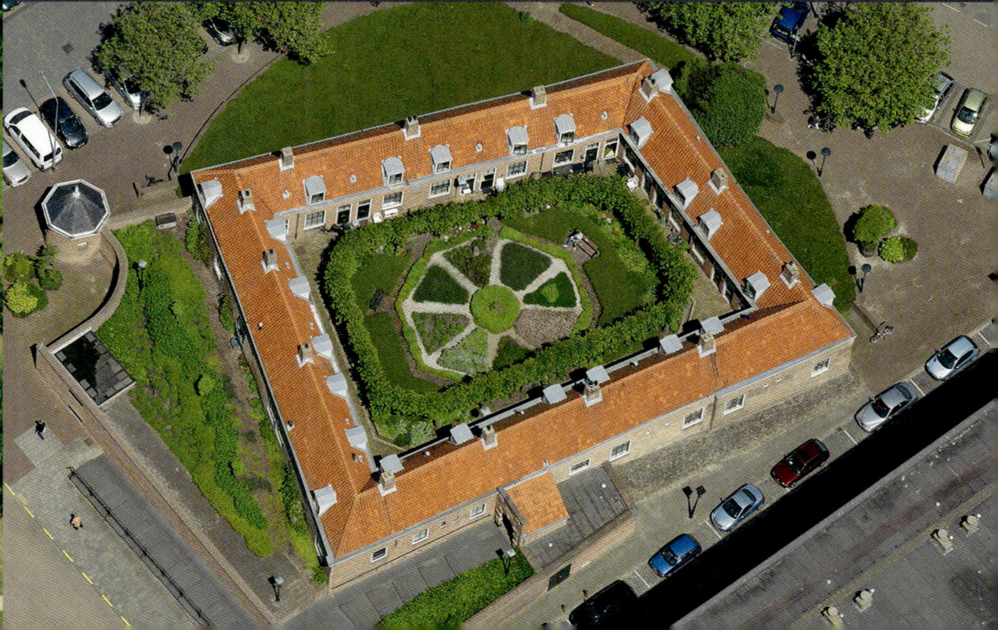

76

## Vinex wijken

Tussen 1995 en 2005 zijn tientallen gelijksoortige wijken gebouwd in de directe omgeving van kleine en grote Nederlandse steden.
Overal dezelfde straten, met dezelfde huizen met tuinen en veelal bewoond door jonge gezinnen. De Vinex wijk vindt haar oorsprong in de Vierde Nota Ruimtelijke Ordening Extra.
De inzet van dat landelijke beleid was om op een 'geordende en gestructureerde' manier de groei van de bevolking in en om de steden op te vangen en daar voorzieningen te concentreren. Provinciale en lokale besturen kregen de vrije hand; projectontwikkelaars zagen hun kans. De keerzijde van de Vinex aanpak werd de teloorgang van het platteland; de krimp en de sanering van elementaire voorzieningen.

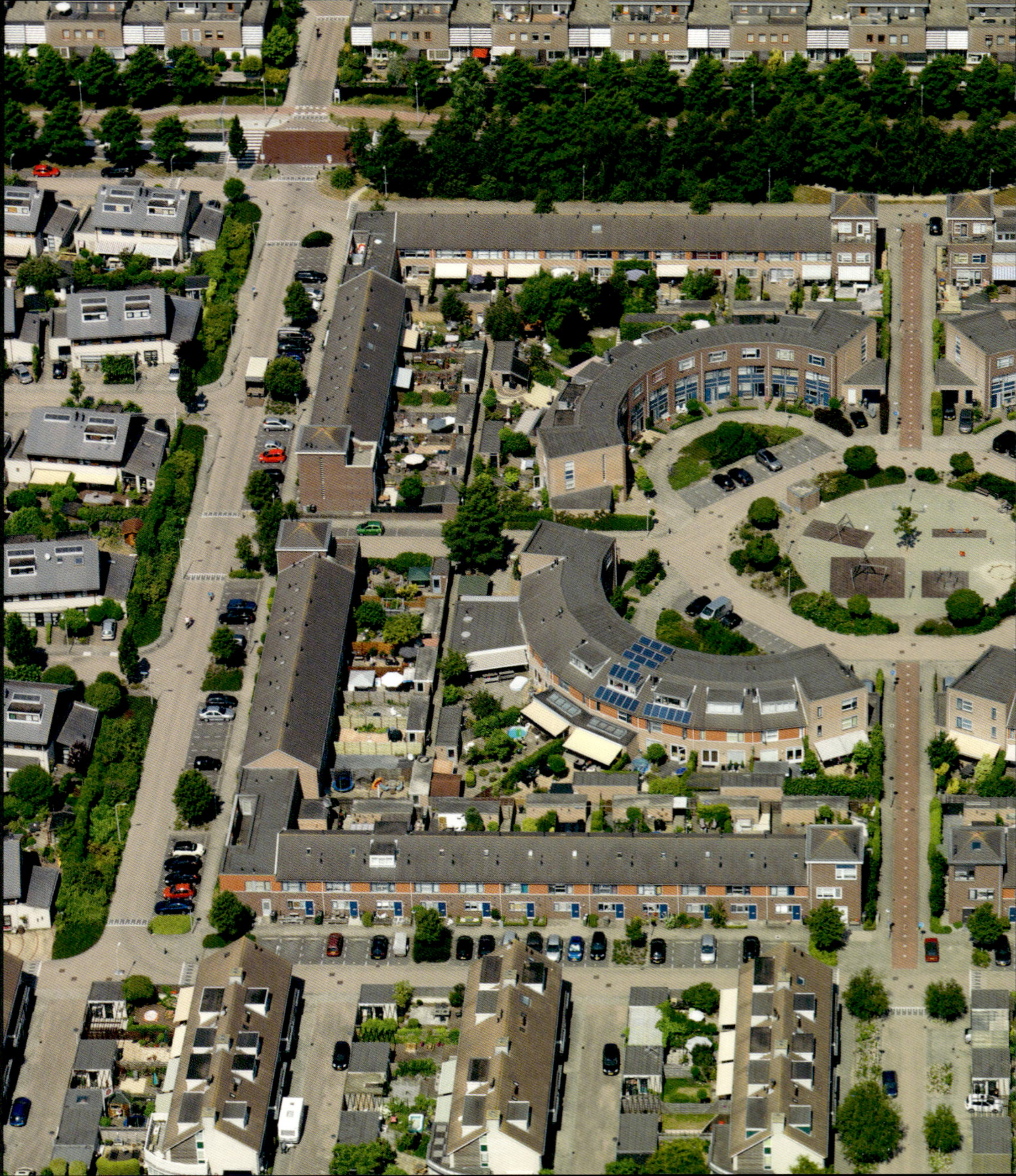

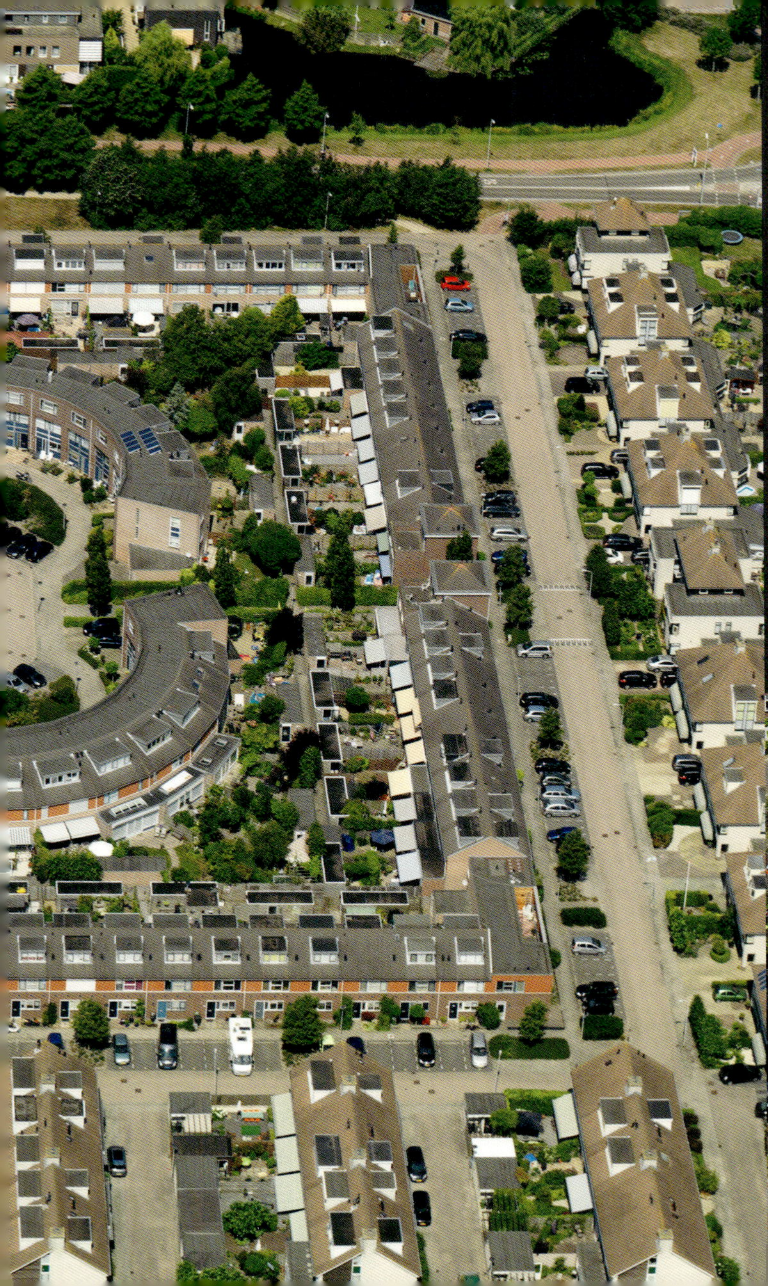

## VINEX neighbourhoods

*Between 1995 and 2005, dozens of similar neighbourhoods were built immediately adjacent to small and large Dutch cities. All feature the same streets, the same houses with gardens and are mostly inhabited by young families. The VINEX neighbourhood takes its name from the Dutch acronym for the Fourth Policy Document on Spatial Planning. The aim of this policy was to absorb the growth of the population in and around the cities in an 'ordered and structured' manner and concentrate facilities there. Provincial and local governments were given a free hand; property developers seized their chance. The downside of the VINEX approach was the loss of countryside with the running down and cutting of basic services.*

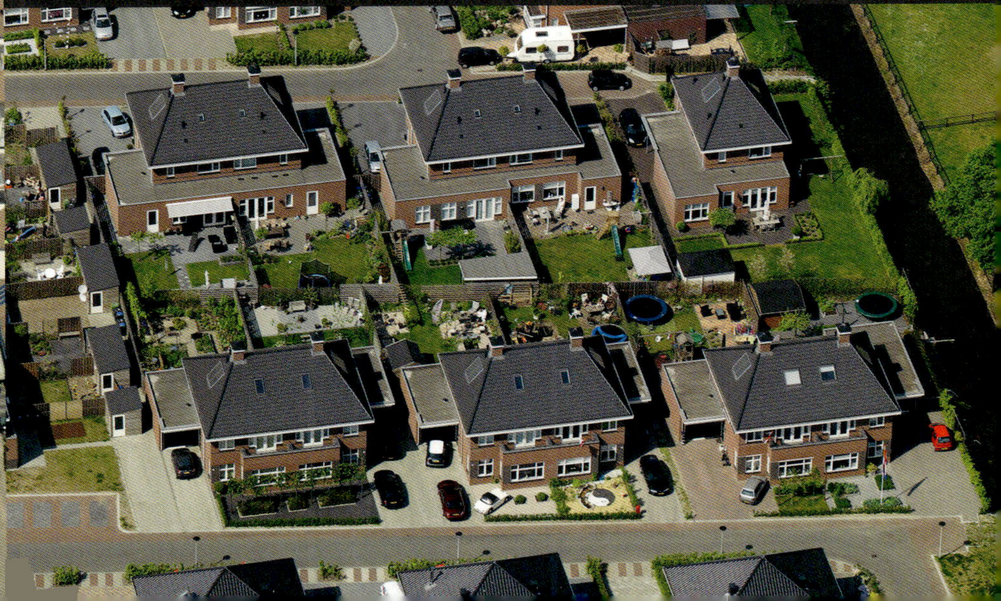

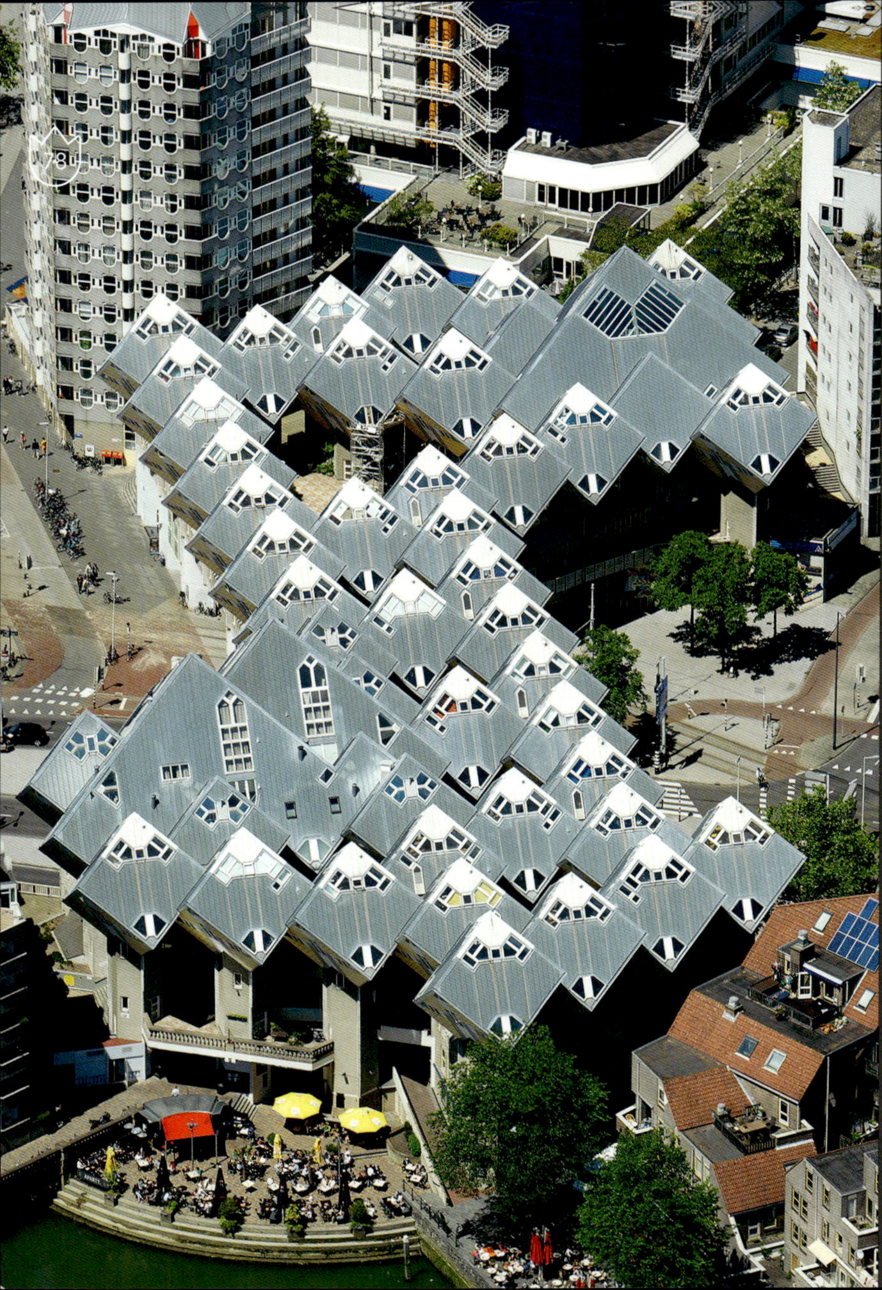

## Bol en Paalwoningen

Nederlandse architectuur en design herken je snel in de strakke lijnen van de 'moderniteit', maar niet zelden ook in verrassende speelse ontwerpen die de moderniteit verwerpen. In de jaren tachtig werden in Rotterdam en Den Bosch opmerkelijke experimenten goed gerealiseerd.
De Paalwoningen van Piet Blom, gekantelde kubussen op palen in Rotterdam, trekken toeristen uit de hele wereld. Niet voor niets is een jeugdherberg onder gebracht in een van de kubuswoningen. De paalwoningen vormen een geheel en worden in Rotterdam het Blaakse Bos genoemd.
De Bolwoningen van kunstenaar Dries Kreijkamp in den Bosch zijn minstens zo markant. In 1980 werden vijftig van deze experimentele woningen gebouwd.

## *Living in cubes and spheres*

*Dutch architecture and design is easily recognised by the clean lines of 'modernity', but not infrequently also by surprising, playful designs that reject modernity. In the 1980s, remarkable experiments were successfully conducted in Rotterdam and Den Bosch. Piet Blom's stilt houses in Rotterdam, tilted cubes on stilts, attract tourists from around the world. It is no accident that one of cubes houses a youth hostel. The stilt houses form a whole and are known in Rotterdam as Blaak Forest. The spherical apartments by artist Dries Kreijkamp in Den Bosch are at least as striking.*
*In 1980, fifty of these experimental homes were built.*

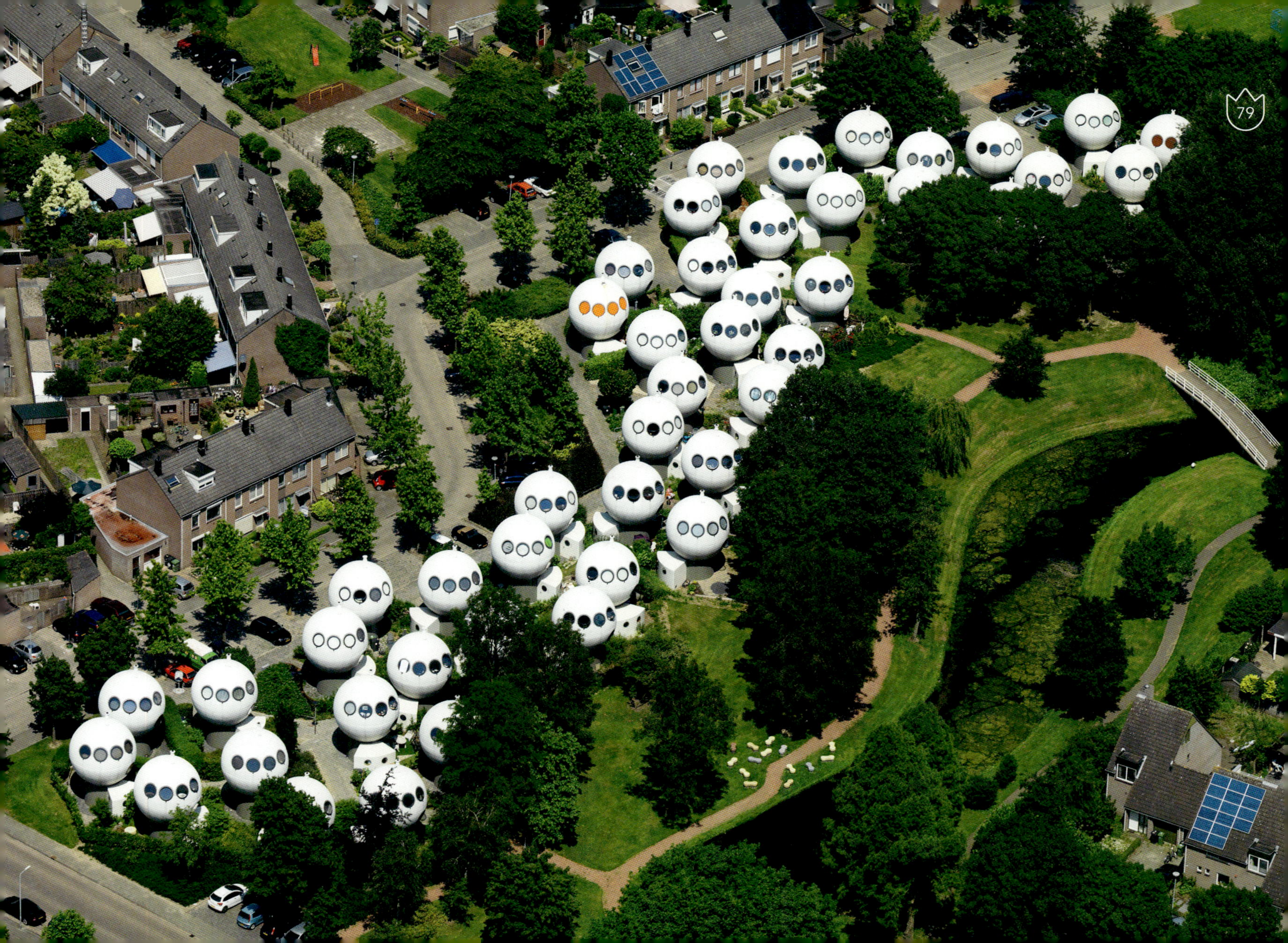

## Bijzonder Wonen

Amsterdam zou Amsterdam niet zijn wanneer er geen ruimte was voor experimentele architectuur. In de oude havengebieden ten oosten van het stadscentrum is in de voorbije decennia een nieuwe wijk gebouwd, IJburg. In Steigereiland, deel van IJburg, kun je de meest bijzondere ontwerpen vinden: drijvende huizen als variant van de vele woonboten in de stad maar ook de kleurrijke zelfbouwwoningen aan smalle straatjes, dijkhuizen en hofjes aan de noordkant van de wijk. Dat deel verwijst naar het Amsterdamse stadscentrum met de wereldberoemde grachtenpanden. Nabij den Haag, op een voormalig vliegveld, is een grote nieuwe wijk in ontstaan, Ypenburg. In dit nieuwe kleurrijke Haagse stadsdeel wonen naar schatting reeds 30.000 inwoners.

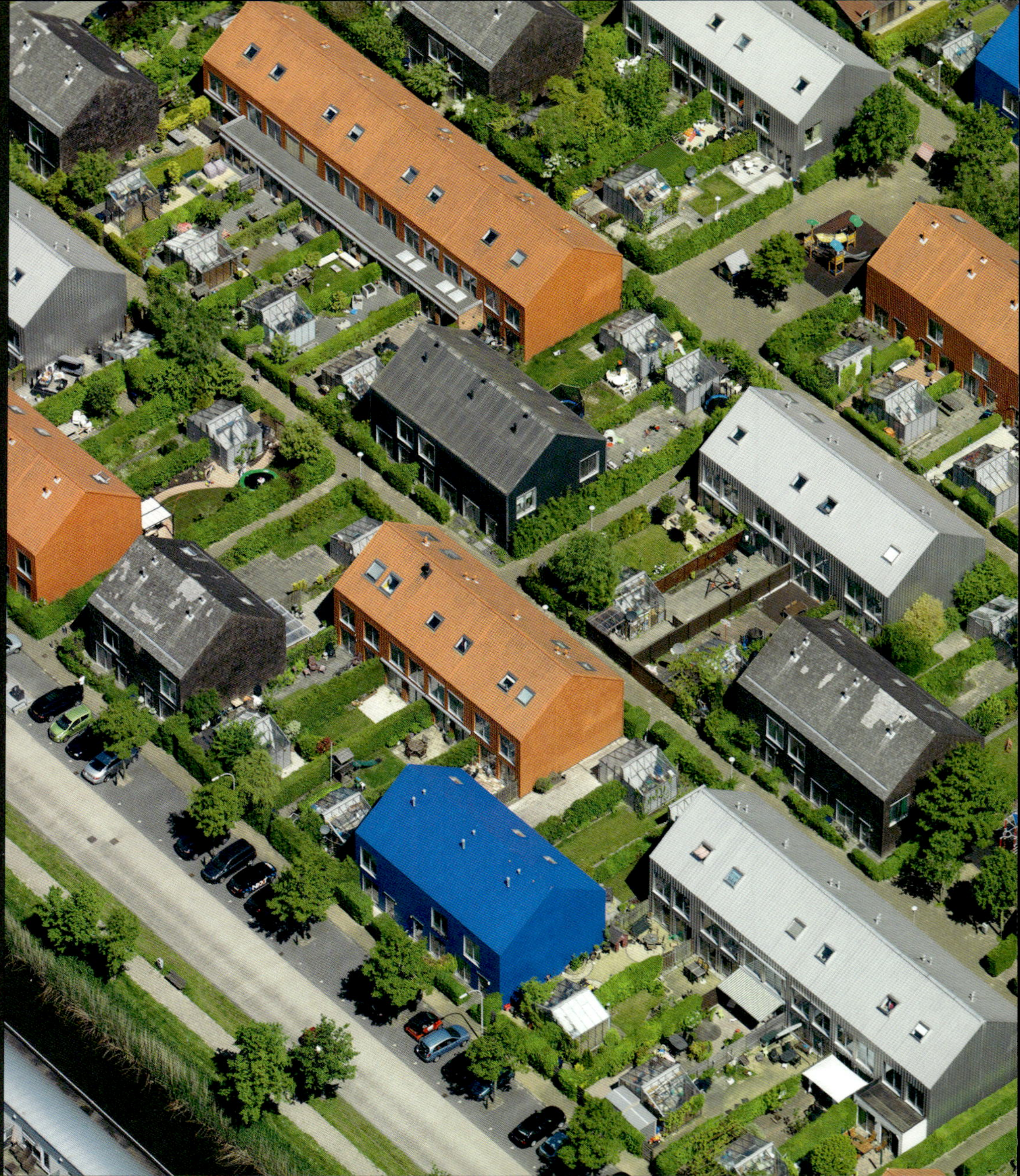

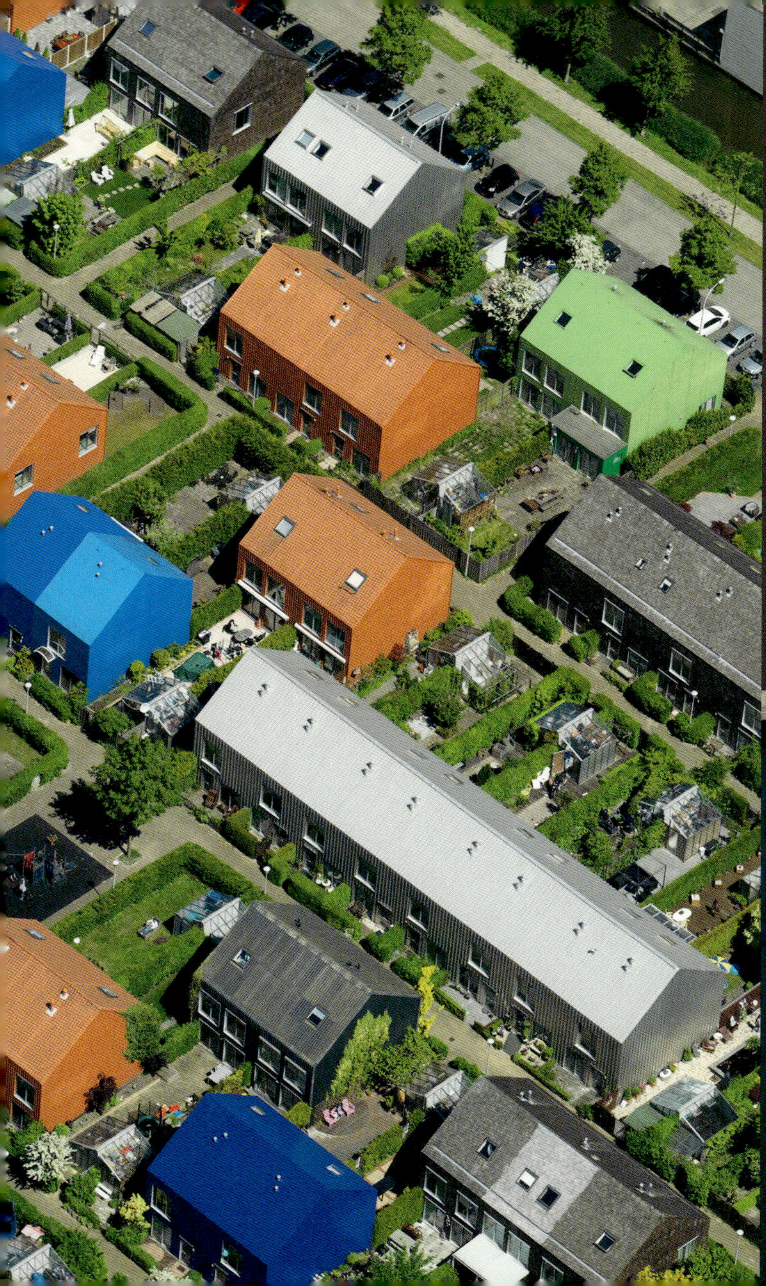



## Unusual living

*Amsterdam would not be Amsterdam if there was no scope for experimental architecture. In the old docks east of the city centre, over recent decades a new neighbourhood has been built – IJburg. On Steigereiland, part of IJburg, you will find the most unusual designs: floating homes that recall the city's many houseboats, but also colourful DIY homes on narrow streets, dyke houses and little courtyards on the north side of the neighbourhood. This part references Amsterdam's city centre, with its world-famous canal houses. Near The Hague, on a former airfield, a large new neighbourhood has been built, Ypenburg. This colourful new part of The Hague already has an estimated 30,000 inhabitants.*

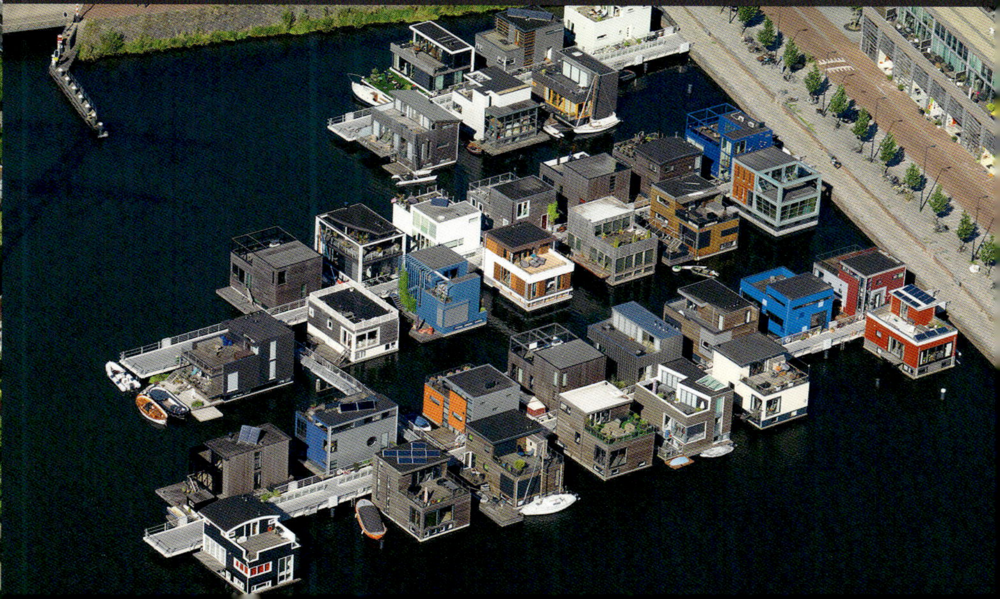

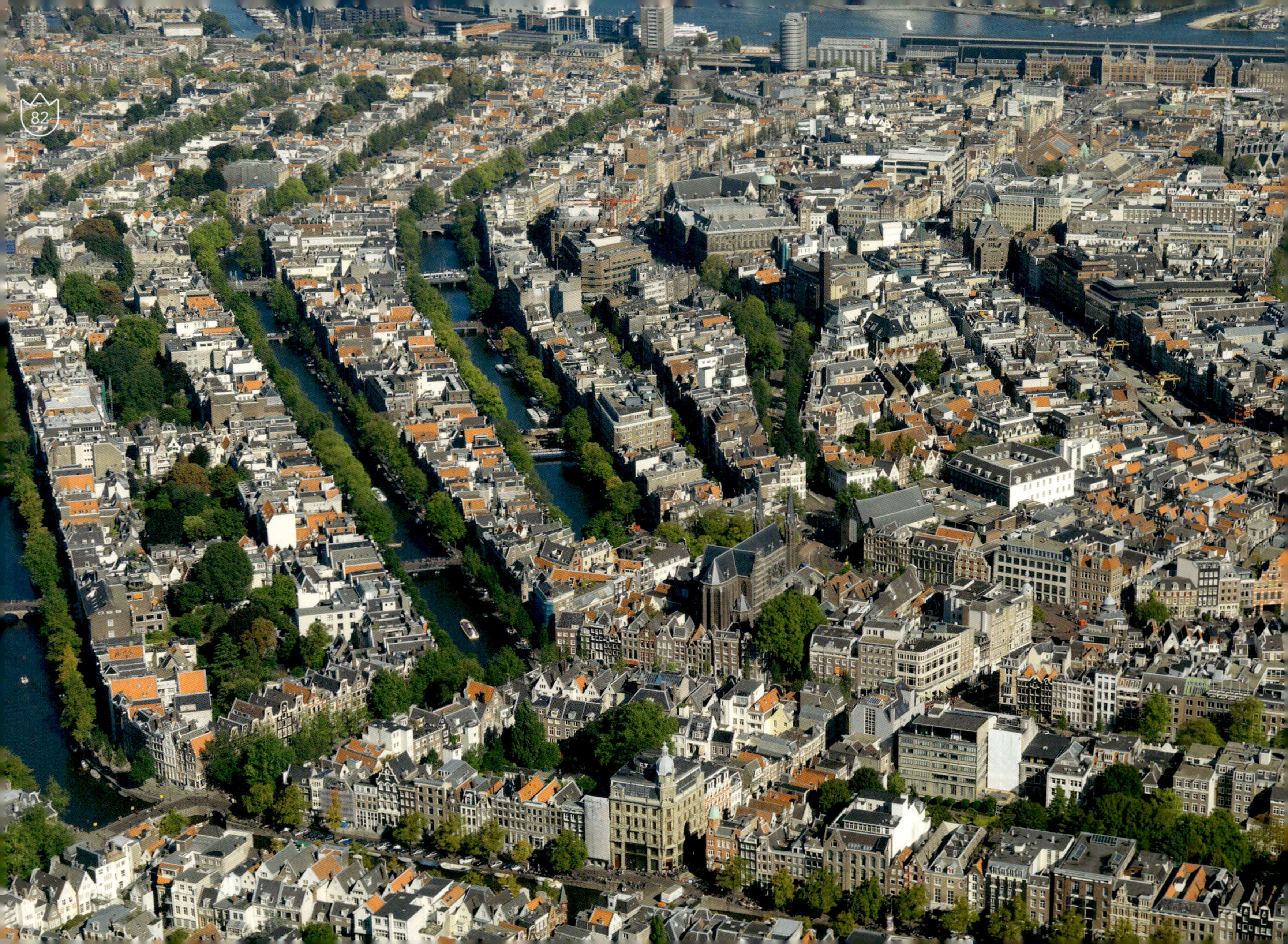

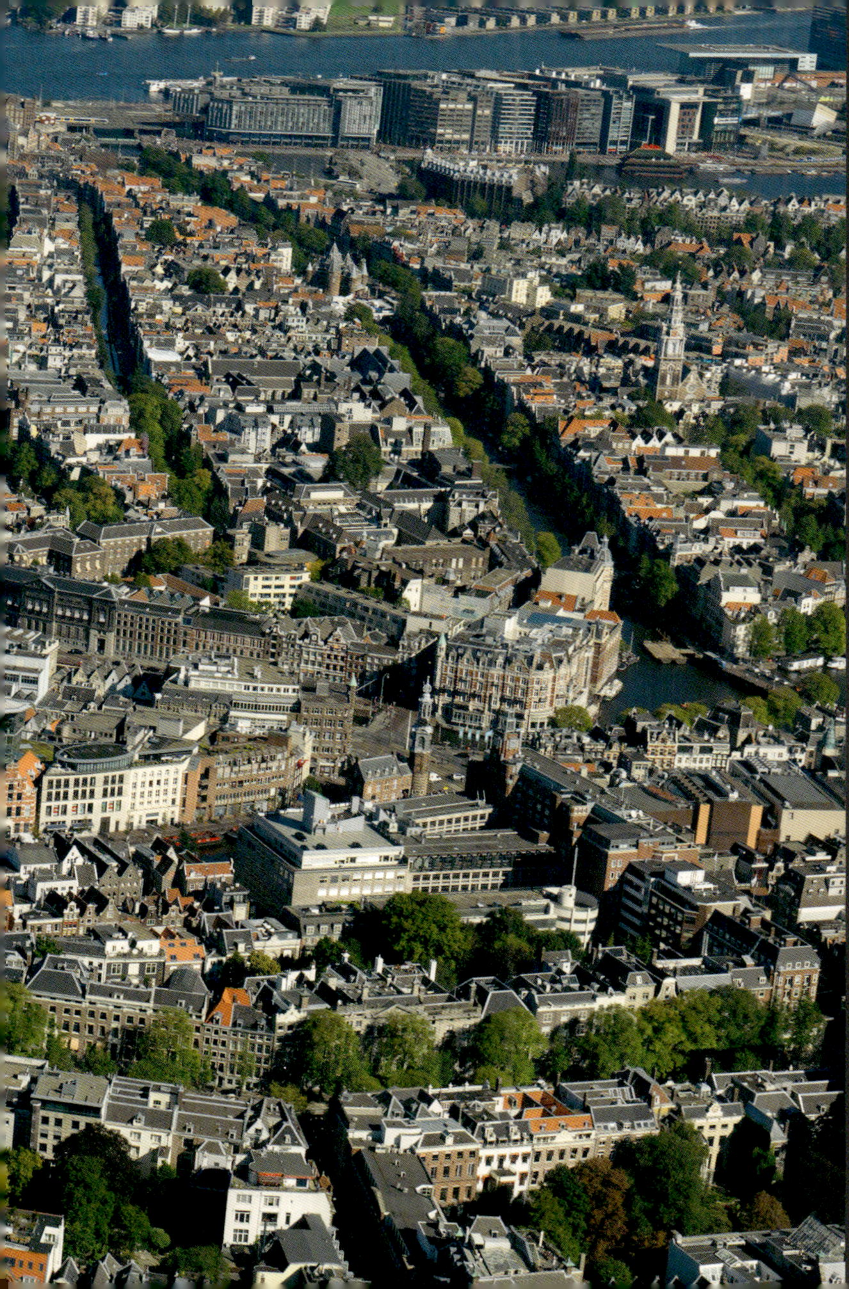

## Grachtengordel



"Aan de Amsterdamse grachten, heb ik heel mijn hart voor altijd verpand; Amsterdam vult mijn gedachten als de mooiste stad van het land." Zo begint het refrein van een van de mooiste liedjes over de Amsterdamse grachten, met de pakhuizen, de stadspaleizen, en de schitterende woonhuizen en binnentuinen en die bijzondere mensen, Amsterdammers. De Amsterdamse grachtengordel is grotendeels ontstaan tijdens de Hollandse Gouden Eeuw (1600- 1700), de periode waarin Amsterdam uitgroeide tot een van de meest welvarende en meest dynamische steden ter wereld. Wie daarvan een indruk wil krijgen bezoekt het museum van Loon, aan de Keizersgracht, waar je kunt zien hoe en door wie er in die periode geleefd werd.

## *Canal ring*

*"I gave my heart away forever by the canals of Amsterdam; Amsterdam fills my thoughts, the most beautiful city of the land." So begins the refrain of one of the most beautiful songs about Amsterdam's canals, the warehouses, the mansions and the beautiful town houses and courtyard gardens and those very special people, Amsterdammers. The Amsterdam canal ring was largely created during the Dutch Golden Age (1600-1700), the period in which Amsterdam grew to become one of the most prosperous and dynamic cities in the world. In order to gain an impression of that time, it is well worth visiting Museum Van Loon on Keizersgracht, where you can see how people of that era lived.*

84

## Multifunctioneel Museumplein

Aan het Museumplein in Amsterdam vindt je het Rijksmuseum, met de belangrijkste collectie Hollandse schilderkunst, (Rembrandt, Vermeer, Hals, Steen en van Ruisdael) het Vincent van Gogh Museum, het Stedelijk museum voor 20e eeuwse kunst en het Concertgebouw met het wereldberoemde Concertgebouw Orkest. Miljoenen mensen bezoeken jaarlijks die culturele instellingen en allen vinden een moment van rust op het Museumplein.
In eerste instantie werd het huidige plein gebruikt voor de Wereldtentoonstelling van 1883. Vanaf dat moment werd het plein van het grootste belang voor de hele stad, voor demonstraties, voor evenementen en huldigingen, voor Koningsdag. Je kunt er voetballen, muziek maken, of zo maar wat liggen in het gras.

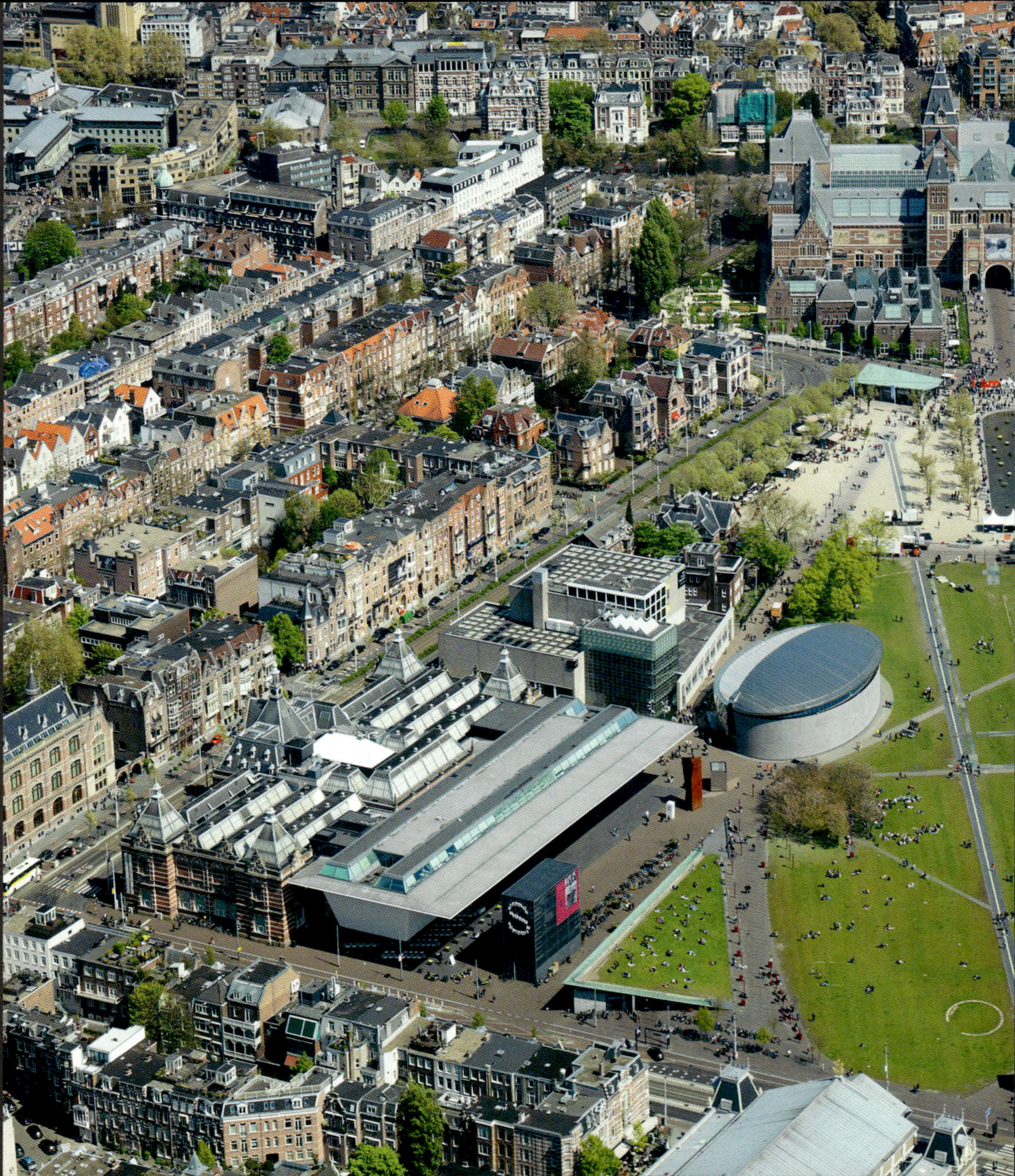

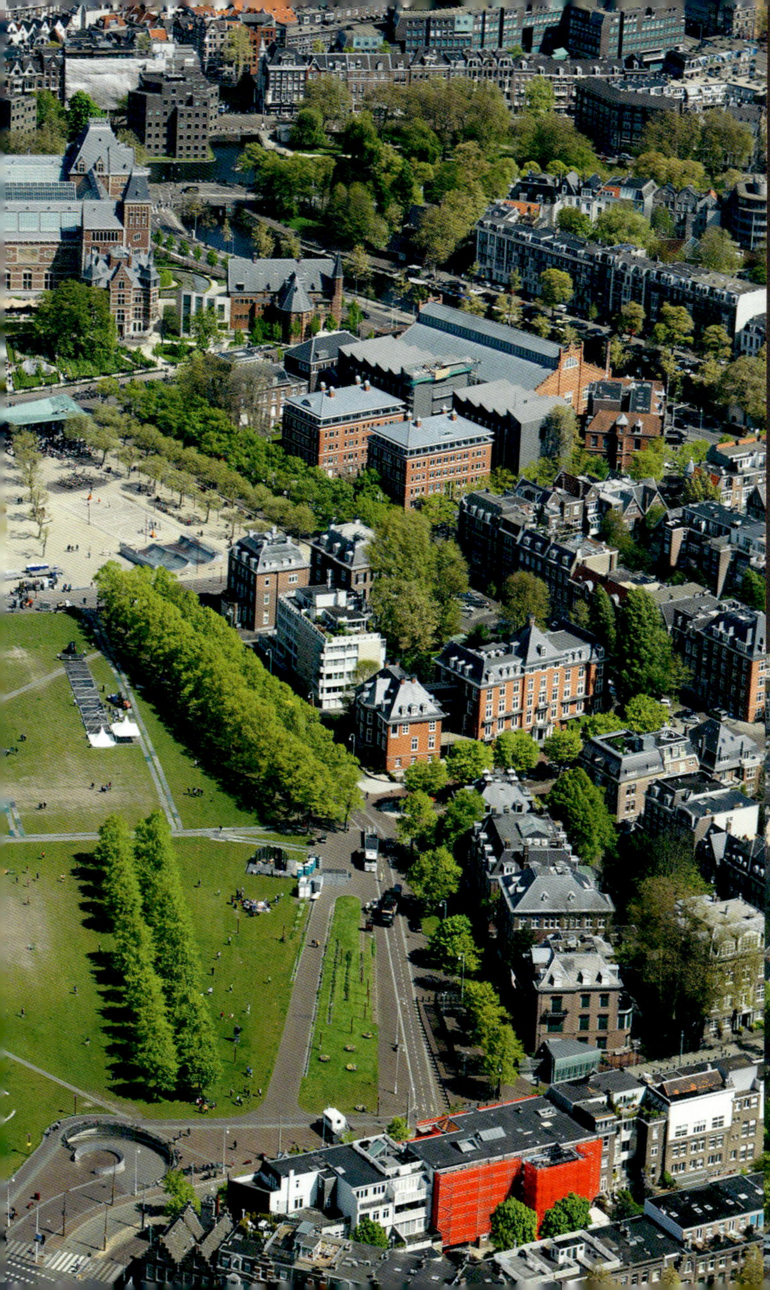

## Multifunctional Museumplein



*Museumplein ('museum square') in Amsterdam is flanked by the Rijksmuseum, with the most important collection of Dutch paintings (Rembrandt, Vermeer, Hals, Steen and Van Ruisdael), the Vincent van Gogh Museum, the Stedelijk Museum of 20th century art and the Concertgebouw, home to the world-famous Concertgebouw Orchestra. Millions of people visit these cultural institutions each year and most will spend a moment to relax on Museumplein. The current square was first used for the World Exhibition of 1883. From that time on, the square became extremely important for the entire city – for demonstrations, for events and celebrations and for King's Day. You can play football here, make music or just lie around on the grass.*

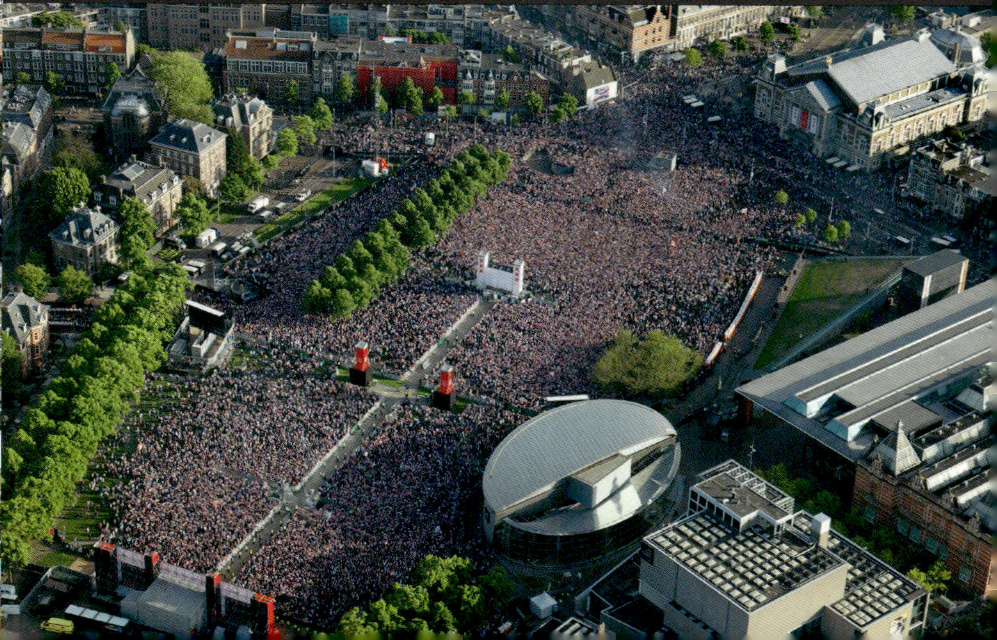

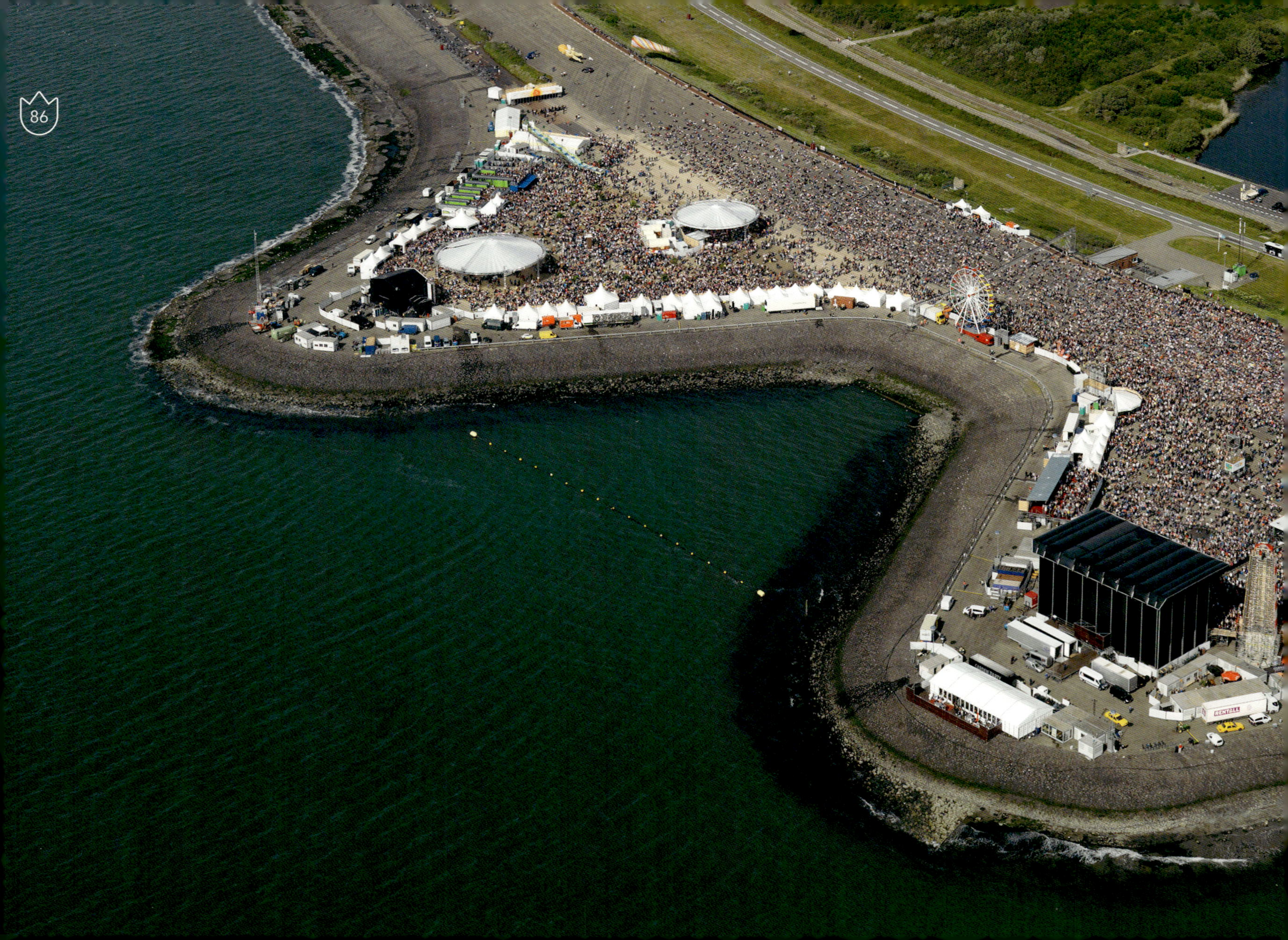

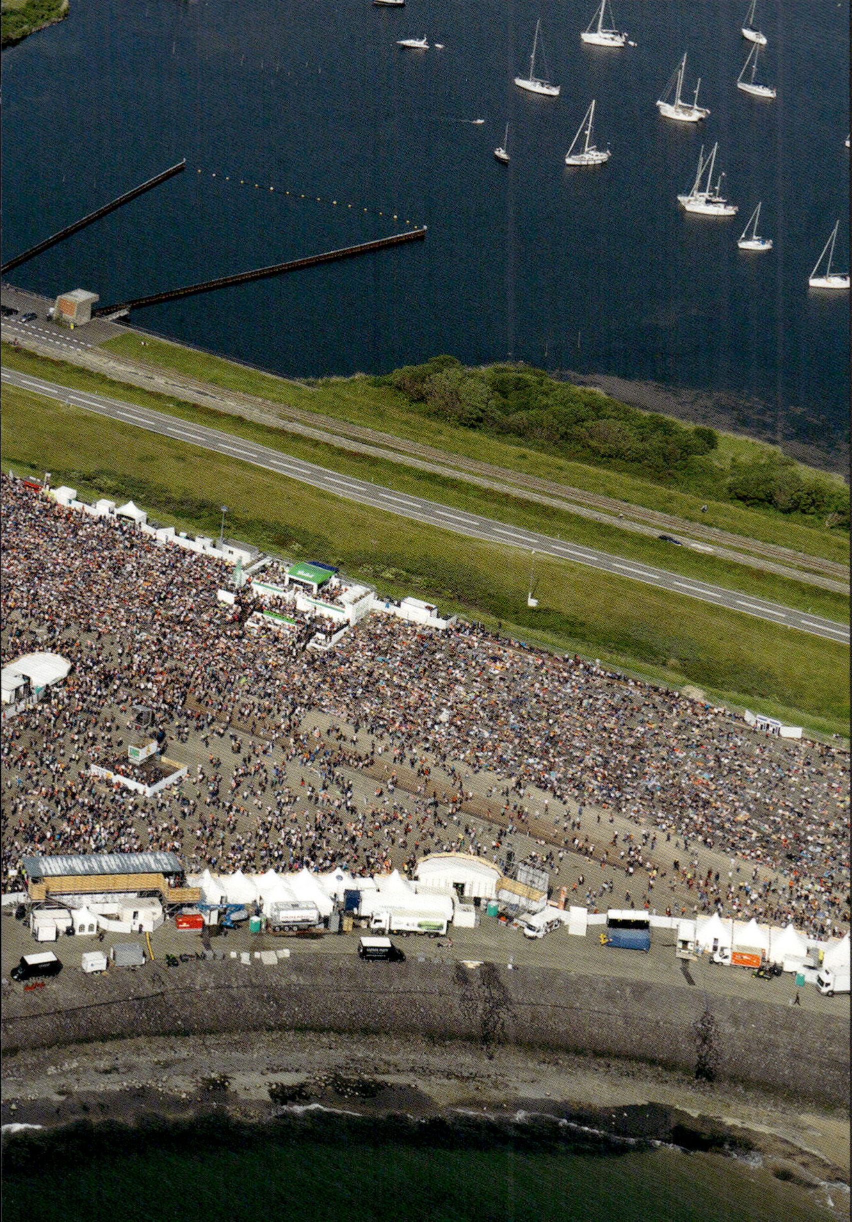

## Festivalland

Vanaf de eerste zonnestralen in het voorjaar, tot de laatste twinkeling van de herfstzon worden overal in Nederland duizenden festivals georganiseerd, met even zovele thema's. Het is een ware festivalindustrie met een grote economische maatschappelijke en culturele betekenis, die miljoenen bezoekers trekken. De bekendste festivals zijn Pinkpop in Landgraaf en Lowlands in Biddinghuizen; de mooiste festivallocatie is ongetwijfeld de Brouwersdam in Zeeland, onderdeel van de Deltawerken. Met op de achtergrond de Noordzee organiseert de Zeeuwse band Bløf, samen met muzikale vrienden, hier een tweedaags popfestival in de zomermaanden. Concert at Sea wordt door vele tienduizenden mensen, van jong tot oud, bezocht.

## *Land of festivals*

*From the first rays of sunshine in the spring until the final twinkling of the autumn sun, thousands of festivals are held all over the Netherlands, with just as many different themes. A true festival industry has developed, with major economic, social and cultural significance, that draws millions of visitors. The best-known festivals are Pinkpop in Landgraaf and Lowlands in Biddinghuizen. The most beautiful festival location is undoubtedly Brouwersdam in Zeeland, part of the Delta Works. Against the backdrop of the North Sea, the Dutch band Bløf, along with musical friends, organises a two-day pop festival here in the summer months. Concert at Sea is attended by many tens of thousands of people, from young to old.*

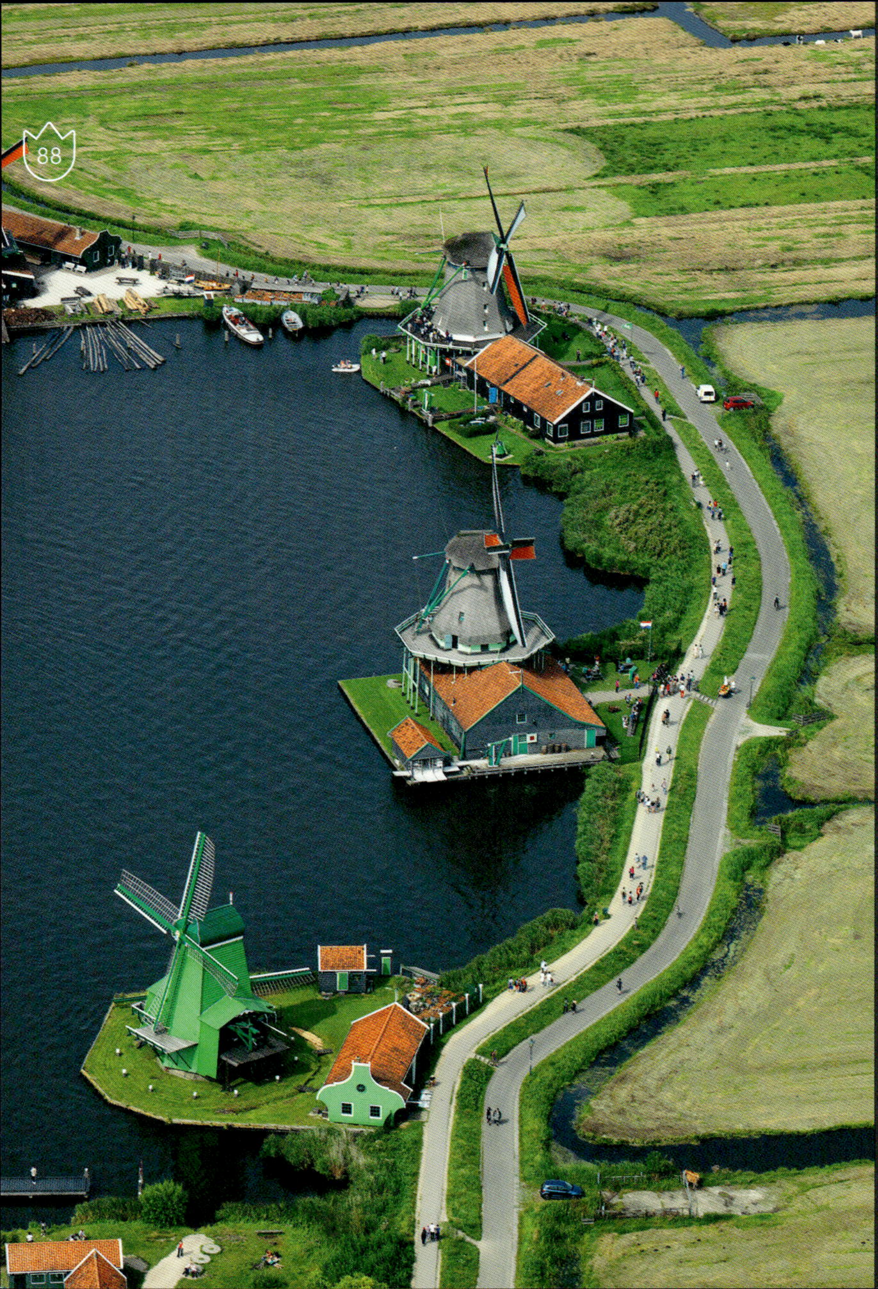

## Zaanse Schans

De Zaanstreek, bij Zaandam, boven Amsterdam, is de oudste industriezone van West Europa. In de kenmerkende houten molens werden de in Amsterdam aangevoerde specerijen en producten gemalen en verwerkt. In de bloeiperiode in de 18e en 19e eeuw stonden hier meer dan 600 molens, die oliën, verf en wat al niet produceerden. De Zaanstreek was zo van belang dat Tsaar Peter de Grote er in 1697 een week verbleef, om er het vak van scheepstimmerman te leren. Het Czaar Peterhuisje staat nu nog steeds op de Zaanse Schans. Hier staan nu verschillende houten huizen en molens bijeen; jaarlijks wordt het door meer dan anderhalf miljoen buitenlandse toeristen bezocht.

## *Zaanse Schans*

*The Zaan region around Zaandam, north of Amsterdam, is the oldest industrial zone in Western Europe. In the characteristic wooden windmills, spices and other products that had been shipped to Amsterdam were ground and processed. In the region's heyday in the 18th and 19th centuries, there were more than 600 windmills here, manufacturing oils, paint and much more besides. The Zaan region was so important that in 1697, Tsar Peter the Great stayed there a week to learn the craft of ship's carpenter. The Tsar Peter House still stands on the Zaanse Schans. There are now various wooden houses and windmills grouped together here, which are visited by more than one and a half million foreign tourists each year.*

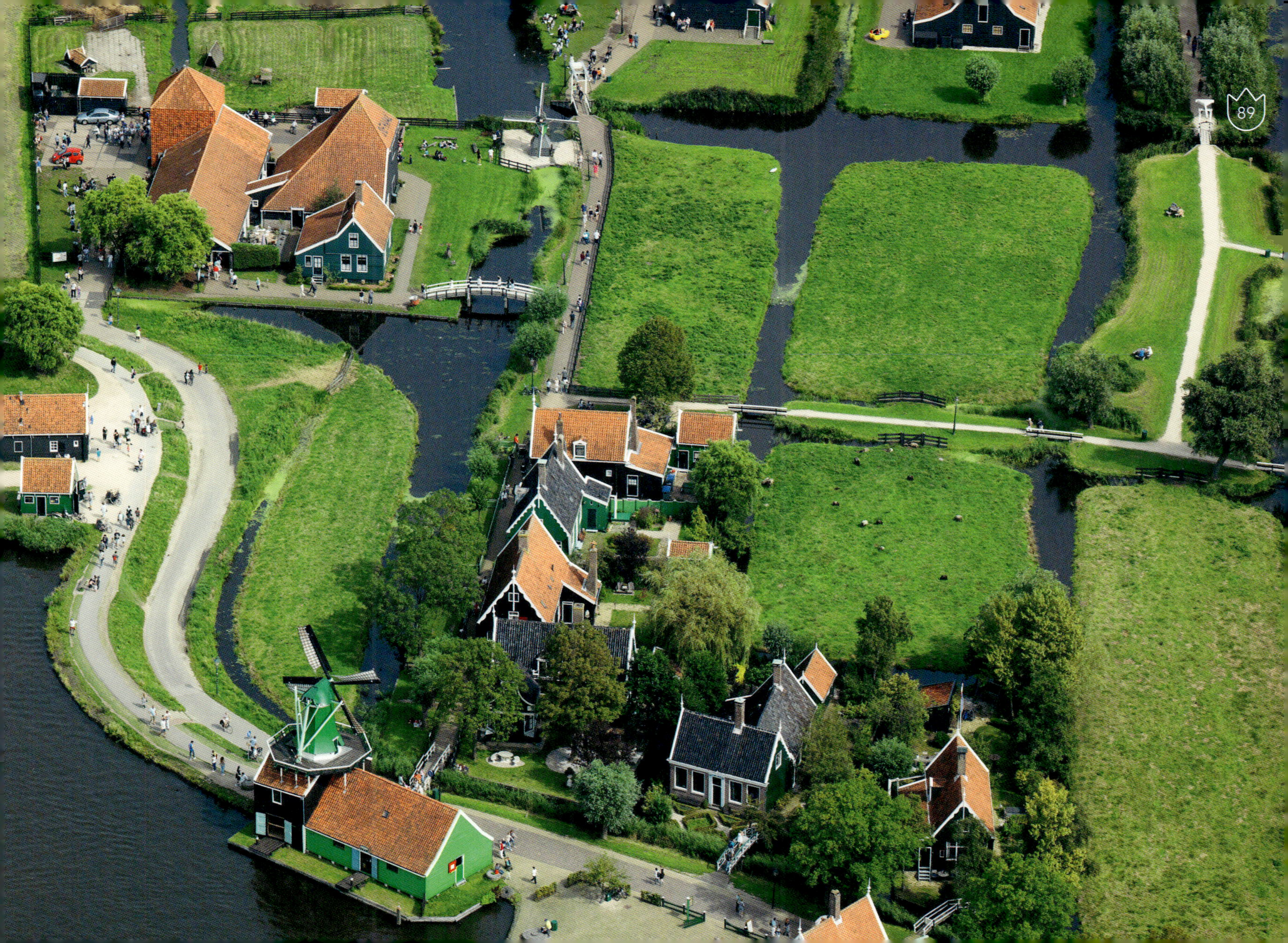

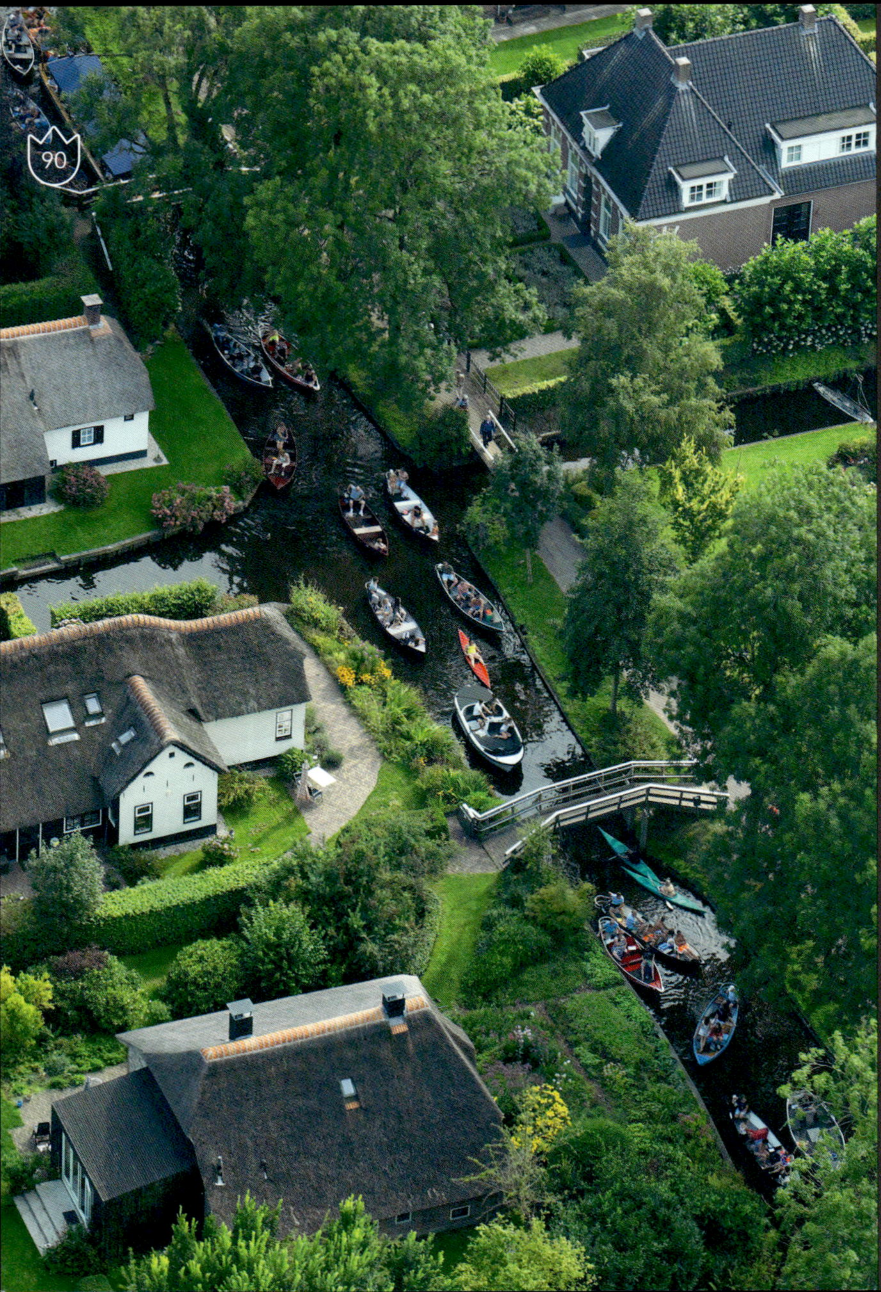


## Venetië van het noorden

羊角村 of Giethoorn is de belangrijkste plaats buiten de Randstad waar bezoekers uit China naar toe reizen. Met een busreis van slechts twee uur komen ze terecht in een voor hun ogen typisch Nederlands dorp. In de toeristische industrie staat Giethoorn bekend als het Venetië van Holland. Het dorp, in de Kop van Overijssel, is bekend door de schitterende boerderijen die op eilandstroken liggen, door de waterwegen, de bruggen en de punters, smalle, ondiepe schuiten waarmee de boeren hun vee konden bereiken en verplaatsen.
De oorspronkelijke bewoners verzetten zich intussen tegen de toeristische industrie, vooral nu woonhuizen en boerderijen worden opgekocht door buitenlandse projectontwikkelaars.

## *Venice of the North*

*羊角村 or Giethoorn is the most important destination outside the Randstad for visitors from China. A bus journey of just two hours takes them to what, in their eyes, is a typical Dutch village. In the tourist industry, Giethoorn is known as the Venice of Holland. The village in the Kop van Overijssel area is known for its beautiful farmhouses located on island strips, for its waterways and bridges and for its punters – narrow, shallow barges which farmers used to reach and move their livestock. The original inhabitants have since begun to oppose the tourism industry, especially now that houses and farms are being bought up by foreign developers.*

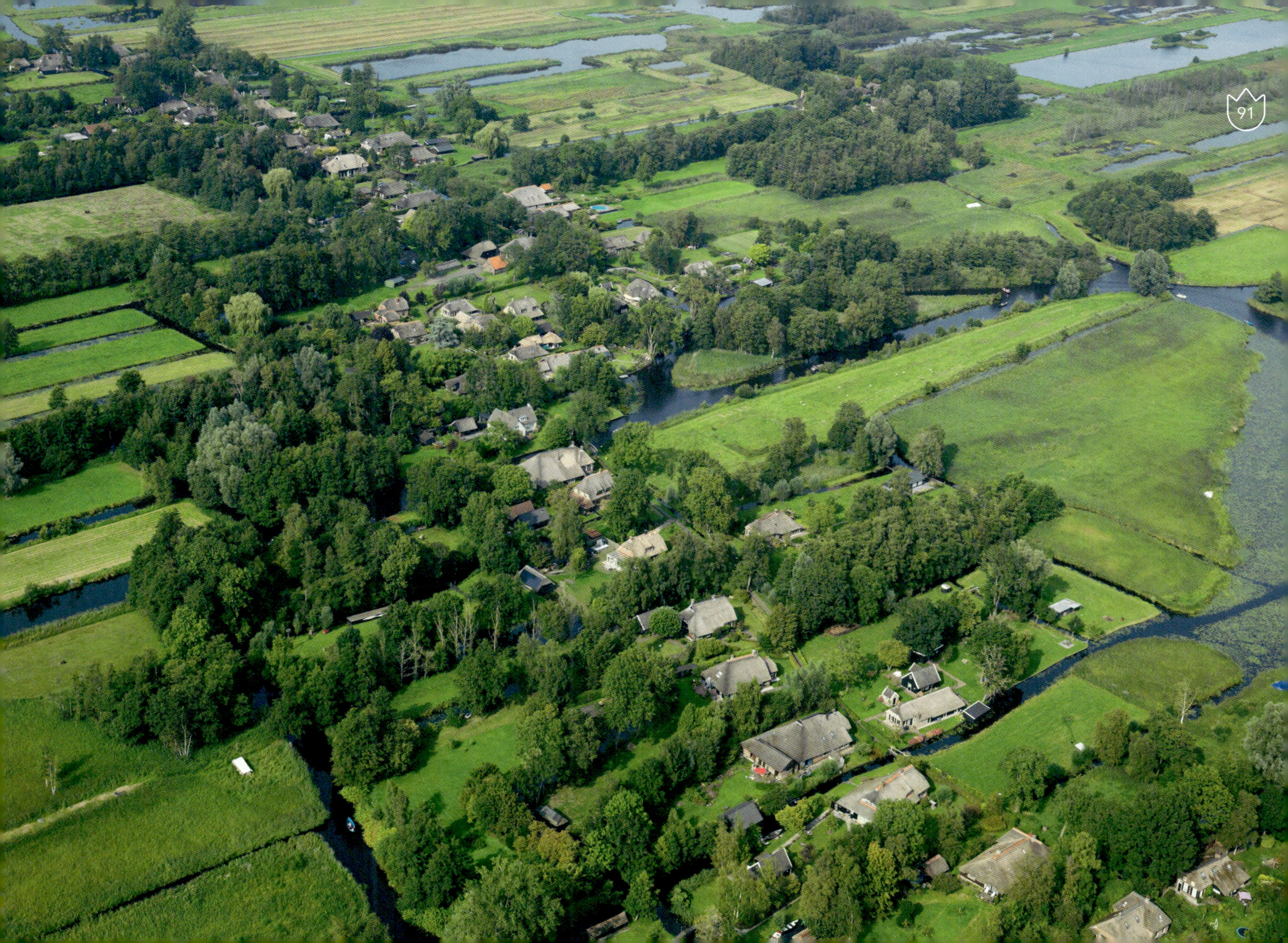

## Winters Nederland

Door de klimaatverandering zijn de Hollandse winters zeldzaam geworden. Maar heel af en toe gebeurt het nog dat sloten, plassen, meren en vaarten bevriezen en sneeuw het land wit kleurt.
Dan, op zulke momenten, wordt het dagelijks werk en leven door honderdduizenden onderbroken en gaan Nederlanders schaatsen. Er worden schaatstochten georganiseerd, slimmeriken verkopen op het ijs 'koek en zopie' en kinderen krijgen van de ouderen de eerste schaatslessen achter een keukenstoel. In een schaatswinter is Nederland op haar mooist… en ondertussen wacht iedereen op dat ene verlossende signaal uit Fryslân: "it giet oan". Het signaal dat de Elfstedentocht van start gaat.

## *Wintry Netherlands*

*As a result of climate change, Dutch winters have become rare. But very occasionally, ditches, ponds, lakes and canals still freeze and snow colours the landscape white. At times like these, hundreds of thousands put their daily work and lives on hold and the Dutch go ice skating. Skating tours are organised, canny folk sell hot drinks and snacks out on the ice and children are given their first skating lessons, supported by kitchen chairs. During a skating winter, the Netherlands is at its most beautiful… and the whole country awaits with bated breath the magic words from Friesland: "it giet oan" – the signal that the Elfstedentocht ('eleven towns tour') is on.*

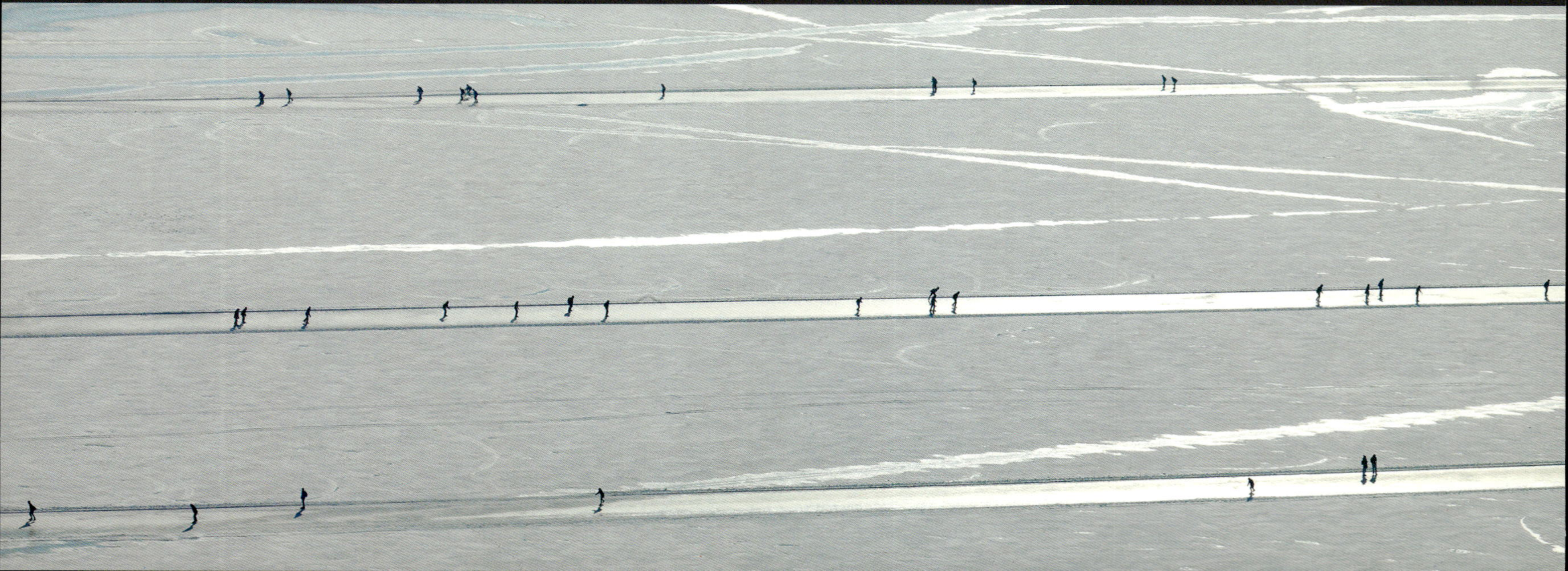

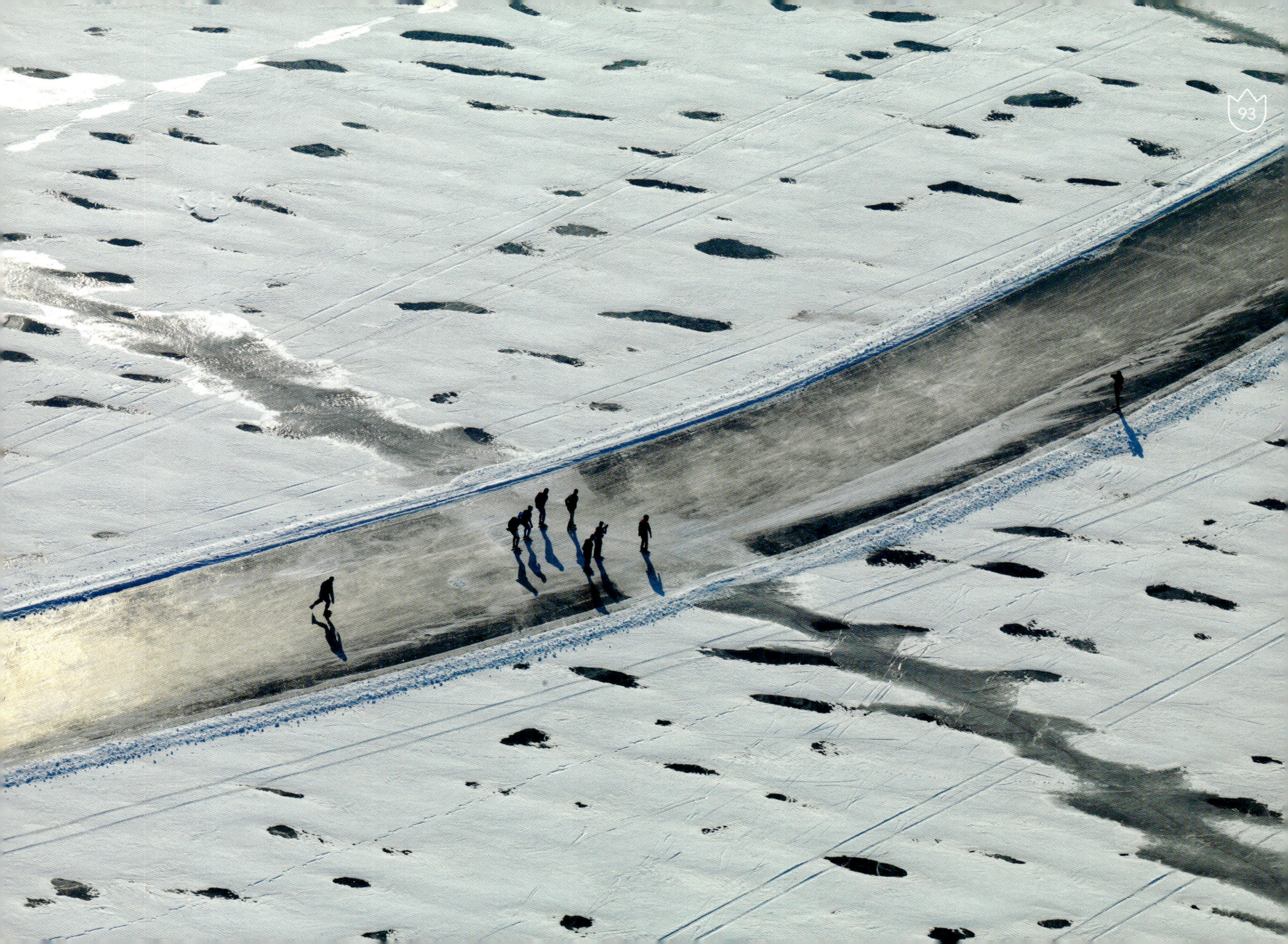

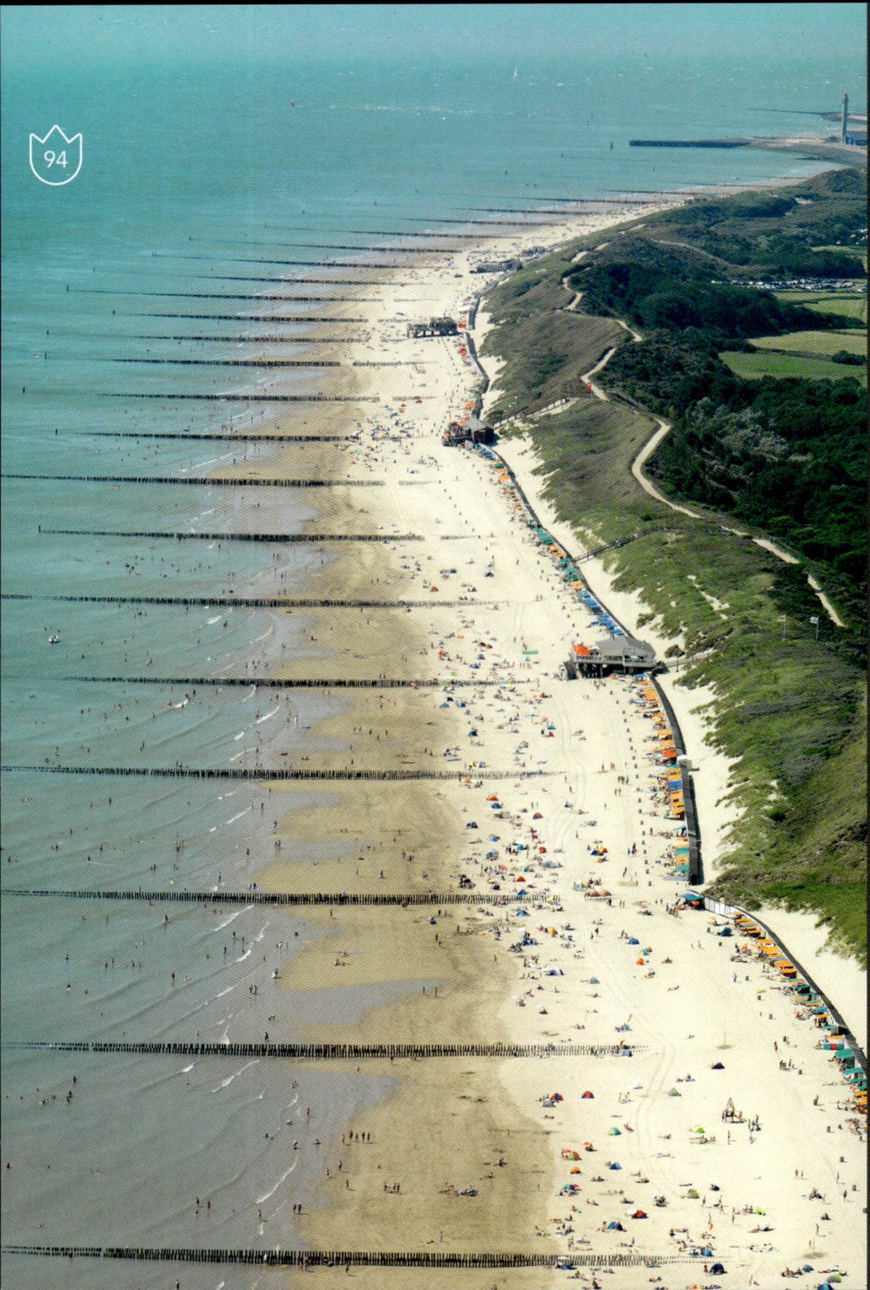



## Hier aan de kust

Nederland is een klein land; afstanden zijn beperkt.
Op zomerse dagen wanneer de temperatuur van het zeewater aangenaam is, trekken Nederlanders massaal naar de kust, waar meer dan 350 kilometer zandstranden ruimte bieden aan een ieder. De bekendste badplaatsen zijn Zandvoort, Scheveningen en Domburg. Op hoogtijdagen is het moeilijk om daar een rustig plekje te vinden. De bijna twee miljoen buitenlandse badgasten (veelal Duitsers en Vlamingen) en drie miljoen Nederlanders brengen hun vakantiedagen aan de Noordzeekust door. Samen besteden zij meer dan een miljard euro; de toeristische industrie is van levensbelang voor de kuststreek, en het dun bevolkte Zeeland in het bijzonder.
Wie geen zin heeft in de drukte, ook op hoogtijdagen, kan altijd een stil strand vinden.

## *Here on the coast*

*The Netherlands is a small country; distances are limited.*
*On summer days when the sea temperature is pleasant, the Dutch flock to the coast, where more than 350 kilometres of sandy beaches provide room for all. The best-known seaside towns are Zandvoort, Scheveningen and Domburg. On the busiest days it is difficult to find a quiet spot there. Almost two million foreign guests (mostly Germans and Flemings) and three million Dutch people spend their holidays on the North Sea coast. Together they spend more than €1 billion; the tourism industry is vital to the coastal areas, and to sparsely populated Zealand in particular. If you don't like the hustle and bustle, you can always find a quiet beachfront, even on the busiest days.*

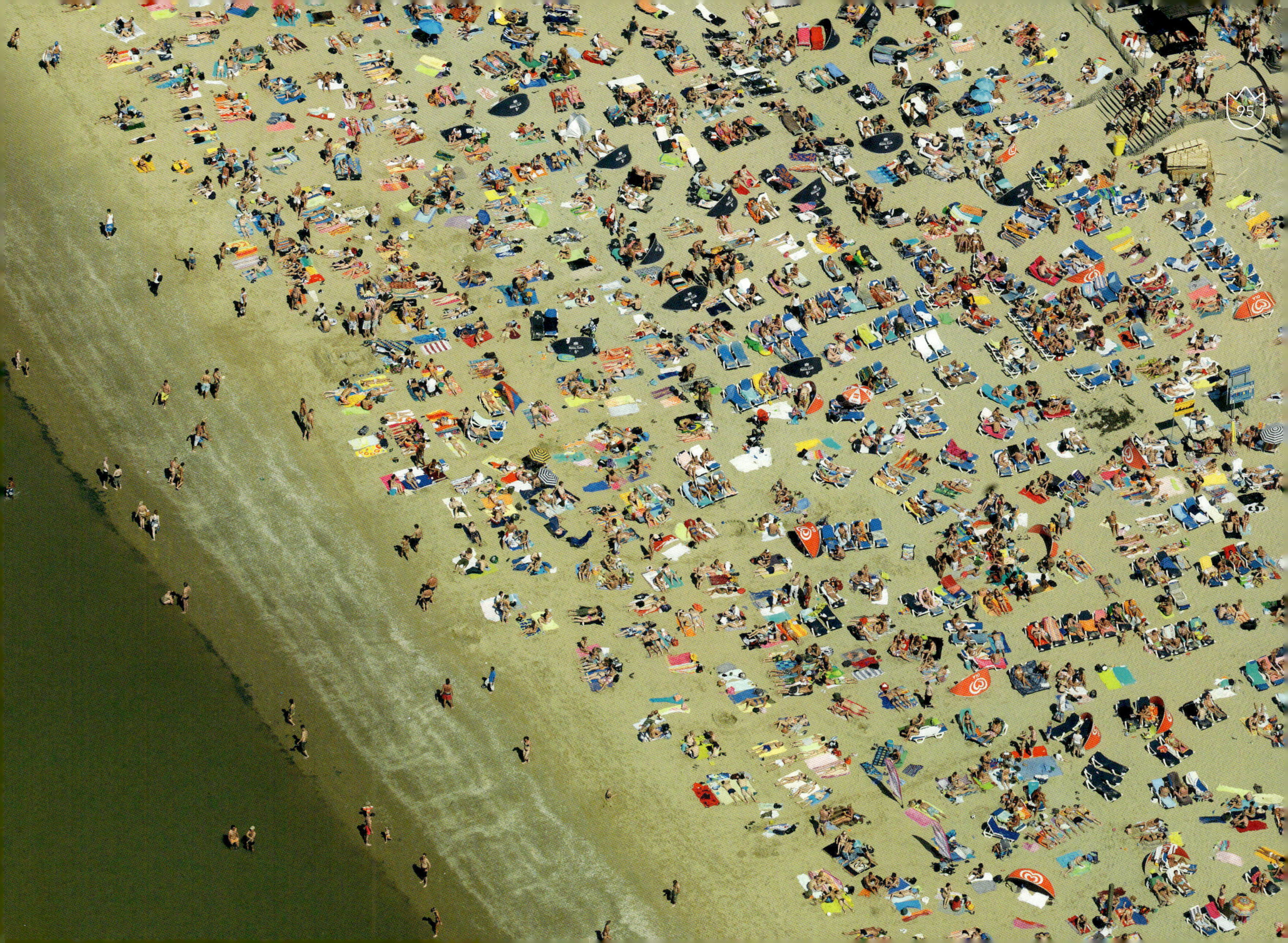

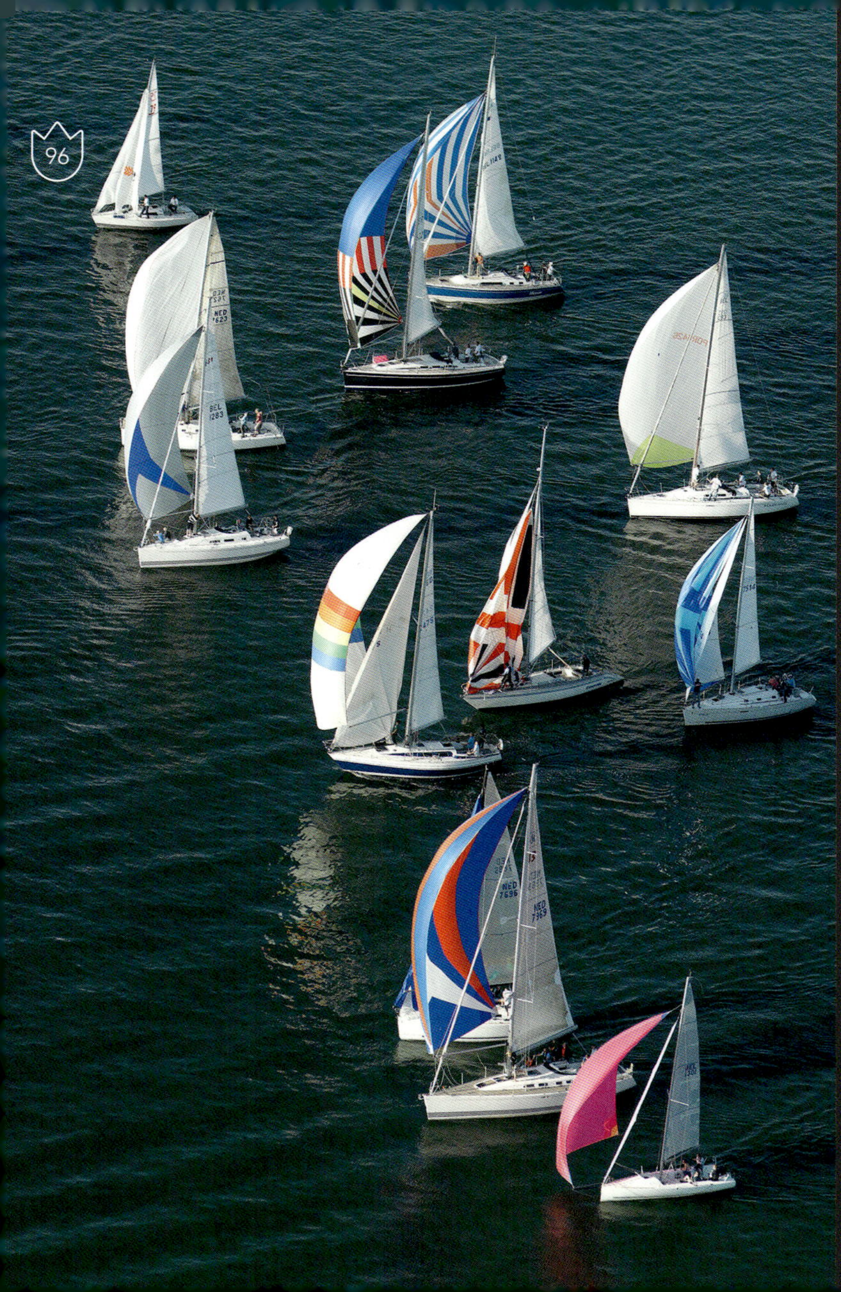

## Wind in de zeilen

Wind en water zijn in Nederland onlosmakelijk met elkaar verbonden. Vracht en passagiersvaart ging eeuwenlang 'onder zeil'.
De traditionele 'skûtsjes' (Fries voor schuiten) zijn vrachtschepen die vanaf de 18e eeuw tot halverwege de 20e eeuw werden gebruikt voor 'bulktransport' op de binnenwateren en de toenmalige Zuiderzee, het huidige IJsselmeer. Jaarlijks worden met de traditionele skûtsjes in Friesland gedurende twee weken in de zomermaanden een reeks van zeilwedstrijden georganiseerd. Voor de Friese bevolking is deze wedstrijd een belangrijk onderdeel van de Friese folklore. Ieder skûtsje vertegenwoordigt een eigen dorp. Vanzelfsprekend zijn er buiten de wintermaanden wel elk weekend zeilwedstrijden met grote en kleine, moderne zeiljachten.

## *Wind in the sails*

*Wind and water are inextricably linked in the Netherlands. For centuries, cargo and passenger shipping went 'under sail'. The traditional 'skûtsjes' (Frisian for a type of sailing barge also known in Dutch as a tjalk) are cargo ships that were used from the 18th century to the mid-20th century for 'bulk transport' on inland waterways and the former Zuiderzee, now the IJsselmeer lake. Every summer, a series of sailing races are held in Friesland over the course of two weeks featuring the traditional skûtsjes. To the population of this northerly province, the competition is an important part of Frisian folklore. Each skûtsje represents its own village. Naturally, there are sailing races involving modern sailing yachts large and small every weekend outside the winter months.*

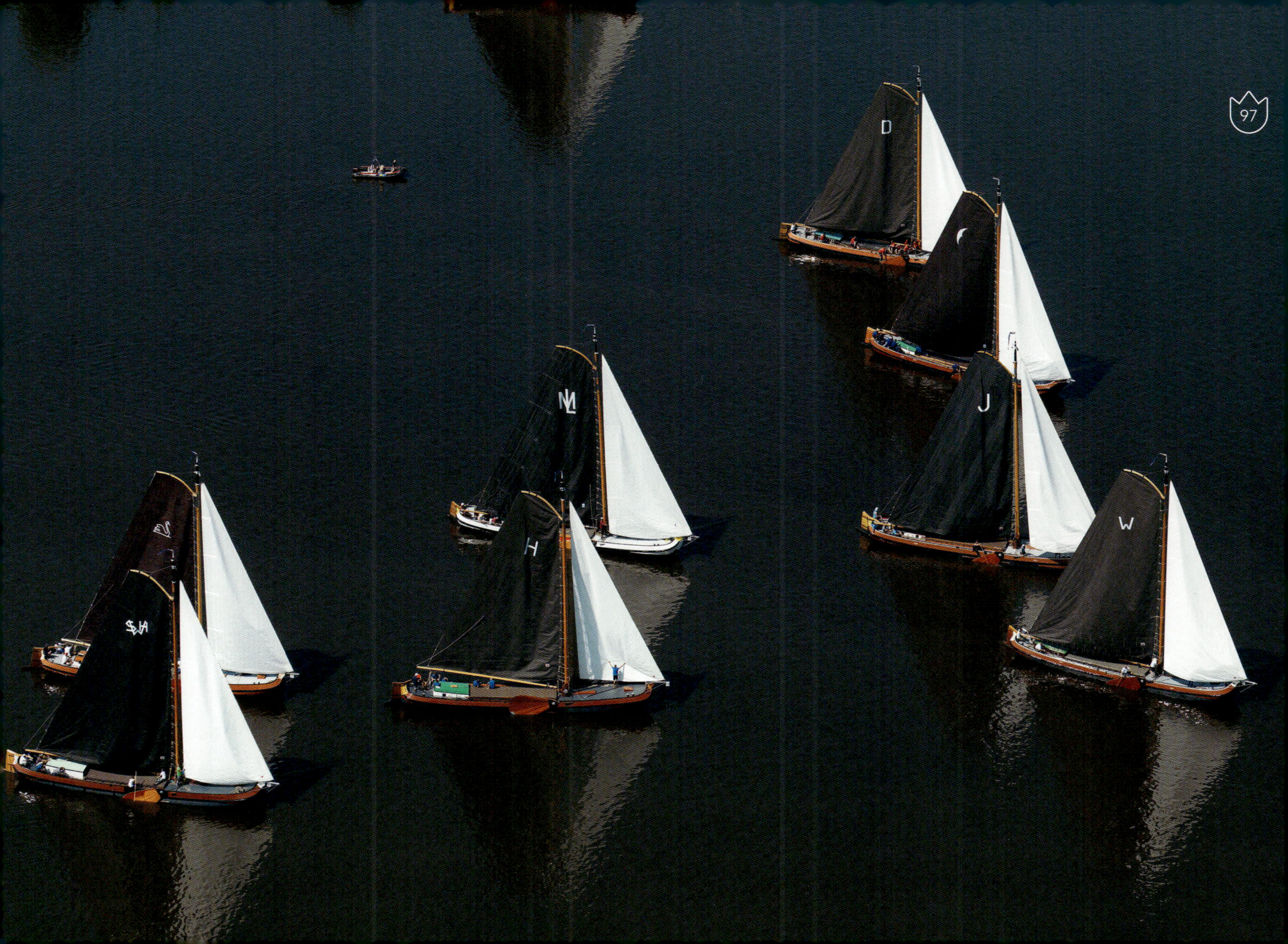
D
J
H
W

## Bloemen en bollen

De Keukenhof is een bloemenpark nabij Lisse van 32 hectare groot, en slechts enkele maanden per jaar geopend. In die weken trekt het jaarlijks meer dan een 1,4 miljoen bezoekers uit de gehele wereld. Iedereen die van bloemen houdt, wil ten minste eenmaal in het leven dwalen door de tuinen met meer dan zeven miljoen tulpen, narcissen, krokussen, lelies, hyacinten en andere bolgewassen.
Het Bloemencorso van de Bollenstreek, een optocht van schitterende praalwagens vol met bloeiende bollen, is een evenement dat jaarlijks in de derde week van april wordt gehouden. Het publiek langs route tussen Noordwijk en Haarlem geniet intens van de bloemenpracht en de muziekorkesten die het corso begeleiden.

## *Flowers and bulbs*

*De Keukenhof is a flower park near Lisse covering 32 hectares which is only open for a few months a year. During those weeks, it attracts more than 1.4 million visitors from all over the world. Anyone who loves flowers will want to wander through the gardens packed with more than seven million tulips, daffodils, crocuses, lilies, hyacinths and other bulbous plants at least once in their lifetime.*
*The Bloemencorso (flower show) of the bulb-growing region, a parade of beautiful floats packed with flowering bulbs, is an event held each year in the third week of April. Those thronging the route between Noordwijk and Haarlem hugely enjoy the wonderful flowers and the orchestras that accompany the parade.*

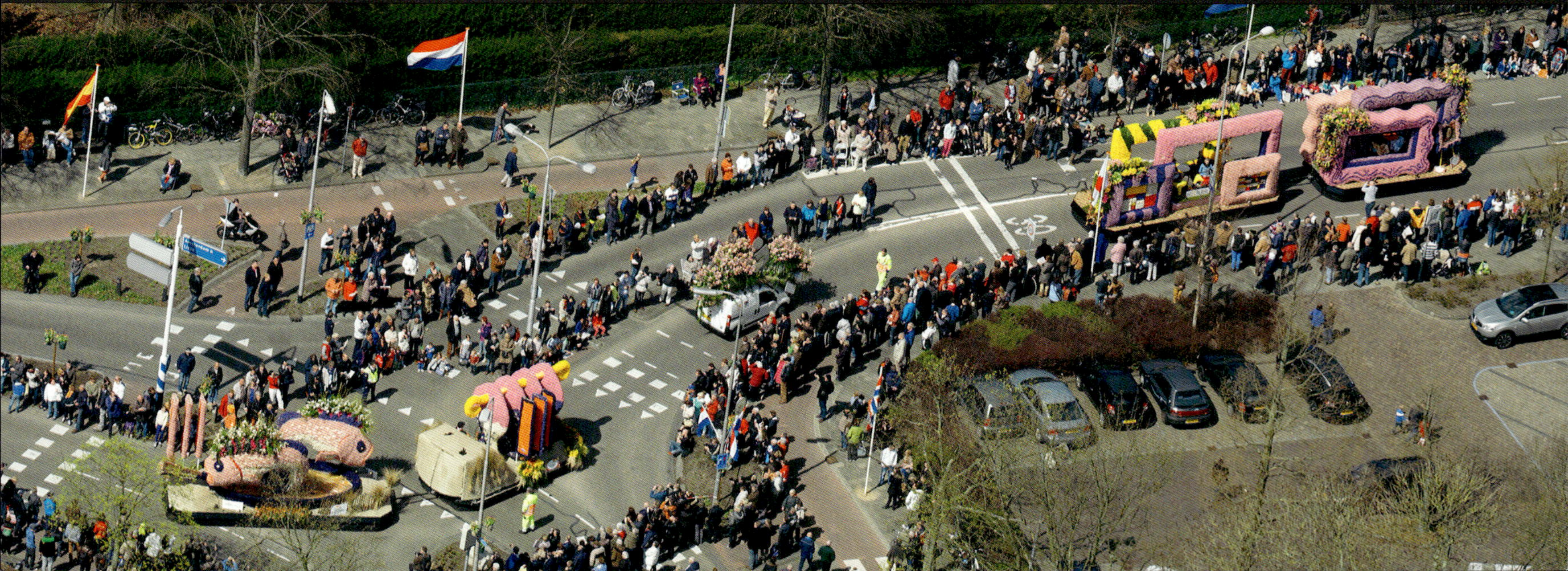

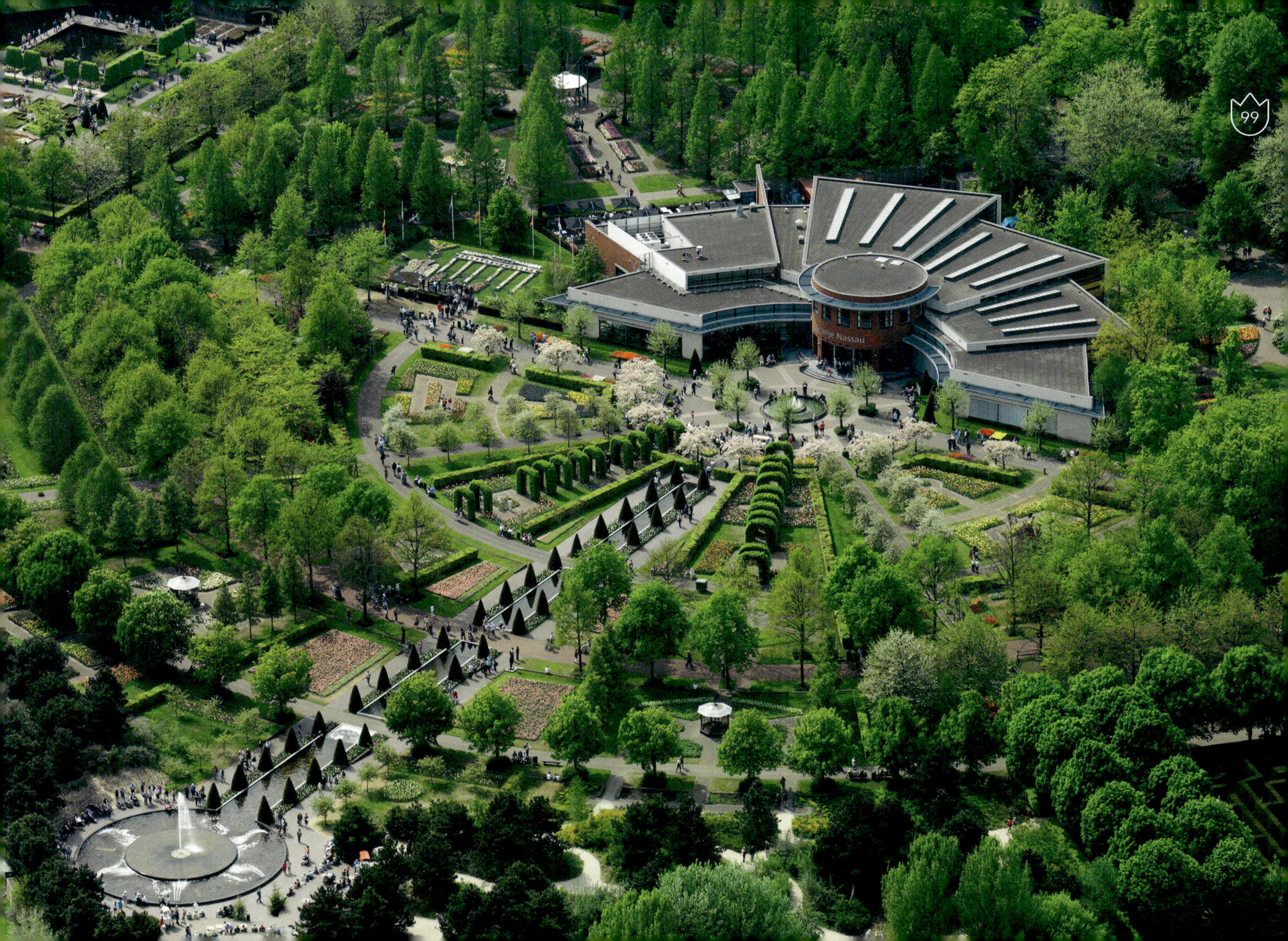

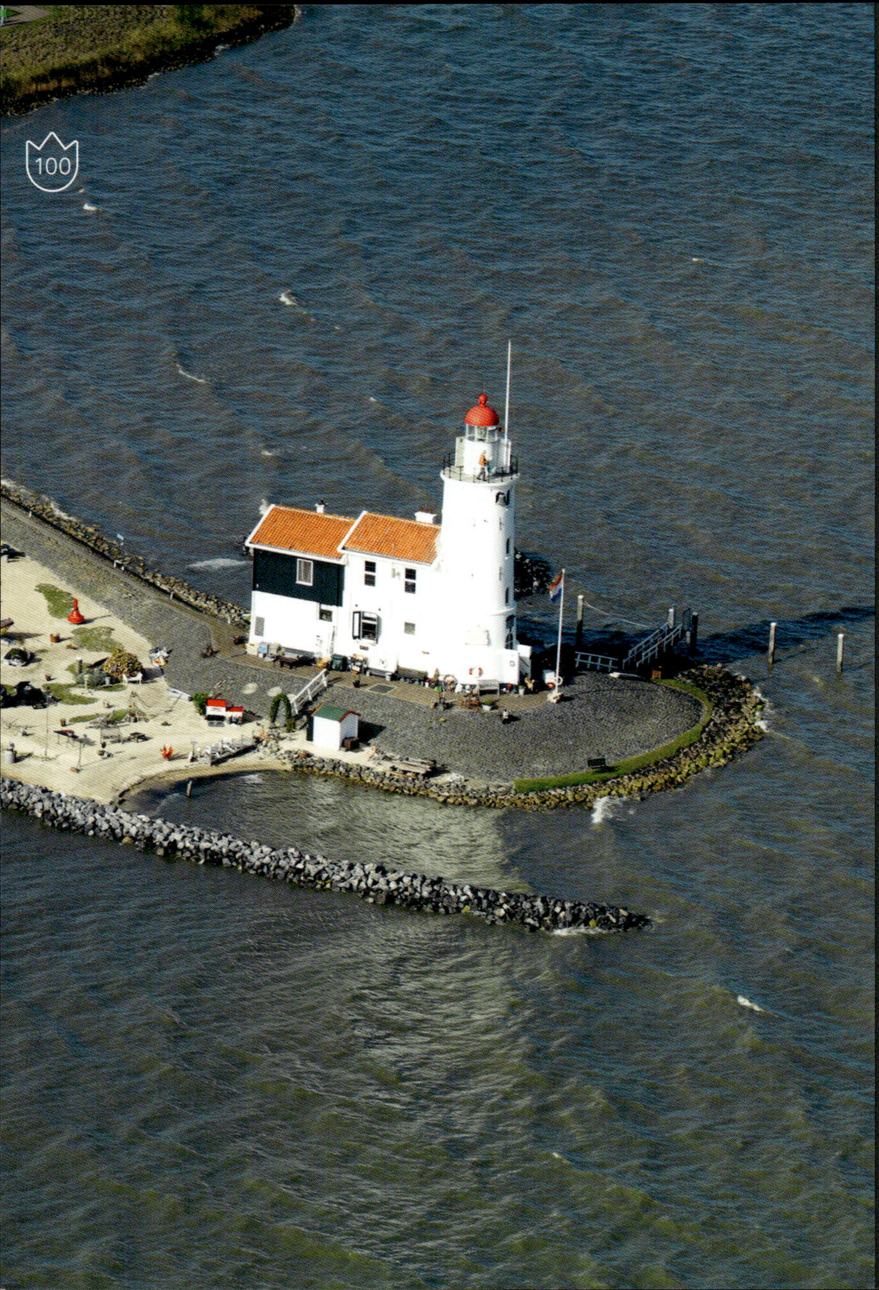

## Mooi Marken

Al meer dan honderd jaar bezoeken buitenlandse toeristen het voormalig eiland Marken. De ligging in het huidige Markermeer, boven Amsterdam maakt het tot een exotisch maar goed bereikbaar uitstapje voor de bezoekers van de Amsterdamse binnenstad. Vandaar is het een uurtje fietsen; wie met de bus wil, is er nog sneller. Je wordt aan de voet van de dijk afgezet, die het huidige Marken met het vasteland verbindt. De kleine, typische houten huizen op palen, de Marker klederdracht en de slimme zakelijke inslag verleiden miljoenen toeristen. Het was Sijtje Boes die als eerste haar huisje openstelde voor de toeristen en hen allerlei souvenirs wist te verkopen, klompen, molens, kleding en snuisterijen, die allen in het verre Azië worden gemaakt…

## *Beautiful Marken*

*Foreign tourists have been visiting the former island of Marken for more than a hundred years. Its location in what is today the Markermeer lake, north of Amsterdam, makes it an exotic but easily accessible destination for those visiting the centre of Amsterdam. It is an hour's cycle ride from there – and it's even quicker by bus. You are dropped off at the foot of the dyke that today links Marken to the mainland. The small, characteristic wooden houses on stilts, the Marken costumes and the locals' savvy business sense seduce millions of tourists. It was Sijtje Boes who first opened up her cottage to tourists and started selling them all kinds of souvenirs, wooden shoes, windmills, clothing and trinkets, all of them manufactured in far-off Asia…*

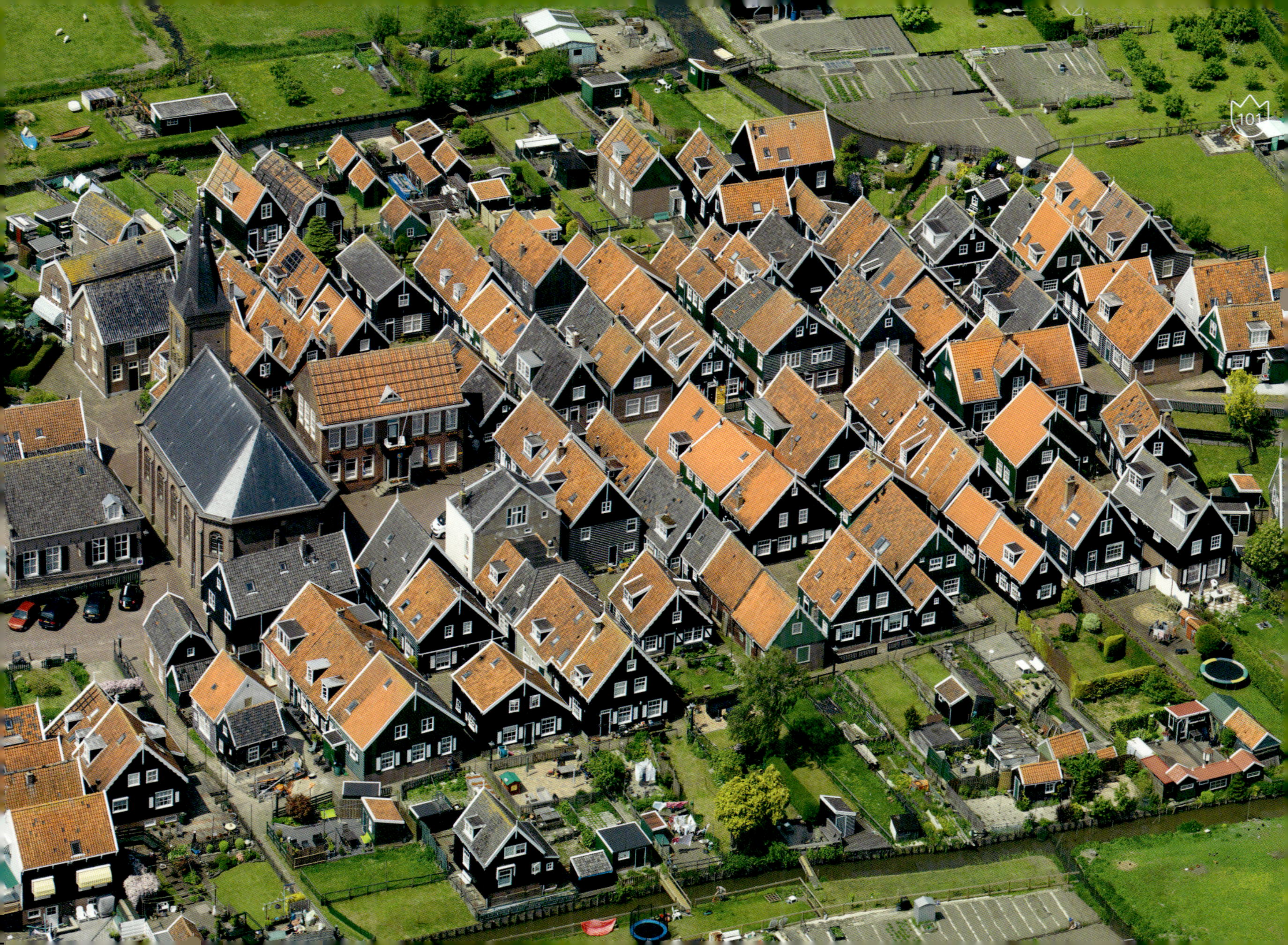

## Schansen en linies

De staatkundige ontwikkeling van de Republiek van de zeven verenigde Nederlanden neemt halverwege de zeventiende eeuw een aanvang met de Tachtigjarige Oorlog, een opstand tegen de Spaanse koning. De sporen van die staatkundige ontwikkelingen zie je overal in het landschap.
Fort de Roovere werd in 1628 aangelegd, nabij het huidige Halsteren. Het maakte deel uit van de West Brabantse Waterlinie en was bedoeld om de Spaanse troepen tegen te houden en het omringende land onder water te kunnen zetten.
Nabij Axel in Zeeuws Vlaanderen, ligt Fort Sint Jacob, een 'redoute'.
Dit fort werd aangelegd op bevel van de latere hertog van Parma, Alexander Varnese en was bedoeld om de opstandelingen uit het Noorden te weren. In de loop der eeuwen raakten veel forten en schansen in verval; nu, met Europese subsidies, worden deze forten hersteld.

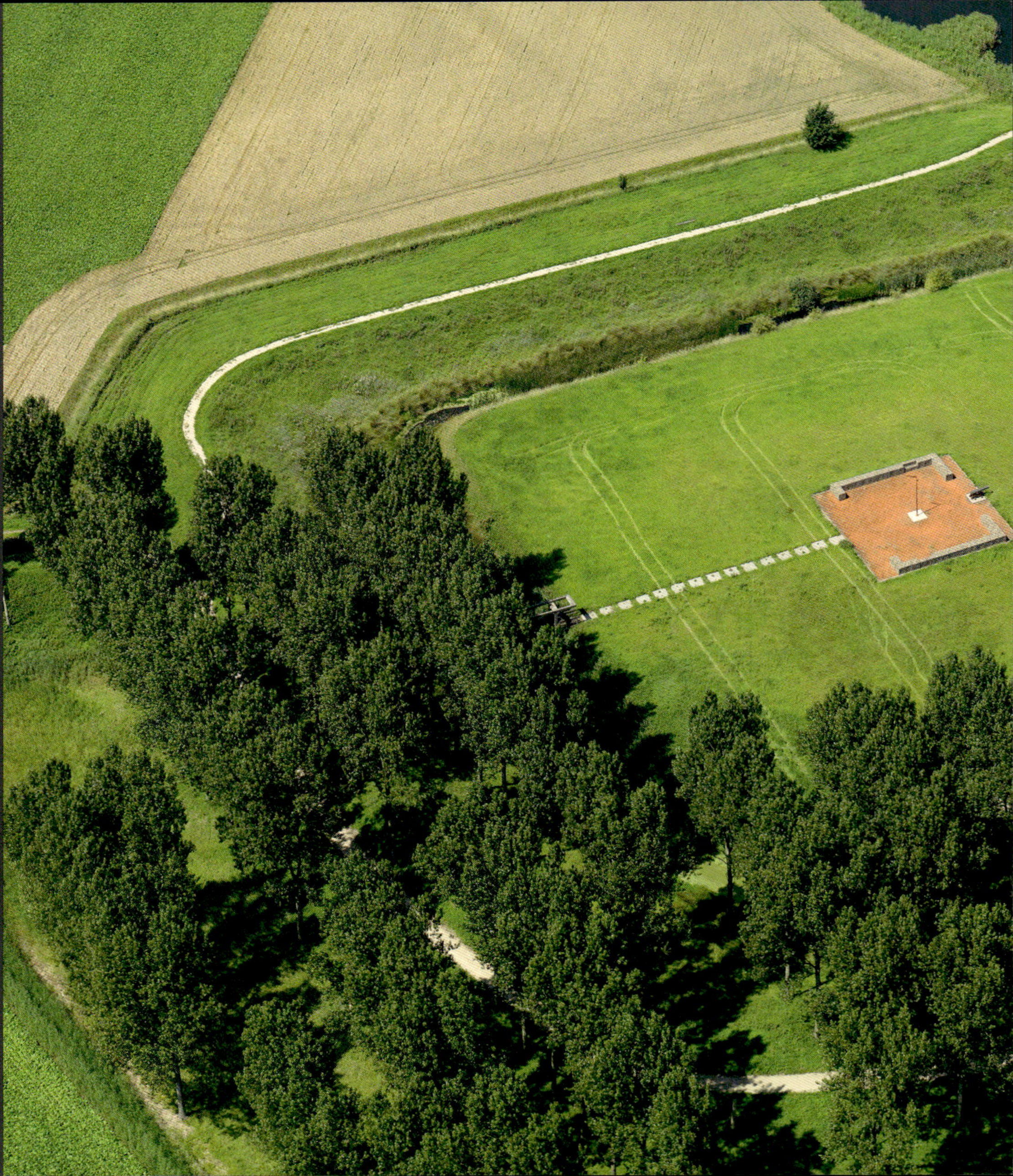

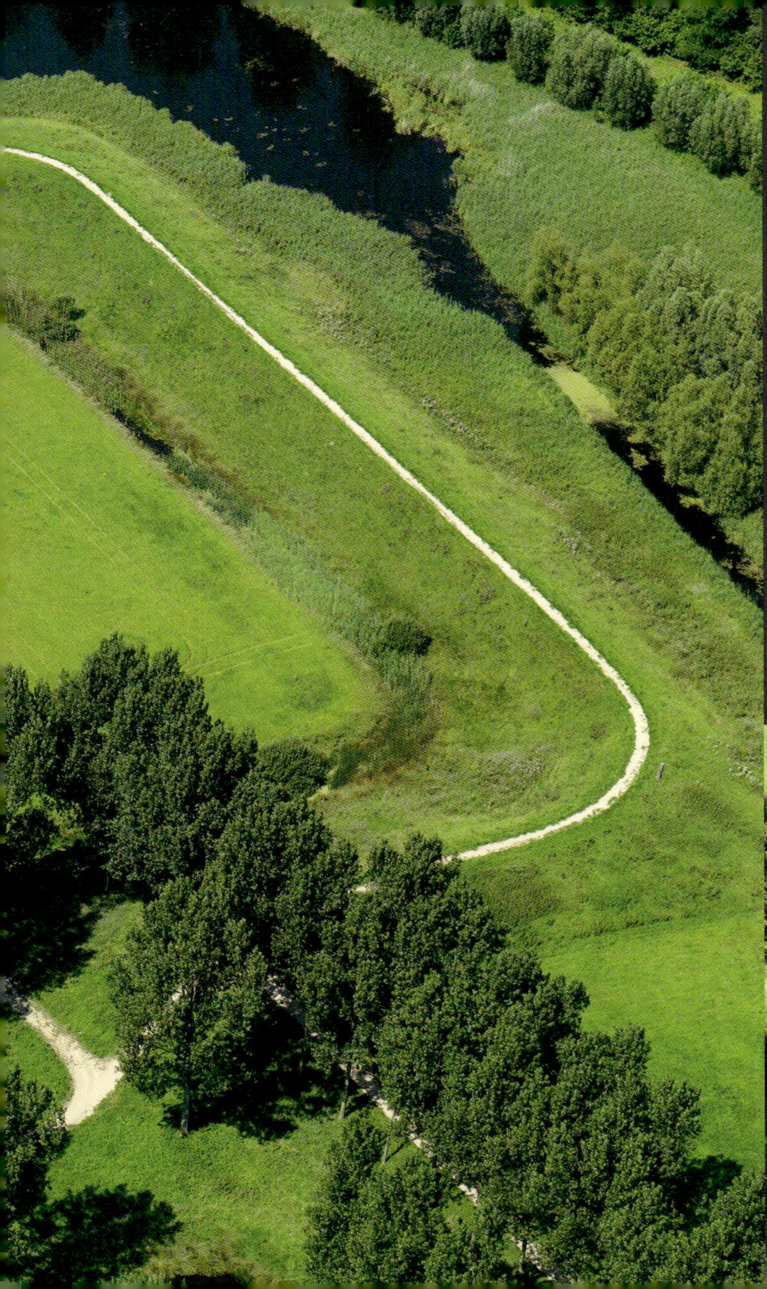

## Fortifications and lines



*The political development of the Republic of the seven united provinces of the Netherlands began in the mid-seventeenth century with the Eighty Years' War, a revolt against the Spanish king. You can see the traces of those political developments everywhere in the landscape. Fort de Roovere was built in 1628, near modern Halsteren. It was part of the West-Brabantse Waterline and was designed to hold back the Spanish troops and to be able to flood the surrounding land. Near Axel in Zeelandic Flanders lies Fort Sint Jacob, a 'redoubt'. This fort was built at the orders of the later Duke of Parma, Alexander Varnese, and was intended to ward off the rebels from the North. Over the centuries, many forts and fortifications fell into decline; now, with European subsidies, these forts are being restored.*

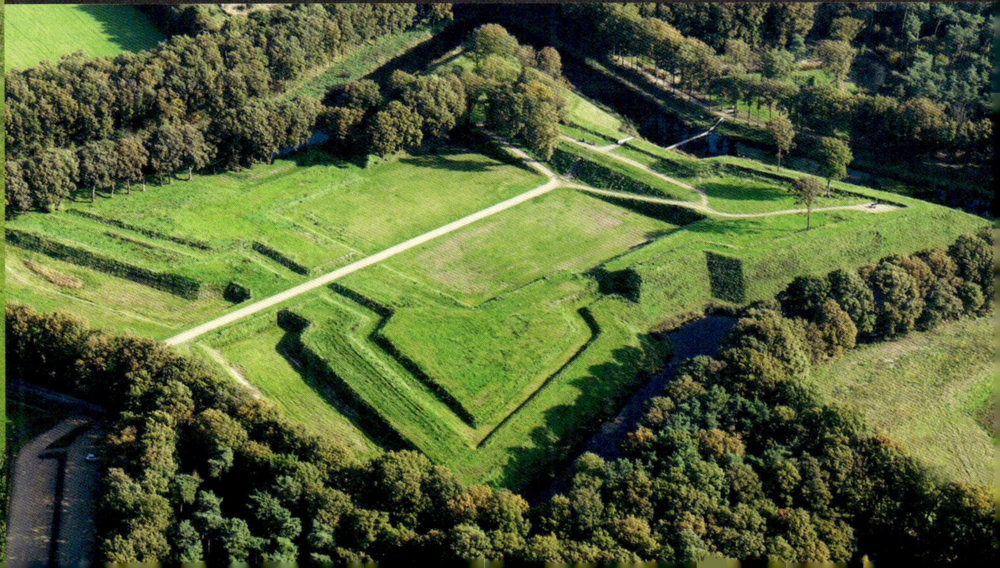

104

## Kastelen

In Nederland zijn enkele laat-Middeleeuwse kastelen bewaard gebleven. Het meest bekende is het Muiderslot uit het laatste kwart van de dertiende eeuw. Het is een waterburcht, gebouwd aan de oevers van de toenmalige Zuiderzee, met vier ronde torens op de hoeken, een slotgracht met een ophaalbrug. In de Gouden Eeuw was het een buitenverblijf van de Amsterdamse elite en bood onderdak voor de Muiderkring, een gezelschap van dichters en wetenschappers, zoals Joost van den Vondel en Adriaen Bredero. Ook de rechtsgeleerde Hugo de Groot maakte deel uit van de Muiderkring, maar zijn naam is toch vooral verbonden met dat andere beroemde kasteel Loevestein, in het rivierengebied van Waal en Maas, nabij Gorinchem en Zaltbommel. Kasteel Loevestein werd eeuwenlang gebruikt als gevangenis; Hugo de Groot als meest bekende gevangene ontsnapte in een boekenkist.

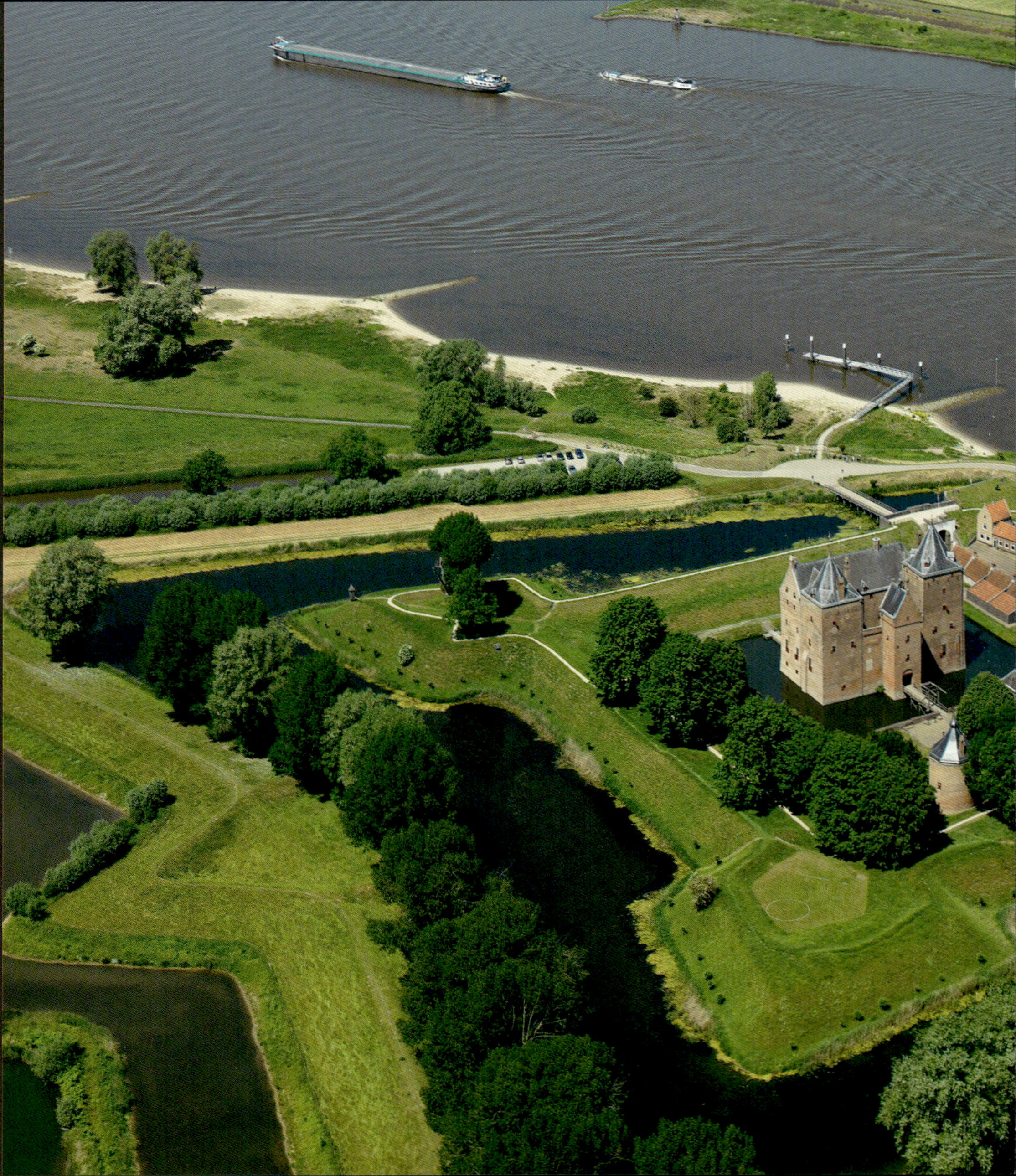

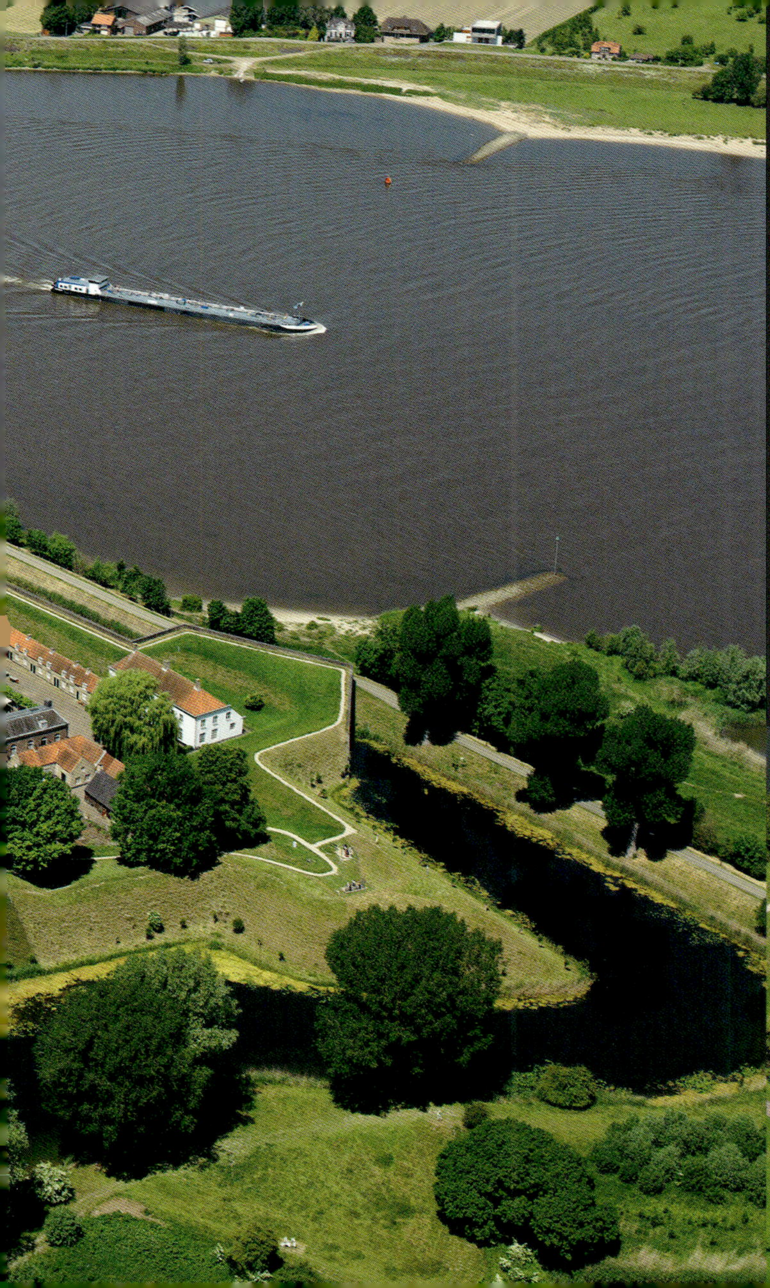

# Castles



*Several late-medieval castles have been preserved in the Netherlands. The best-known is Muiden Castle, dating from the final quarter of the thirteenth century. It is a moated castle, built on the banks of the former Zuiderzee, with four round towers at the corners, a moat and a drawbridge. In the Golden Age, it was a country seat of the Amsterdam elite and provided accommodation for the Muiden Circle, a group of poets and scientists such as Joost van den Vondel and Adriaen Bredero. The jurist Hugo de Groot was also part of the Muiden Circle, but his name is mainly connected with another famous castle, Loevestein, between the rivers Waal and Maas, near Gorinchem and Zaltbommel. Loevestein Castle was used as a prison for centuries. Hugo de Groot, it's most famous prisoner, escaped in a book chest.*

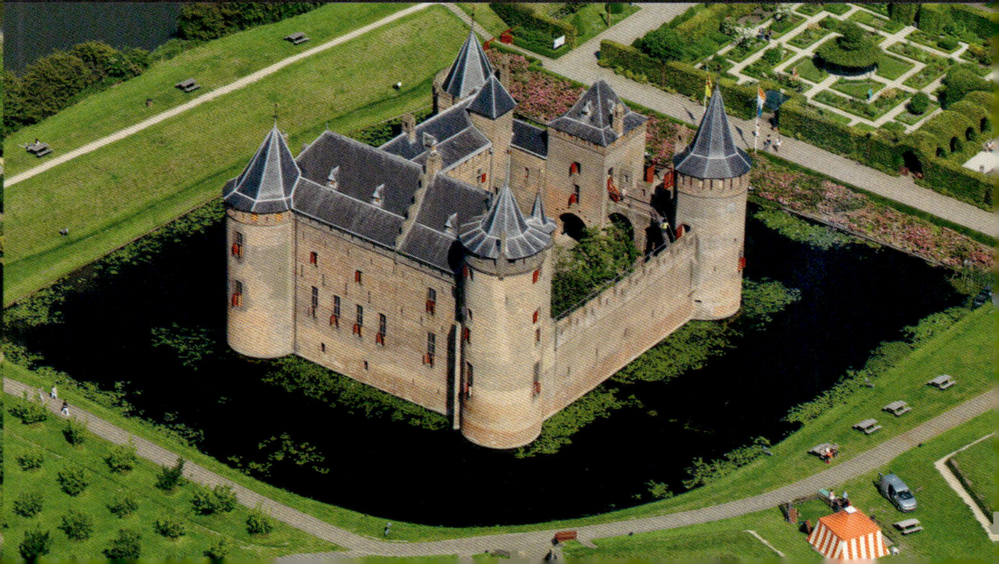

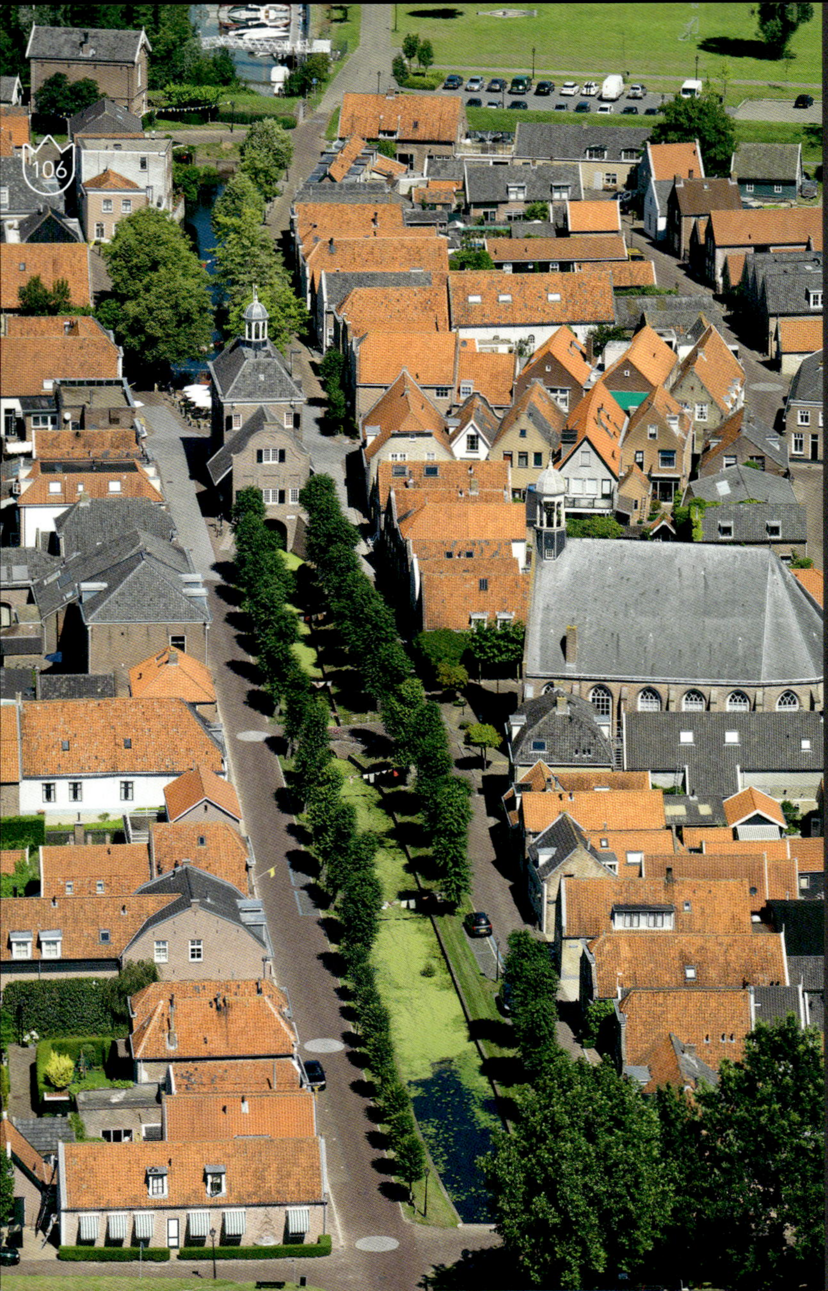


## Vesting Nieuwpoort

In het noordoosten van de Alblasserwaard, aan de Lek, tegenover Schoonhoven en op de grens van Holland en Utrecht, ligt de vestingstad Nieuwpoort. De vesting kreeg al in 1283 stadsrechten; in de loop van de eeuwen is Nieuwpoort keer op keer belegerd. In de Gouden Eeuw werd Nieuwpoort door de dreiging van de Franse Zonnekoning, Lodewijk XIV, onderdeel van de Oude Hollandse Waterlinie. Met deze unieke Nederlandse verdedigingsstrategie kon 'Holland' verdedigd worden tegen vijandige legers, door grote delen van het land onder water te zetten. In 1697 werd het beroemde stadhuis van Nieuwpoort over de inundatiesluis gebouwd. Vandaag is het ingeslapen vesting met minder dan 1300 inwoners, een beeldschone herinnering aan een eeuwenlange strijd tegen vreemde, lees Europese, mogendheden.

## *Nieuwpoort Fortress*

*In the northeast of the Alblasserwaard, on the river Lek, opposite Schoonhoven and on the border between Holland and Utrecht, lies the fortress town of Nieuwpoort. It was granted a town charter as long ago as 1283. Nieuwpoort has been besieged time and again over the centuries. In the Golden Age, Nieuwpoort became part of the Oude Hollandse Waterline under the threat of the French Sun King, Louis XIV. This unique Dutch defensive strategy enabled 'Holland' to be defended against hostile armies by flooding large parts of the country.*
*In 1697, the famous town hall of Nieuwpoort was built over the inundation sluice. Today it is a sleepy fortress town with fewer than 1300 residents, a beautiful reminder of centuries of struggle against foreign, read European, powers.*

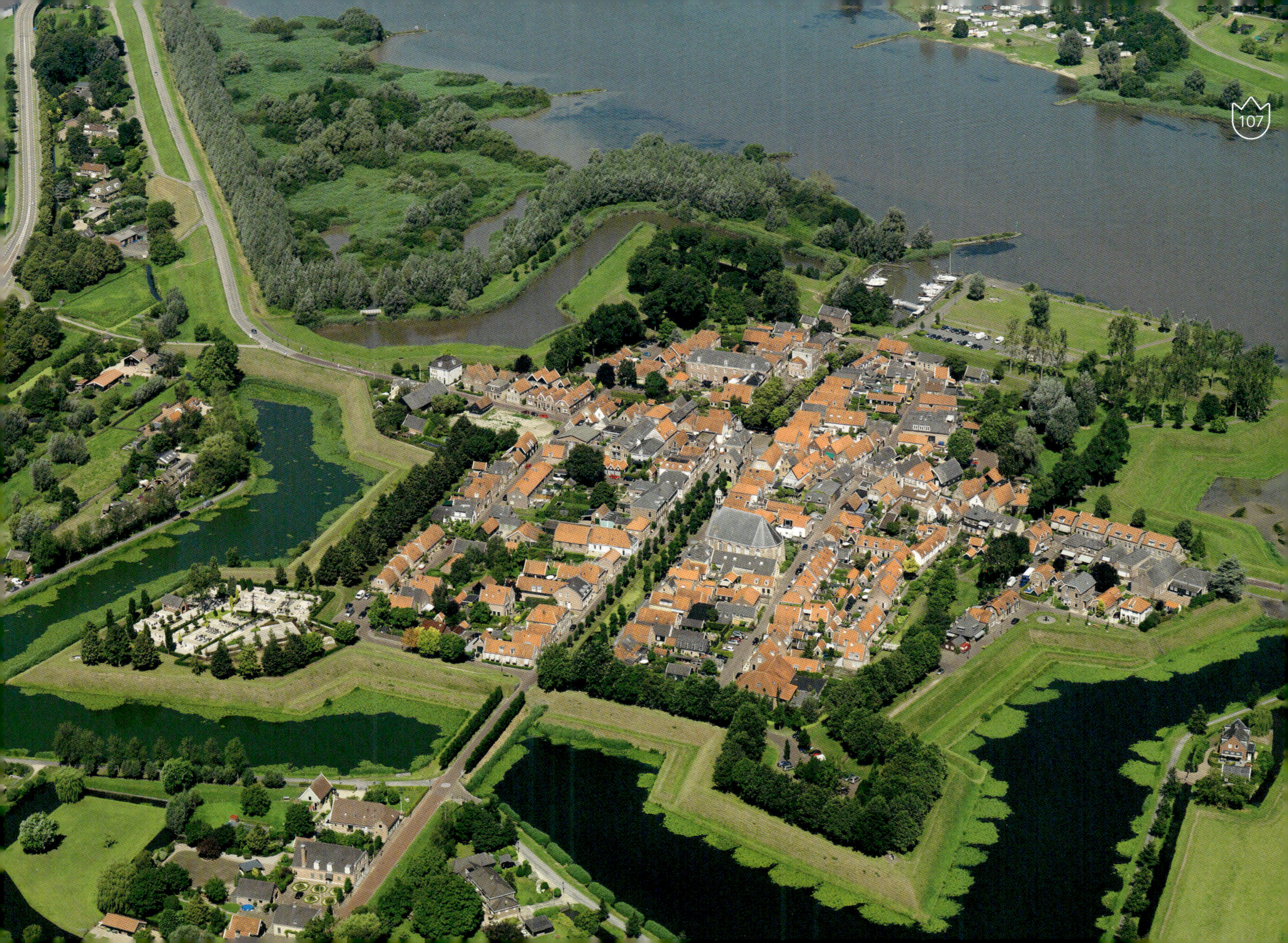

# Handel en Hanzesteden

Elburg is een voormalige vissers en handelshaven aan de Zuiderzee, onderdeel van de Hanze, een Middeleeuws samenwerkingsverbond van handelshuizen en steden. In de 15e eeuw werd Elburg verplaatst en kreeg het een bijzonder rechthoekig stratenplan, gevangen in een vierkante vestingwal en omringd door een gracht. Nu ligt het stille Elburg aan het Veluwemeer, ingesloten door de provincie Flevoland.
Zaltbommel aan de Waal, behoorde ook tot de Hanzesteden, de laat-Middeleeuwse vestingwerken zijn ook hier nog duidelijk zichtbaar. Eeuwenlang was Zaltbommel, of Bommel, zoals de inwoners de plaats zelf noemen, een belangrijke handelsplaats. Vooral de handel in zout was van belang. Het zout werd gebruikt om producten, waaronder vis, in te zouten en zo langer te kunnen bewaren.

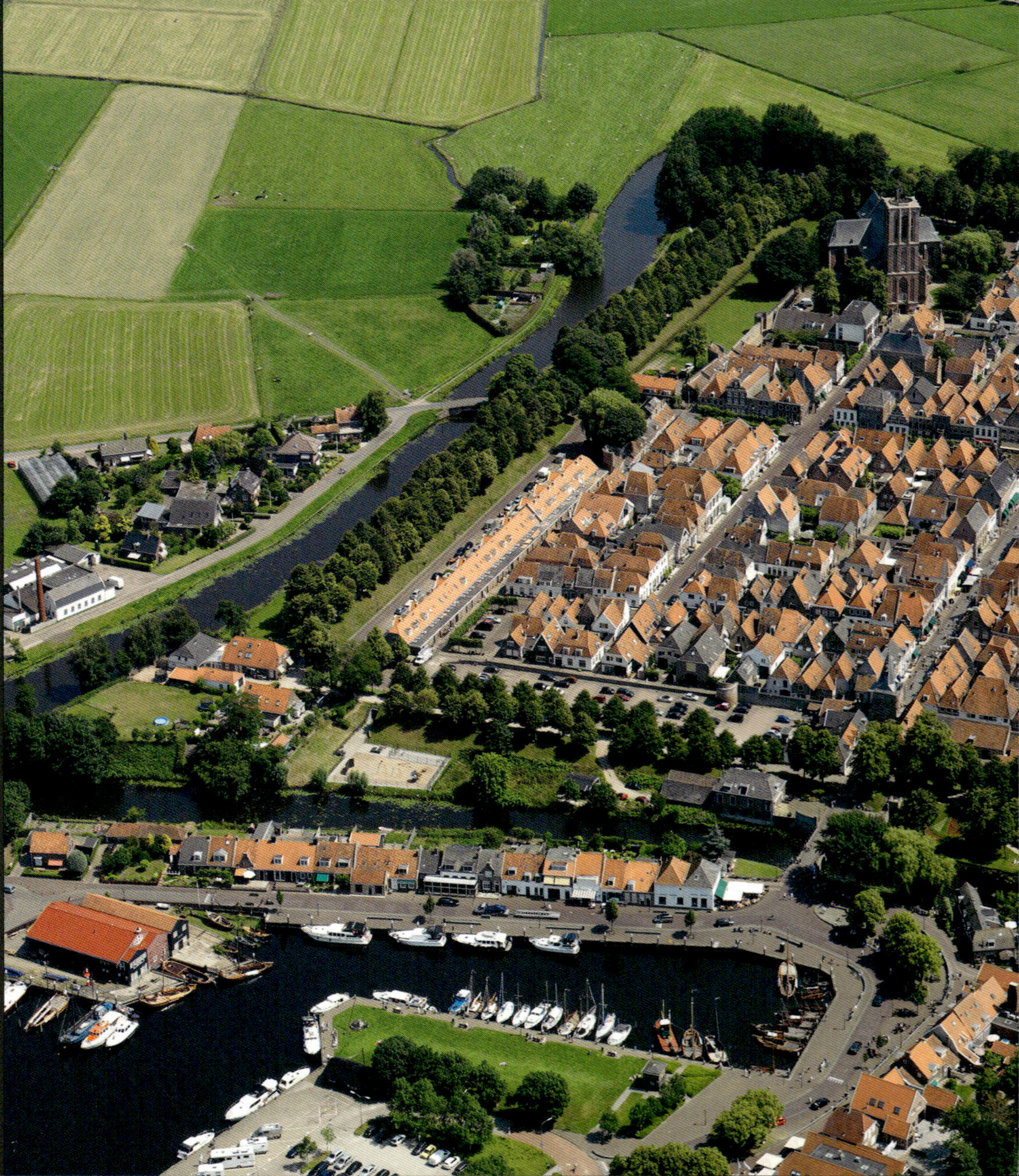

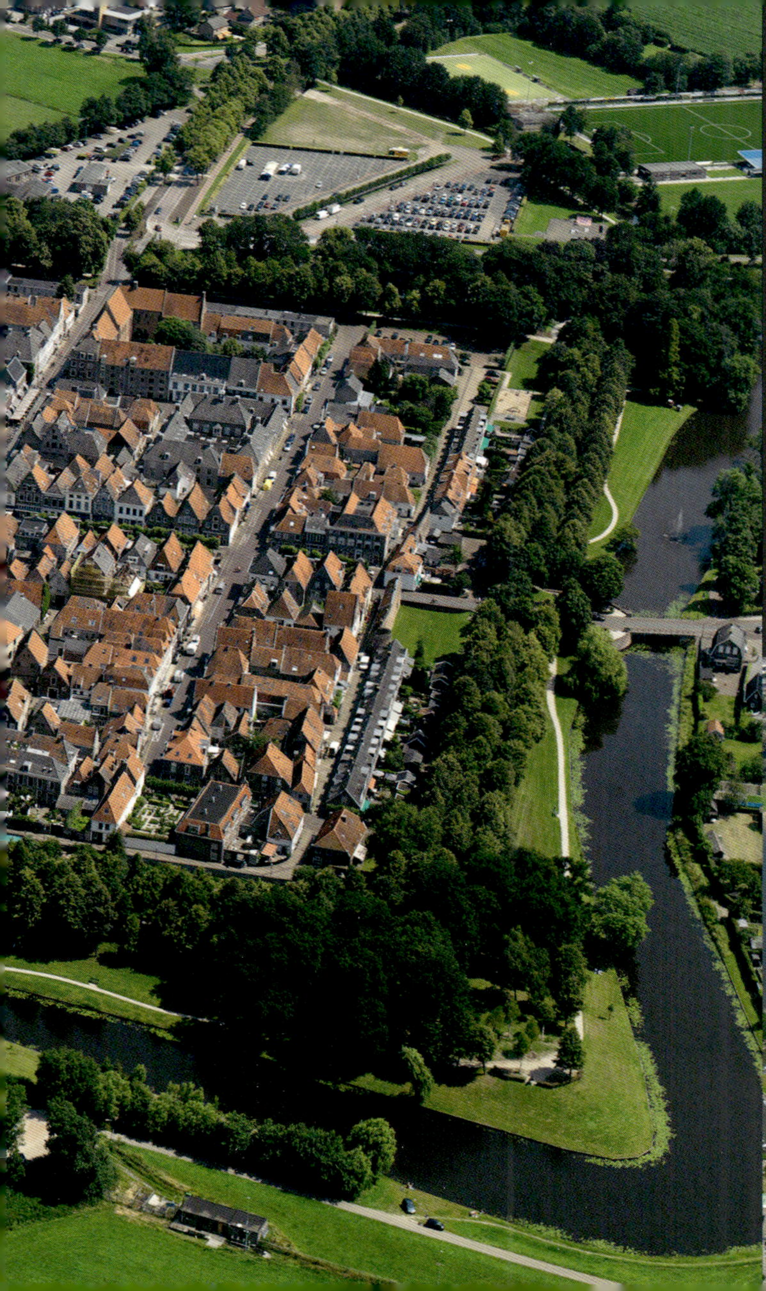

## Trade and Hanseatic towns



*Elburg is a former fishing and commercial port on the Zuiderzee, part of the Hanseatic League, a medieval association of trading houses and cities. In the 15th century, Elburg was moved and given an unusual rectangular street plan, captured within a square rampart and surrounded by a moat. Today, quiet Elburg lies on the Veluwemeer lake, enclosed by the province of Flevoland. Zaltbommel on the River Waal was another Hanseatic town; the late-medieval fortifications are still clearly visible here too. For centuries, Zaltbommel, or Bommel as its inhabitants call it, was a major trading centre. The trade in salt was particularly important. The salt was used to preserve products, including fish, to make them last longer.*

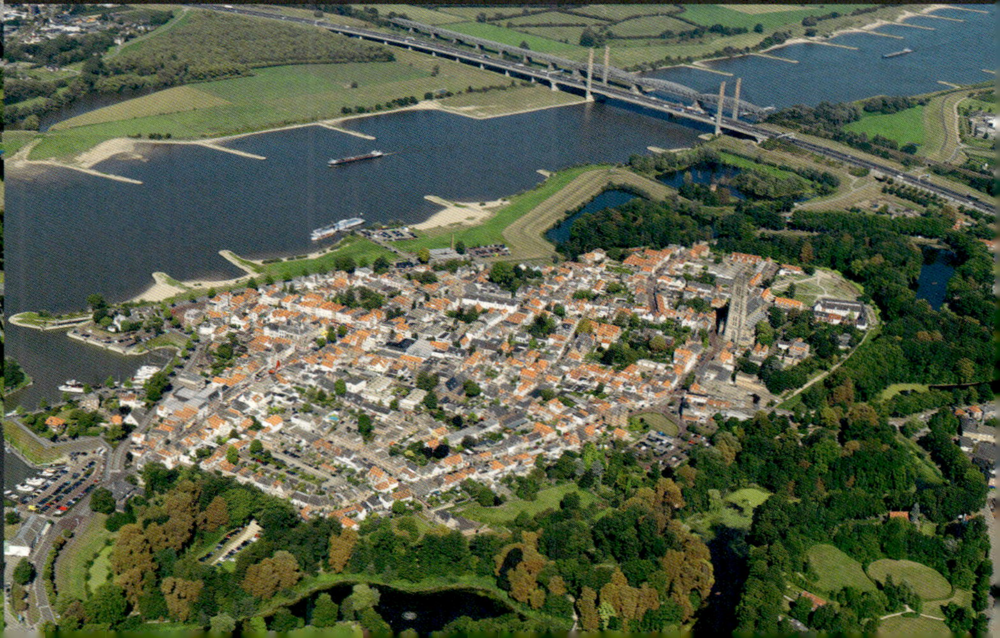

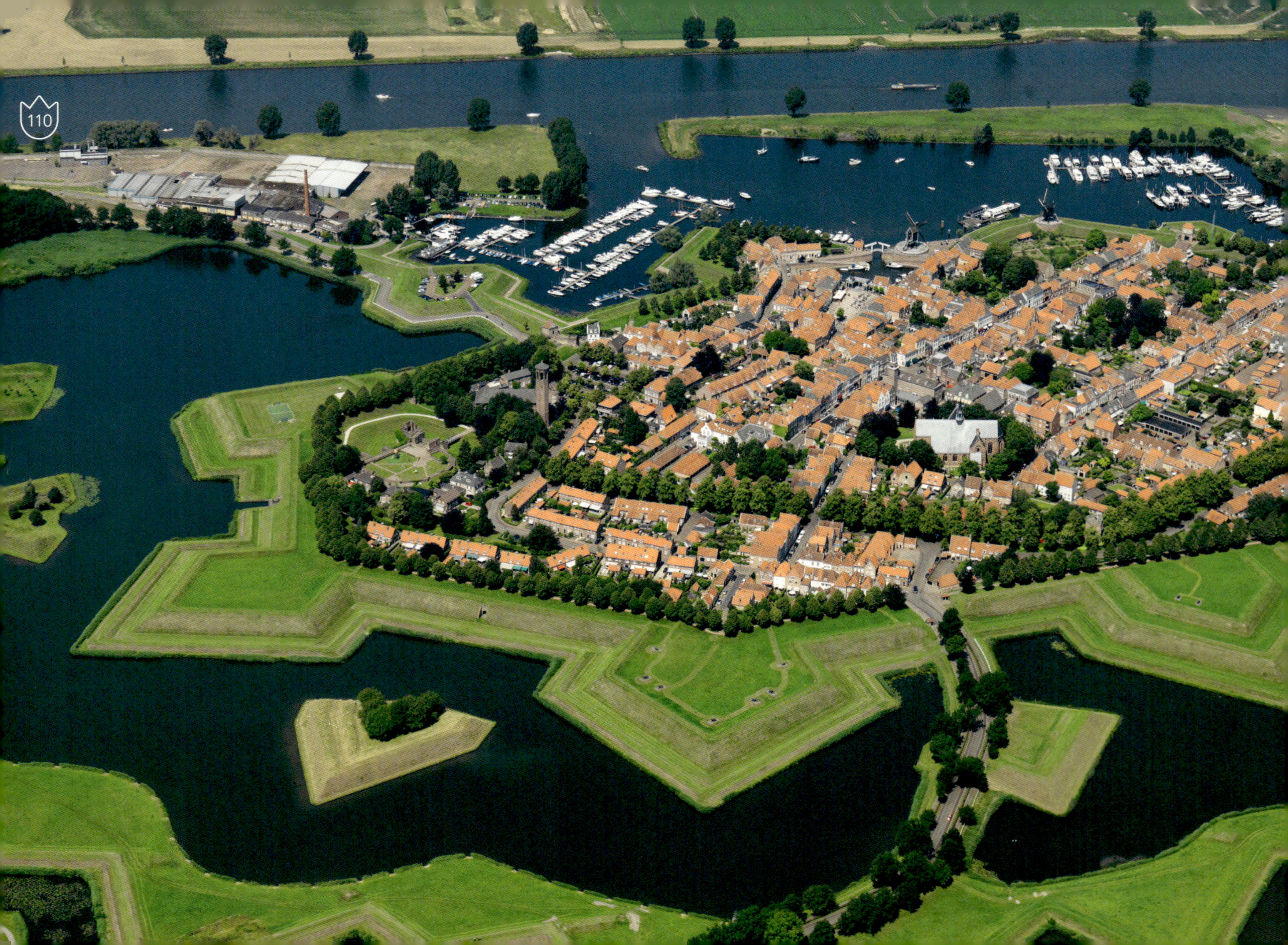
110

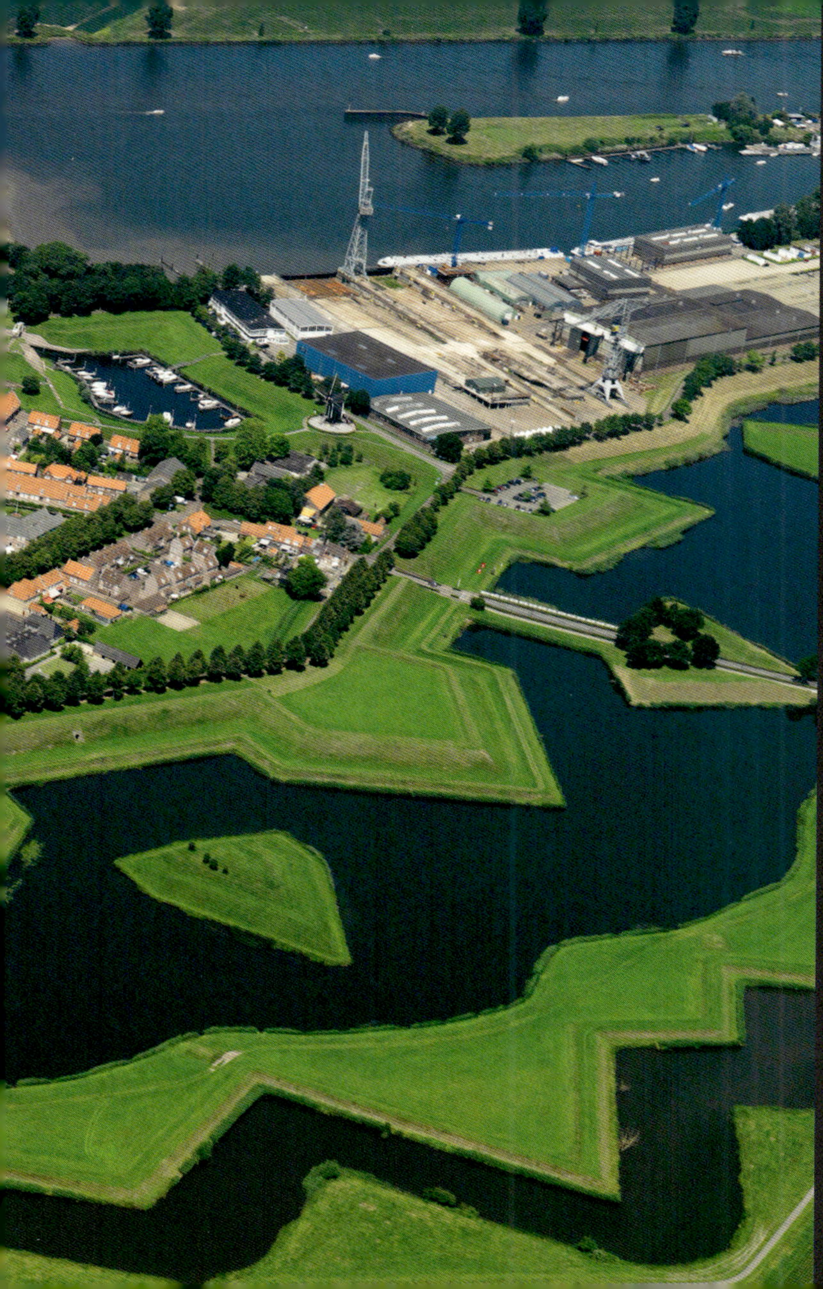

# Vestingstad Heusden



De vestingstad Heusden ligt precies op de grens van de oude gewesten Holland, Brabant en Gelre. Die strategische positie markeert ook de tragische geschiedenis van Heusden. Het waren de Noormannen, aan het einde van de negende eeuw die Heusden een eerste maal vernietigden. De laatste keer dat de vesting het tafereel was van een oorlogstragedie was in de nacht van 4 op 5 november 1944, toen de geallieerden de Duitsers terugdrongen. De inwoners van Heusden schuilden in de kelders van het 16e -eeuwse stadhuis, wat als het mooiste van Nederland bekend stond. De Duitsers vernietigden het stadhuis en 134 inwoners, oude mensen, volwassenen en kinderen stierven onder het puin. Na de oorlog, vanaf 1968 werden de vestingwerken van Heusden gerestaureerd.

# *Heusden fortress town*

*The fortress town of Heusden lies exactly on the border of the old regions of Holland, Brabant and Gelre. That strategic position has also defined its tragic history. It was the Vikings who first destroyed Heusden, at the end of the ninth century. The last time the fortress was the scene of wartime tragedy was in the night of 4 to 5 November 1944, when the allies were pushing back the Germans. The people of Heusden took shelter in the cellars of their 16th century town hall, which was considered the finest in the Netherlands. The Germans destroyed the town hall, and 134 inhabitants, old people, adults and children, died under the rubble. After the war, starting in 1968, the fortifications of Heusden were restored.*

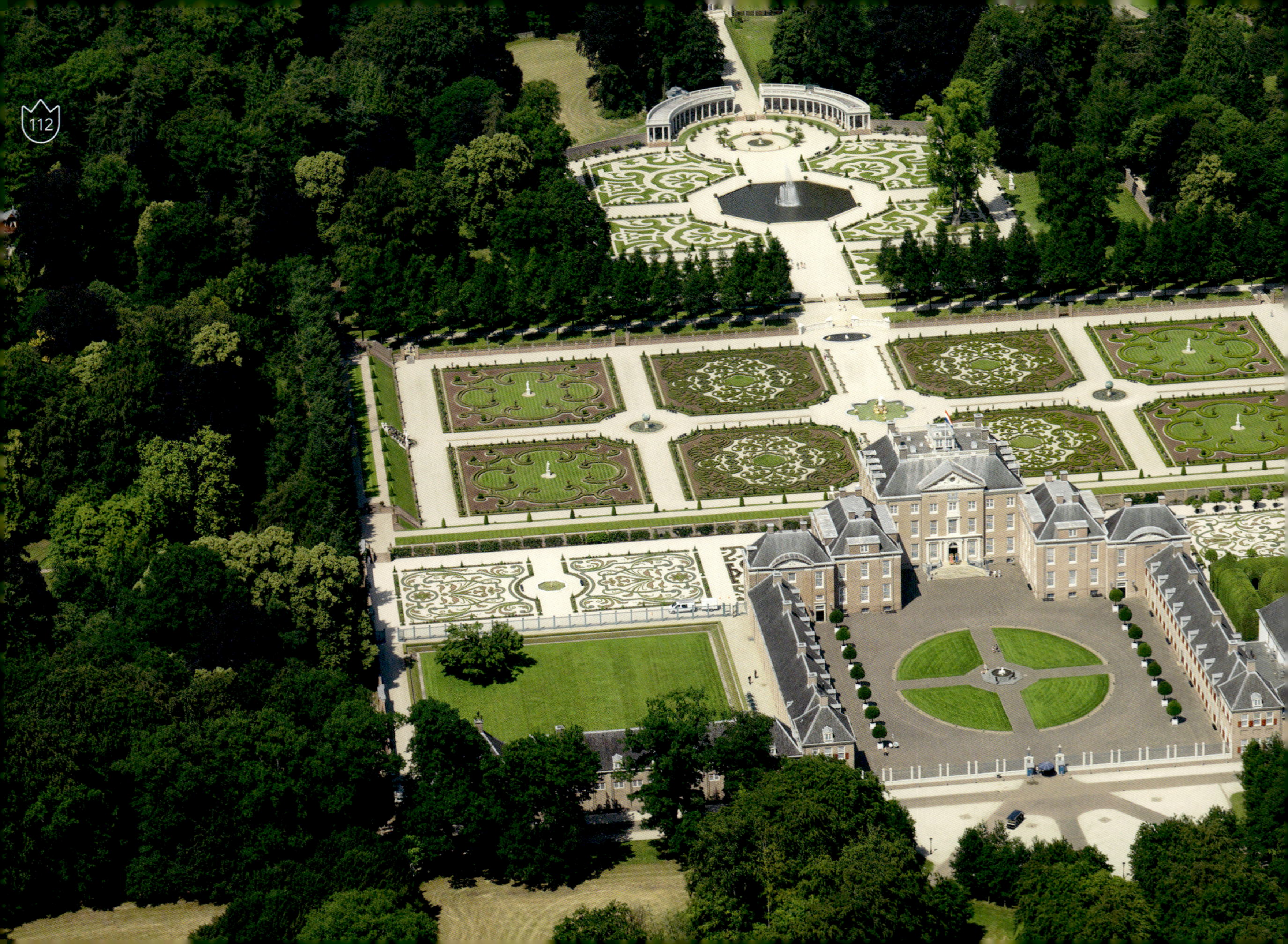

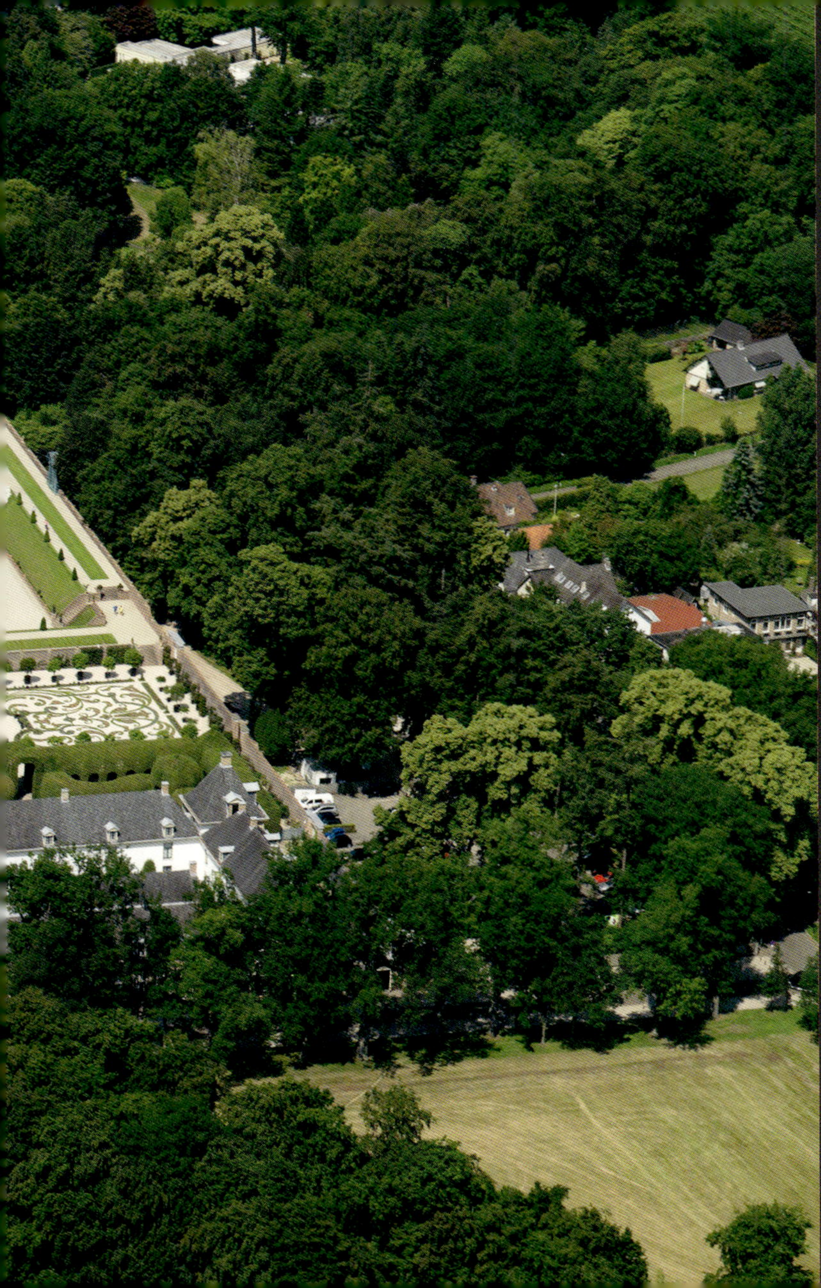

## Paleis het Loo



Het Paleis het Loo, in Apeldoorn, werd in 1684 in opdracht van stadhouder-koning Willem III gebouwd op de plaats van een Middeleeuwse jachtslot. De Nederlandse stadhouder en latere Engelse koning spiegelde zich aan de paleizen en buitenverblijven van de grote Europese vorstenhuizen. Het Loo werd de zomer residentie en jachtslot voor de Oranjes. De barokke tuinen van het Loo hadden een formeel karakter. In de Franse tijd, in het begin van de negentiende eeuw, werd het Loo en de omringende paleistuinen naar Franse smaak heringericht. Meer dan drie eeuwen werd het Loo bewoond, door afwisselende stadhouders, koningen en koninginnen maar aan het einde van de 20 ste eeuw werd het Loo gerestaureerd en terug gebracht in de oorspronkelijke staat en ingericht als museum van de familie van Oranje Nassau.

## *Het Loo Palace*

*Het Loo Palace in Apeldoorn was built in 1684 at the orders of stadtholder-king William III on the site of a medieval hunting lodge. The Dutch stadtholder and later English king wanted to emulate the palaces and country seats of the great European royal families. Het Loo became the summer residence and hunting lodge of the House of Orange. The baroque gardens of Het Loo had a formal character. During the so-called French period of the early nineteenth century, Het Loo and the surrounding palace gardens were redesigned to suit French tastes. Het Loo was inhabited by a succession of stadtholders, kings and queens for more than three centuries, but at the end of the 20th century Het Loo was restored to its original state and repurposed as a museum of the Orange-Nassau family.*

# 114 Bruisend Maastricht

De oudste sporen van menselijke beschaving in Nederland zijn in de buurt van Maastricht gevonden.
Bij opgravingen in 1980 werden vuurstenen ontdekt die na onderzoek ongeveer 250.000 jaar oud waren. Hoe die wereld er uit zag, en hoe de mensen toen leefden, weten we niet. Met zekerheid valt wel te zeggen dat Maastricht al 20 eeuwen bewoond wordt. Kort na het begin van de jaartelling legden de Romeinen een brug over de Maas aan, als een verbinding van de weg van Bavay via Tongeren naar Keulen.
Maastricht is de zuidelijkste en meest bruisende stad van Nederland, internationale stad en van oudsher intens verbonden met Luik, Aken en Keulen. Het overgrote deel van de studenten in Maastricht komt uit het buitenland; het is een geliefde winkelstad voor 'Hollandse' Limburgse, Vlaamse, Waalse en Duitse bezoekers.

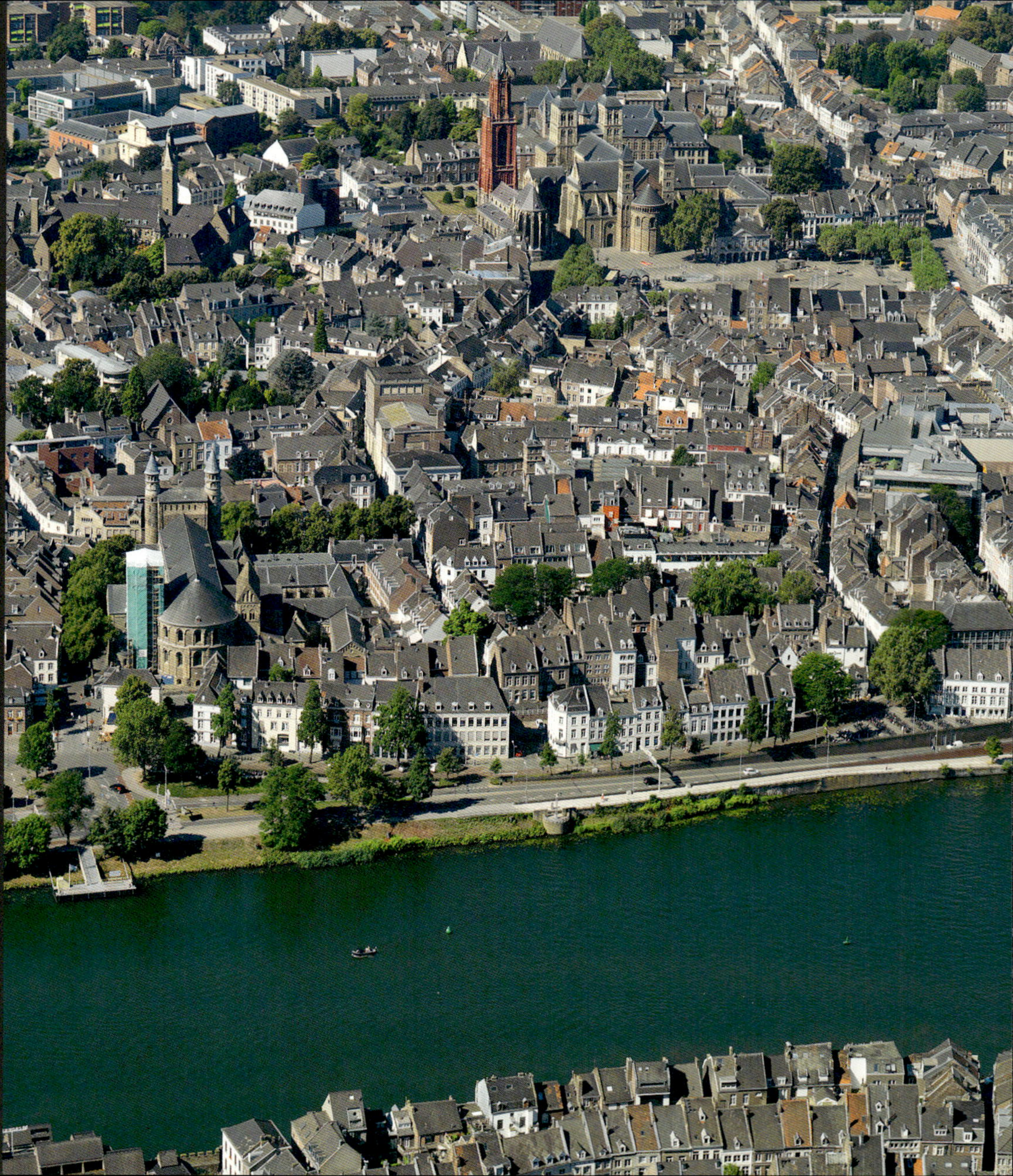

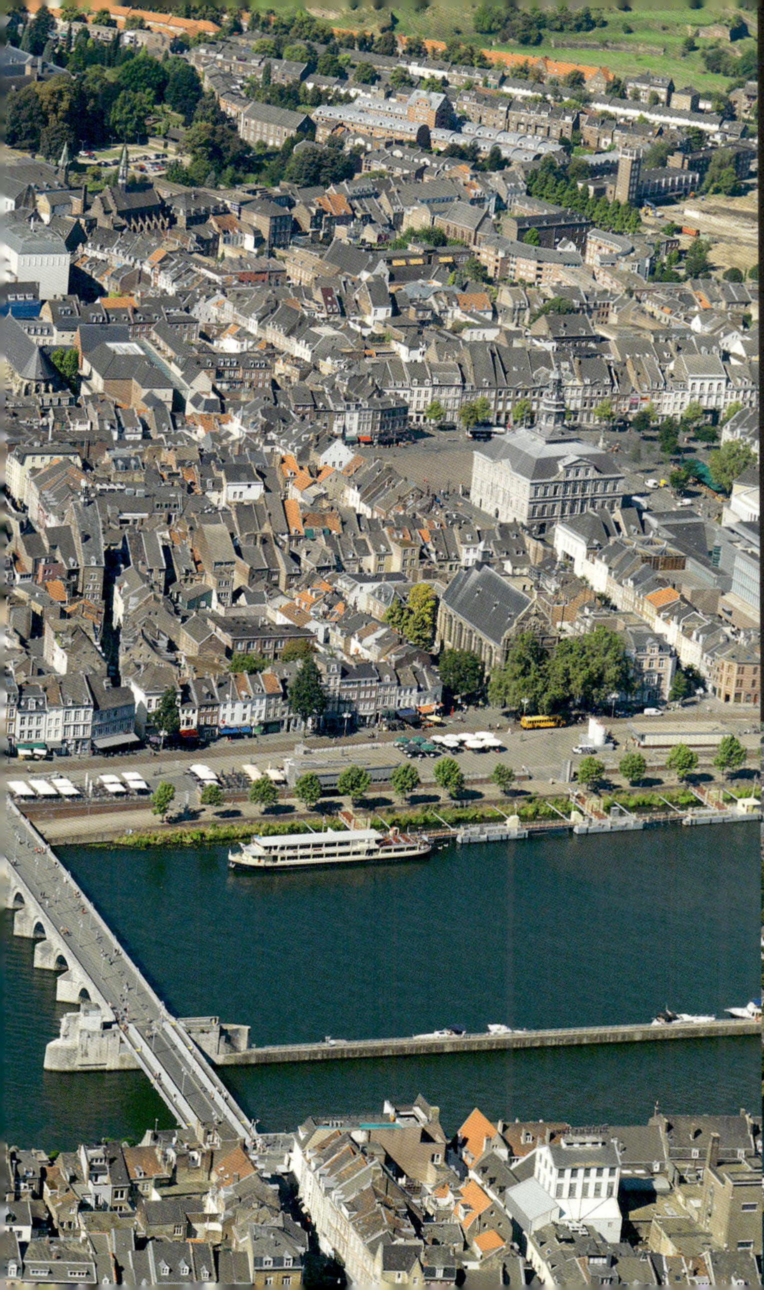

## *Bustling Maastricht*



*The oldest traces of human civilization in the Netherlands were found near Maastricht. During excavations in 1980, flints were discovered which analysis revealed to be about 250,000 years old. What that world looked like then, and how the people lived, we do not know. What we can say with certainty is that Maastricht has been inhabited for 20 centuries. Soon after the start of the Common Era, the Romans built a bridge over the Maas, as a link in the road from Bavay via Tongeren to Cologne. Maastricht is the southernmost and most vibrant city of the Netherlands, an international city and traditionally closely linked to Liège, Aachen and Cologne. The vast majority of the students in Maastricht come from abroad. It is also a popular shopping destination for visitors from Limburg, the rest of 'Holland', Flanders, Wallonia and Germany.*

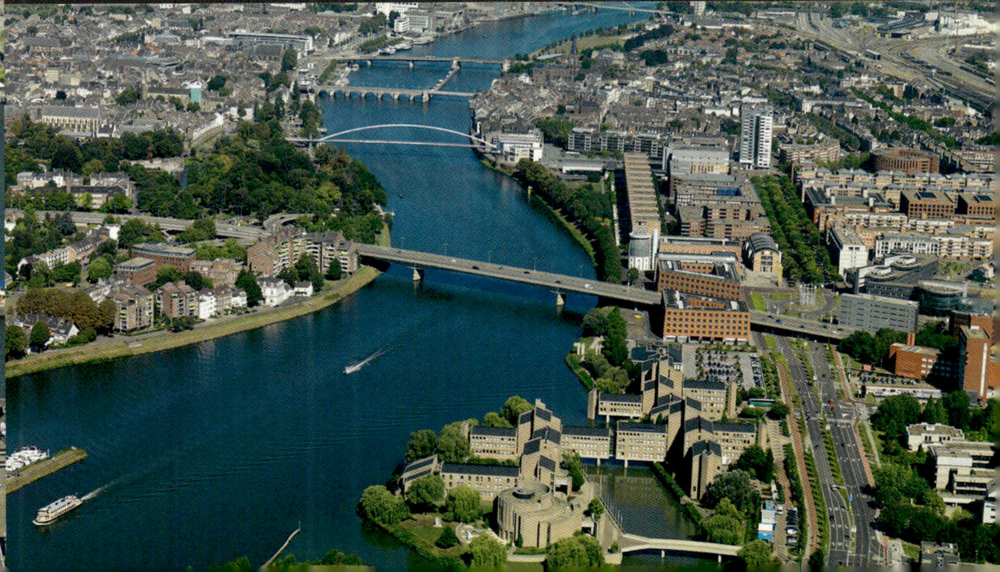

## Oostvaardersplassen

Voor de een vormen de Oostvaardersplassen een voorbeeld van een dolgedraaide opvatting over natuurbeheer en 'natuurlijkheid'; voor de ander is het een geweldig moerasgebied van 5600 hectare tussen Almere en Lelystad, waarbij de natuur haar gang kan gaan en planten en dieren met elkaar in evenwicht leven.

De Oostvaardersplassen ontstonden na de drooglegging van de Flevopolders, tussen 1950 en 1968. Dit laaggelegen deel van de zuidelijke Flevopolder werd bestemd als industriezone. Maar voor bedrijvigheid zich kon vestigen, greep de natuur haar kans op het nieuwe land. Nu, bijna een halve eeuw later, heeft het zich in ieder geval ontwikkeld tot een in Nederland uniek natuurgebied.

## *Oostvaardersplassen*

*To some, the Oostvaardersplassen are an example of the concept of nature management and 'naturalness' gone mad; to others it is a wonderful marshy area covering 5600 hectares between Almere and Lelystad, where nature can do its own thing and plants and animals live together in equilibrium.*

*The Oostvaardersplassen are a series of lakes which originated after the reclamation of the Flevopolders between 1950 and 1968. This low-lying part of the southern Flevopolder was designated as an industrial zone. But before industry could get established there, nature had already gained a foothold on the new land. Now, almost half a century later, it has developed into a nature reserve which is unique in the Netherlands.*

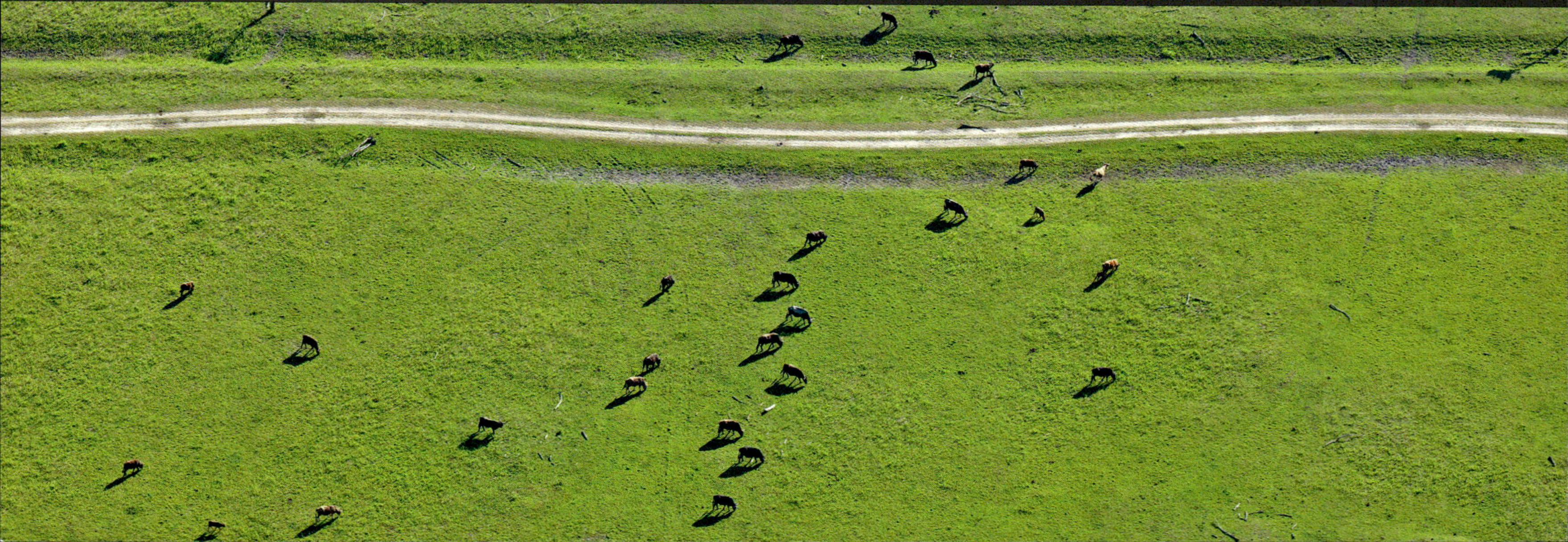

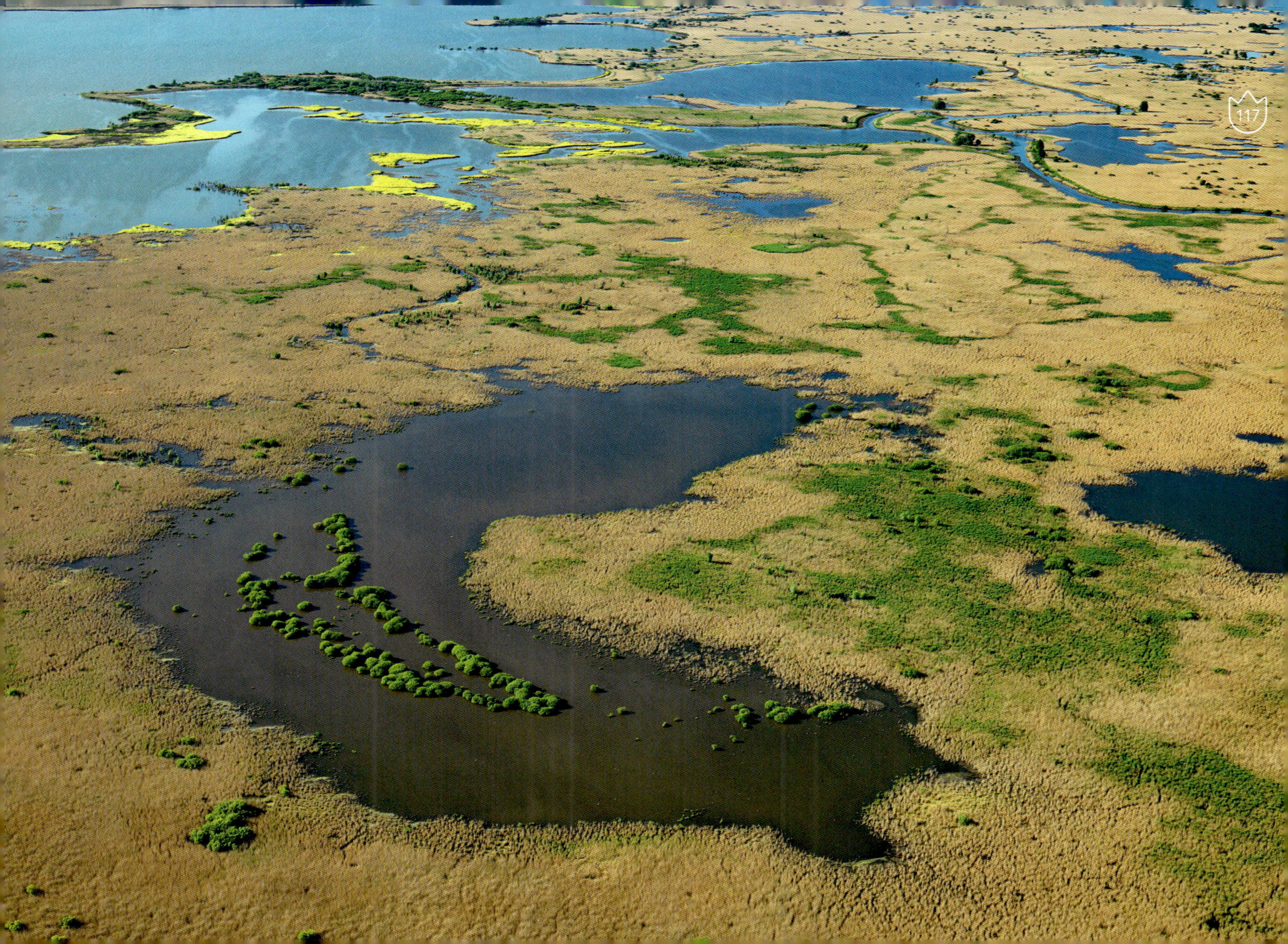

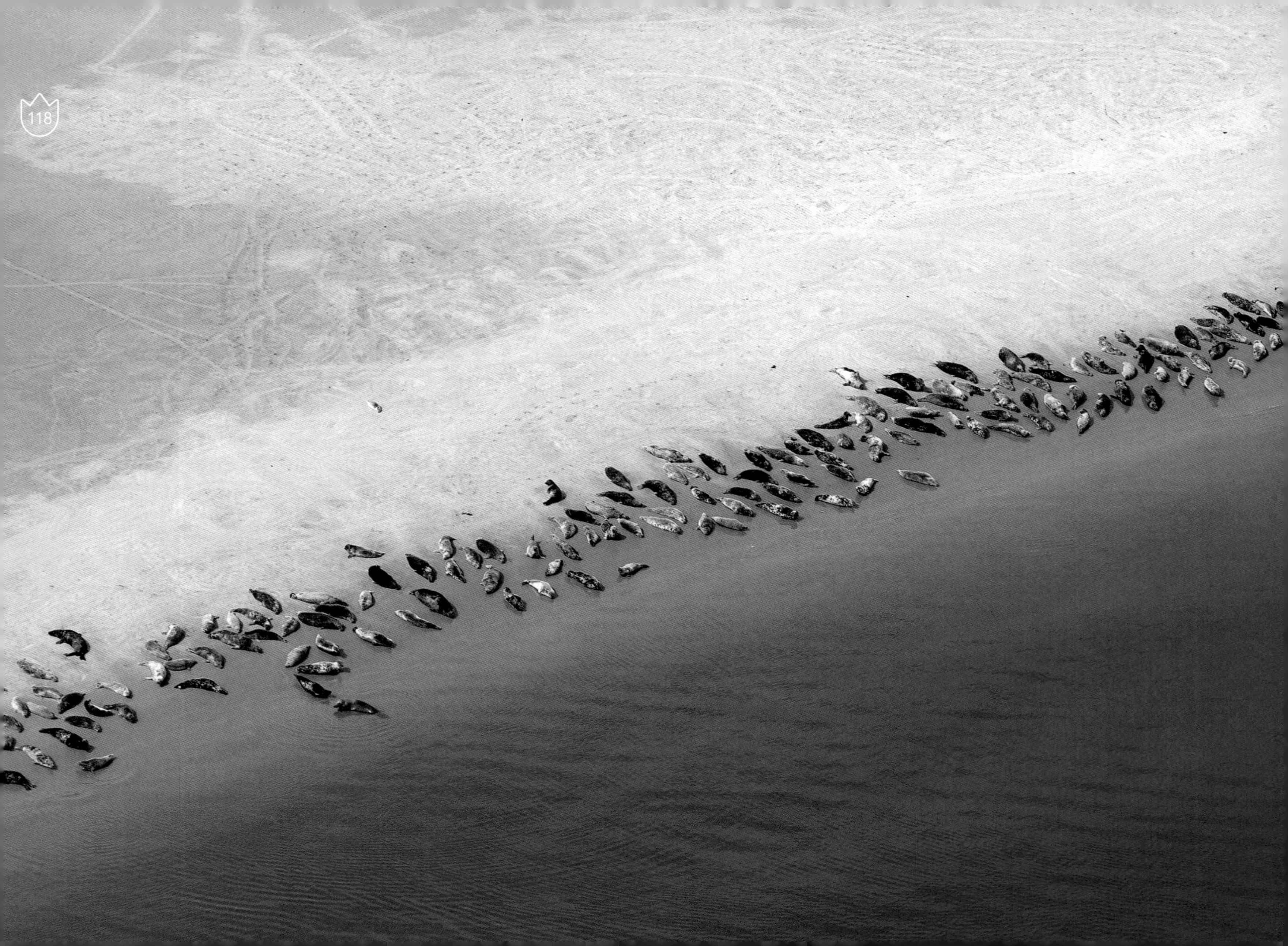

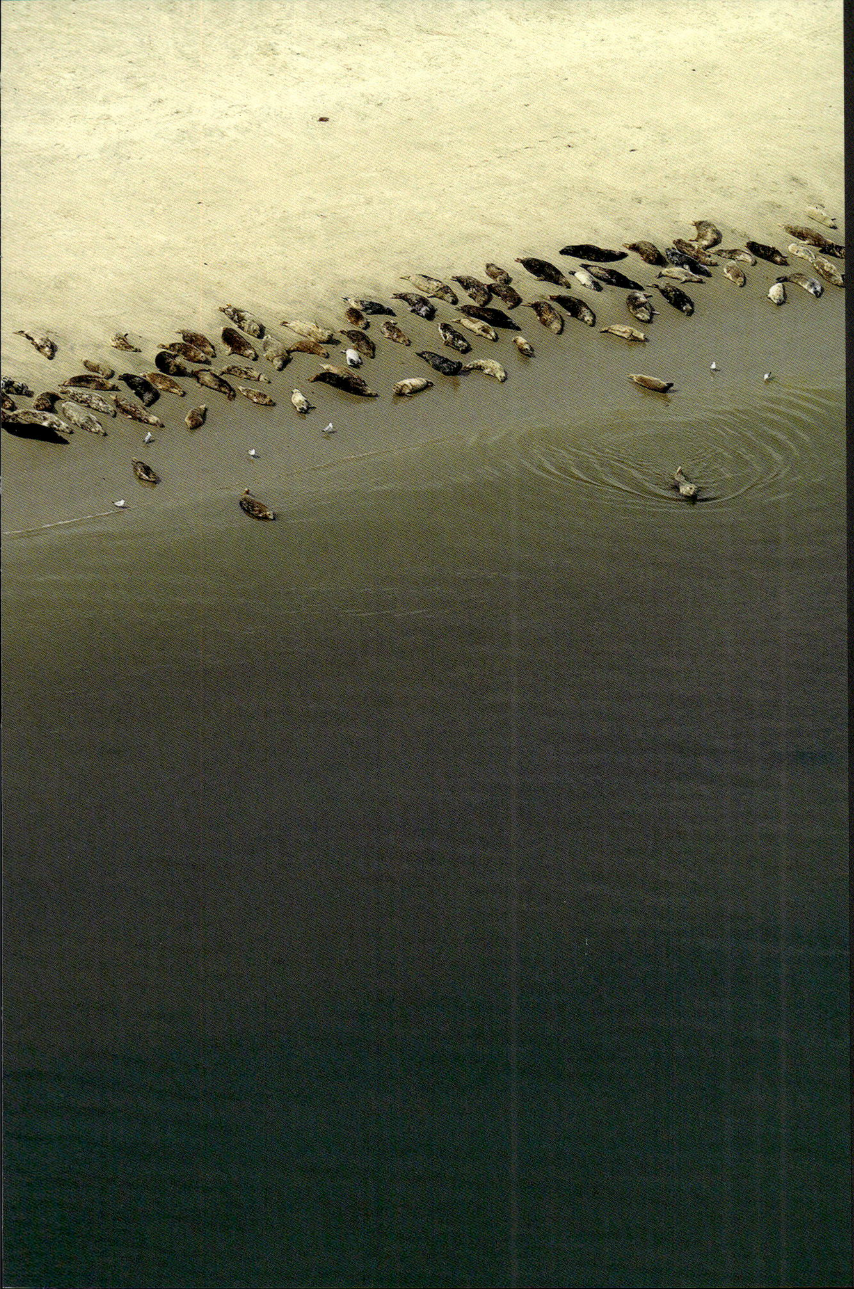



## Zonnende Zeehonden

In het Waddengebied, in de Zuidwestelijke Delta en in de Voordelta leven duizenden gewone en grijze zeehonden. Langs de Nederlandse kust zijn verschillende opvangcentra voor zieke zeehonden; de dieren worden beschermd en intensief gevolgd door wetenschappers van Universiteit in Wageningen. Toeristen langs de kust kunnen met speciale schepen excursies maken langs de zandplaten waarop de zeehonden in het zonnetje liggen te rusten. Hoe anders was het na de Tweede Wereldoorlog. Zeehonden werden beschouwd als stinkdieren; wie er eentje doodde, kon een flinke premie tegemoet zien. Dat was voor velen een belangrijke aanvulling op een karig vissersbestaan.

## *Basking seals*

*In the Wadden Sea region, in the Zuidwestelijke Delta and in the Voordelta live thousands of common and grey seals. There are several reception centres for sick seals along the Dutch coast; the animals are protected and closely tracked by scientists from the Wageningen University. Tourists along the coast can make excursions in special ships past the sand flats on which the seals lie resting in the sun.It was all very different after the Second World War. Seals were treated like skunks; if you killed one, you could expect a substantial bounty. For many fishermen, that provided an important supplement to their frugal existence.*

120

## Pleisterplaats De Peel

Het grensgebied van Noord Brabant en Limburg was eeuwenlang een vrijwel ontoegankelijk hoogveengebied. Vanaf het midden van de 19e eeuw werd het gebied ontgonnen. Het turf werd gewonnen om de steenfabrieken in de omgeving van brandstof te voorzien; de afgegraven percelen kwamen beschikbaar voor de landbouw. Het hart van het gebied, de Groote Peel werd gespaard en vormt nu een schitterend natuurgebied. Je vindt er moerassen, vennen, heidevelden en bos. Die afwisseling zorgt er voor dat het gebied een rijkdom kent aan verschillende plantensoorten en dieren. Voor trekvogels is dit 'wetland' een belangrijke pleisterplaats. In de herfstmaanden rusten er kraanvogels op hun grote reis naar het zuiden.

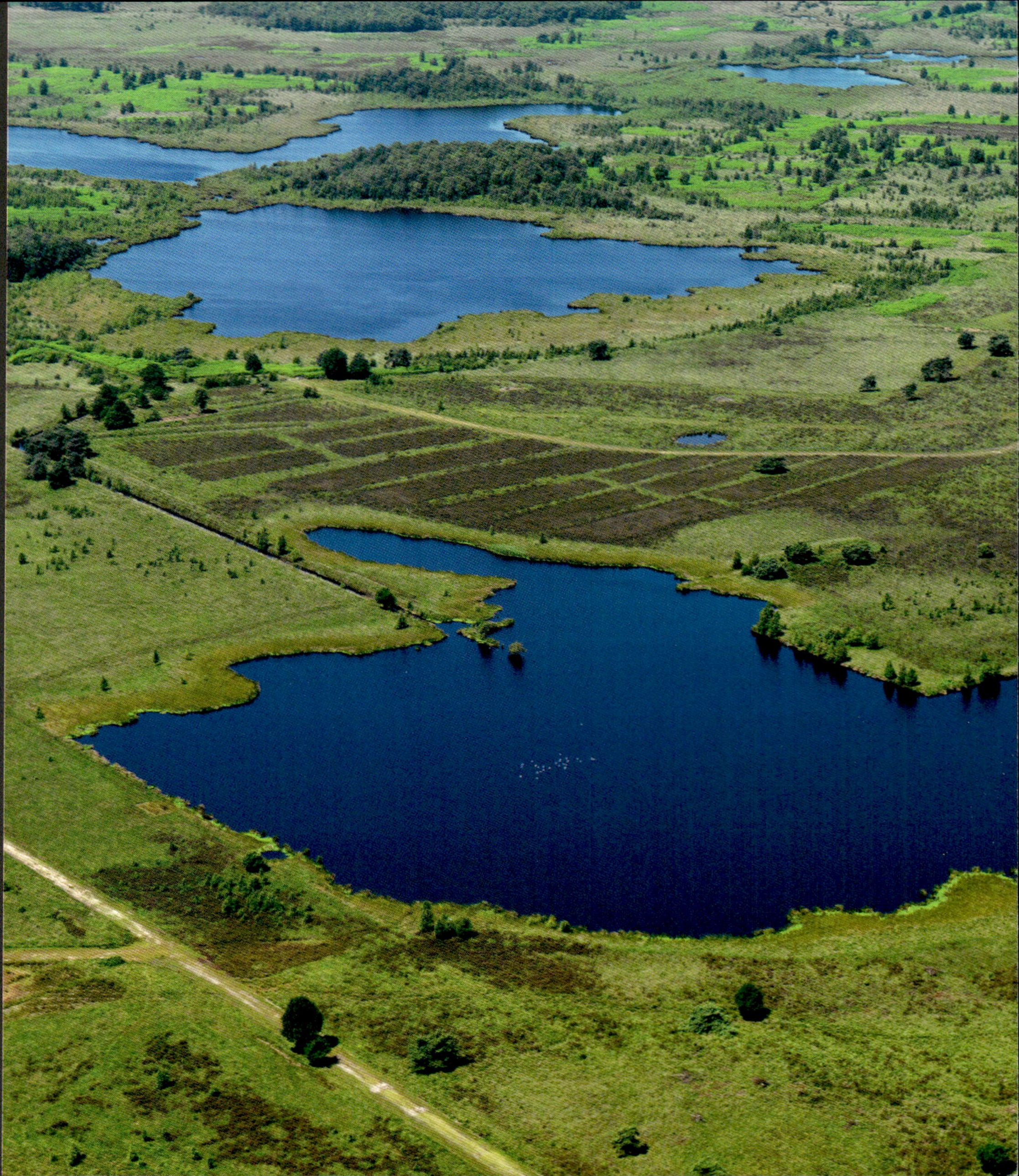

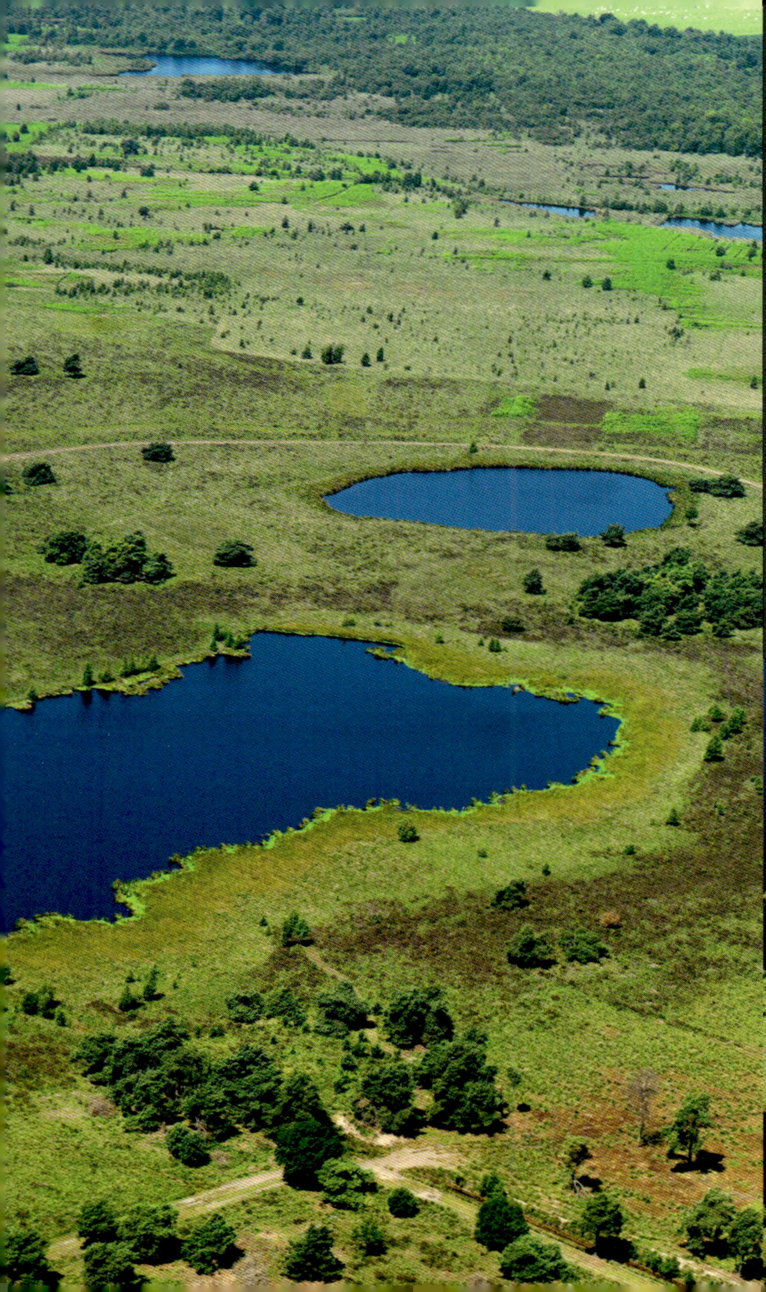



## De Peel stopover

*The borders of Noord-Brabant and Limburg were for centuries an area of virtually inaccessible peat bogs. From the middle of the 19th century, the area was reclaimed. The peat was cut to provide fuel for the nearby brick factories and the excavated plots became available for agriculture. The heart of the region, de Groote Peel was spared and is now a beautiful nature reserve. Here you will find swamps, lakes, heathland and forest. Thanks to this variety, the area boasts a wealth of different plant and animal species. For migratory birds, this wetland is an important stopover. In the autumn months, cranes rest up here on their long journey south.*

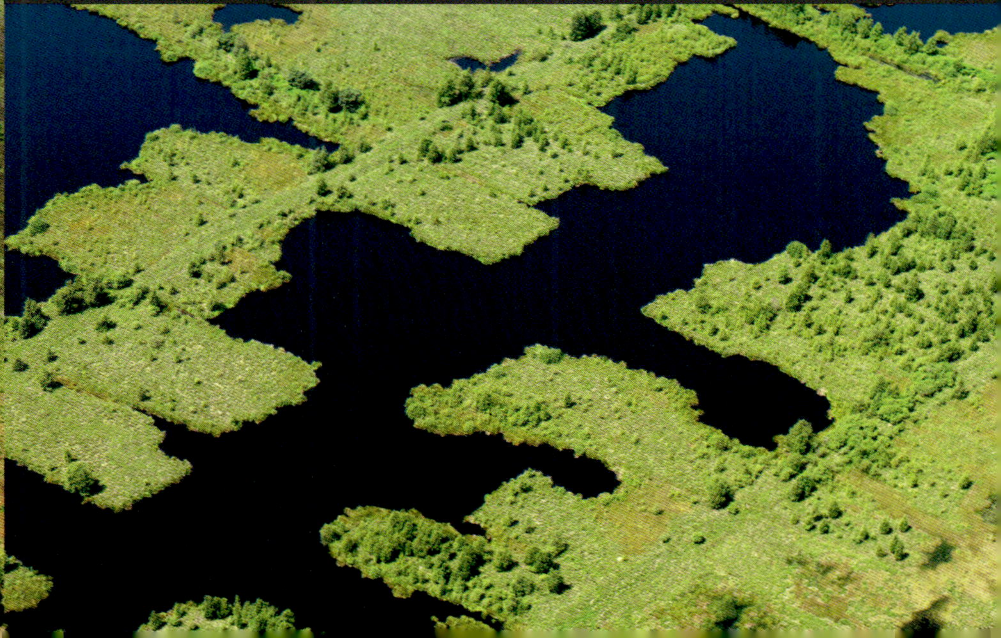

122

## Waterrijk Loosdrecht

Het plassengebied tussen Utrecht, Amsterdam en Gouda is van een ongekende schoonheid en laat zich lezen als een geschiedenisboek.
In 1255 laat een zekere ridder Egidius, heer van Amstel en Mijnden, sloten graven en een afwateringssysteem aan leggen in het moerasgebied bij Loosdrecht. Zo ontstaat 'de Ster van Loosdrecht', een stelsel van sloten en smalle stroken land die voor veeteelt beschikbaar komen en die je nu nog steeds goed kunt zien.
Het Loosdrechtse plassengebied ontstaat pas veel later, wanneer het veengebied wordt afgegraven voor het turf. Dat is de brandstof waarmee de huizen in steden worden gestookt, tot men in de 19e eeuw overgaat op steenkool en weer later op aardgas. Vandaag wordt een deel van de Loosdrechtse plassen gebruikt als drinkwaterreservoir voor Amsterdam. Het is zowel een beschermd natuur- en geweldig watersportgebied.

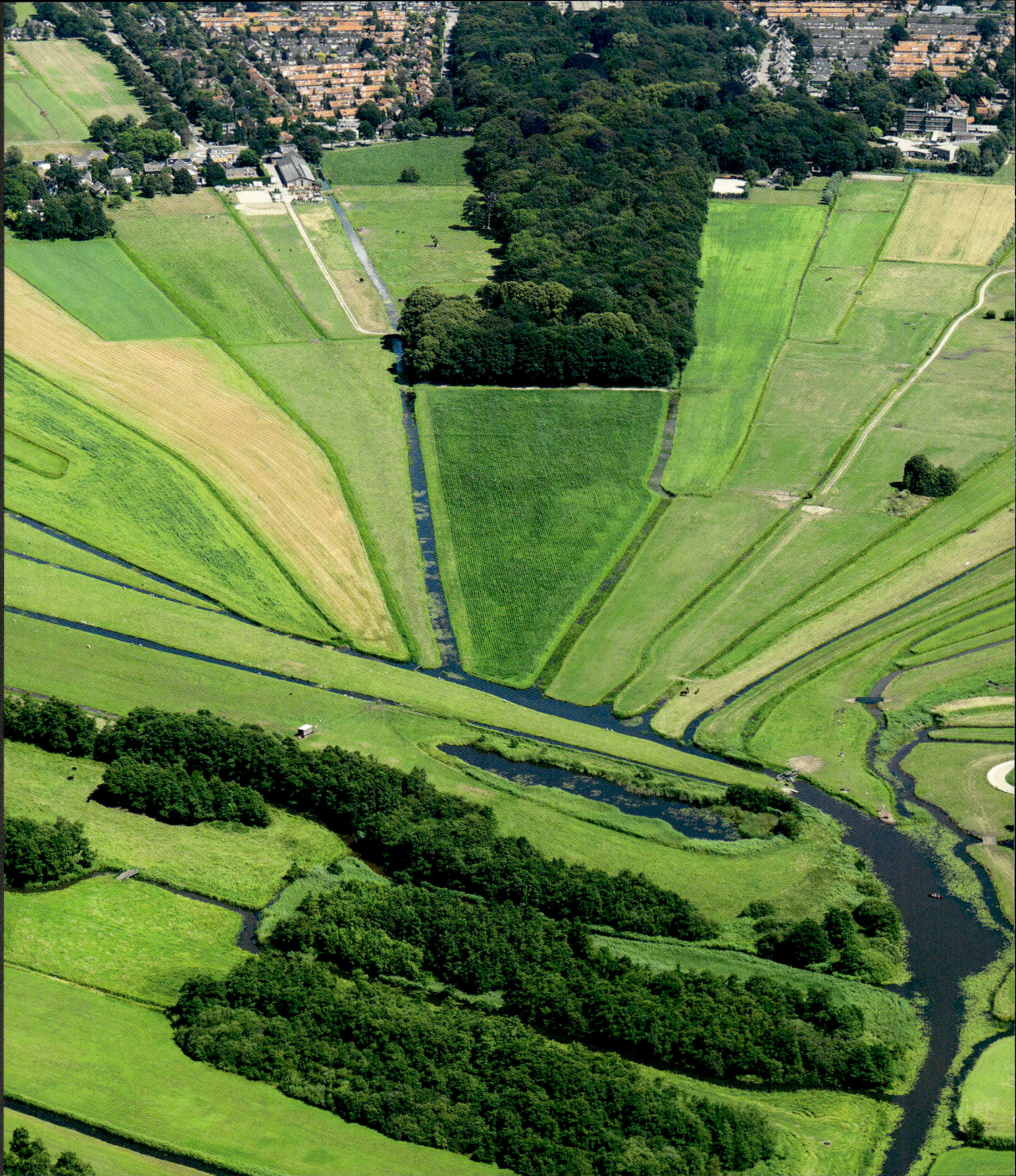

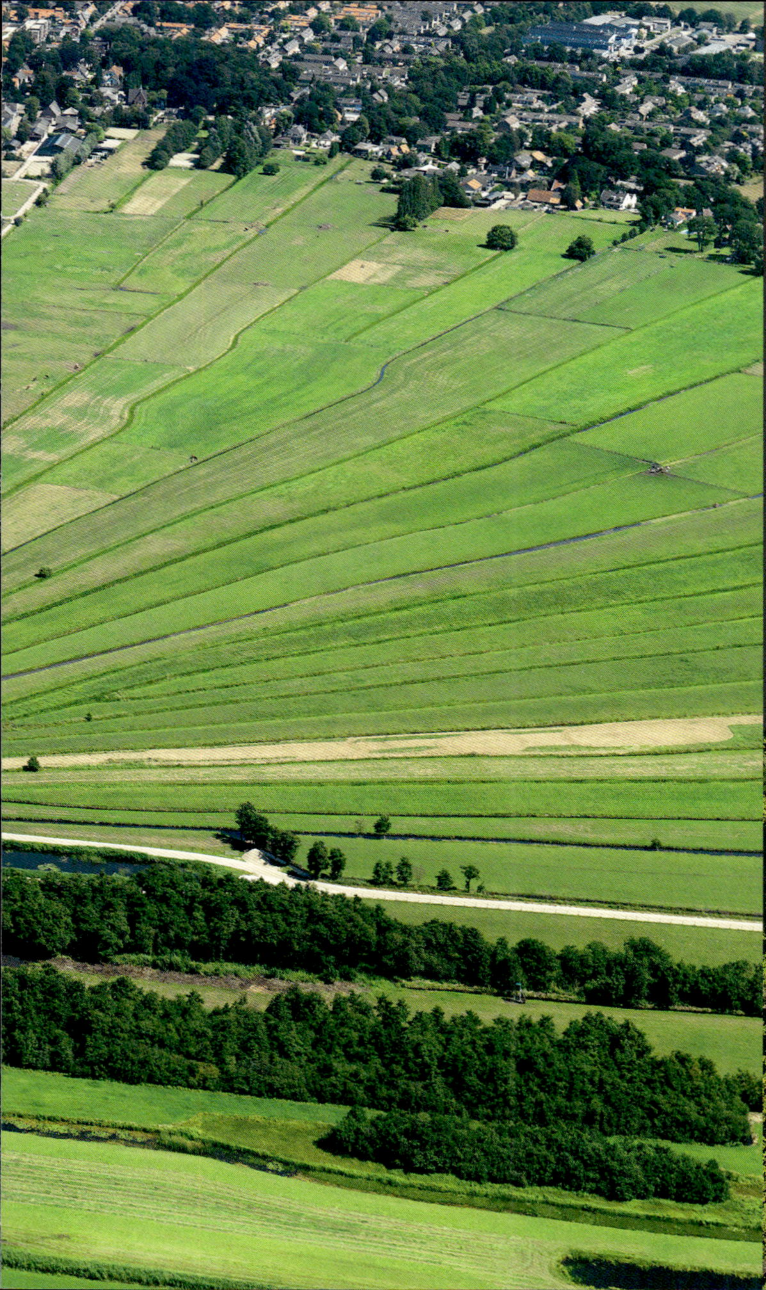

## Loosdrecht, an abundance of water



*The lakes between Utrecht, Amsterdam and Gouda are an area of unrivalled beauty that can be read like a history book. In 1255, a certain knight Egidius, Lord of Amstel and Mijnden, had ditches dug and a drainage system created in the swamps near Loosdrecht. This resulted in 'the Star of Loosdrecht', a system of locks and narrow strips of land given over to livestock farming that can still be clearly seen today.*
*The Loosdrecht Lakes only originated much later, when the area was excavated for peat. This was the fuel used to heat homes in towns until coal began to be used in the 19th century, later followed by natural gas. Today, some of the Loosdrecht Lakes are used as a drinking water reservoir for Amsterdam. The area is both a nature reserve and a wonderful location for water sports.*

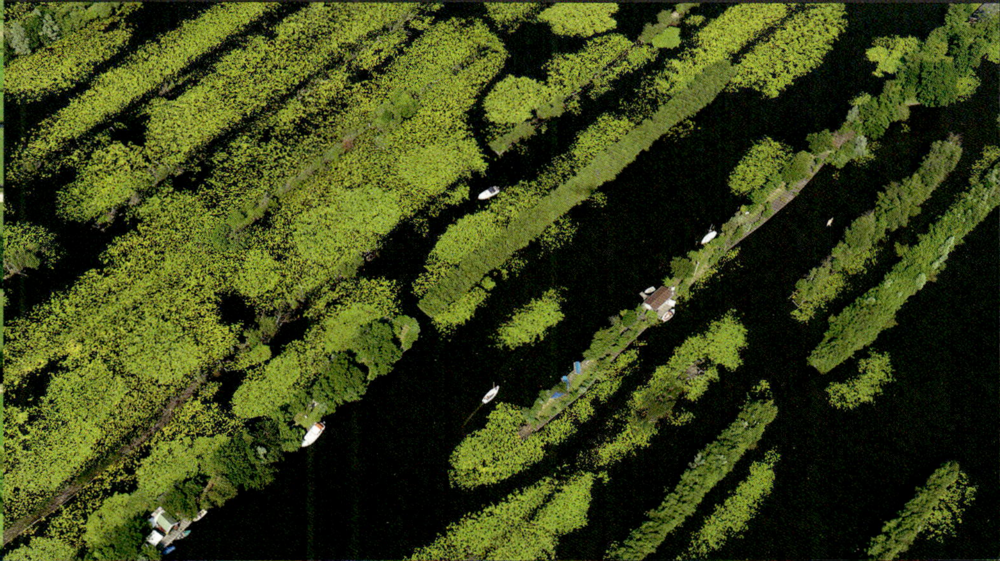

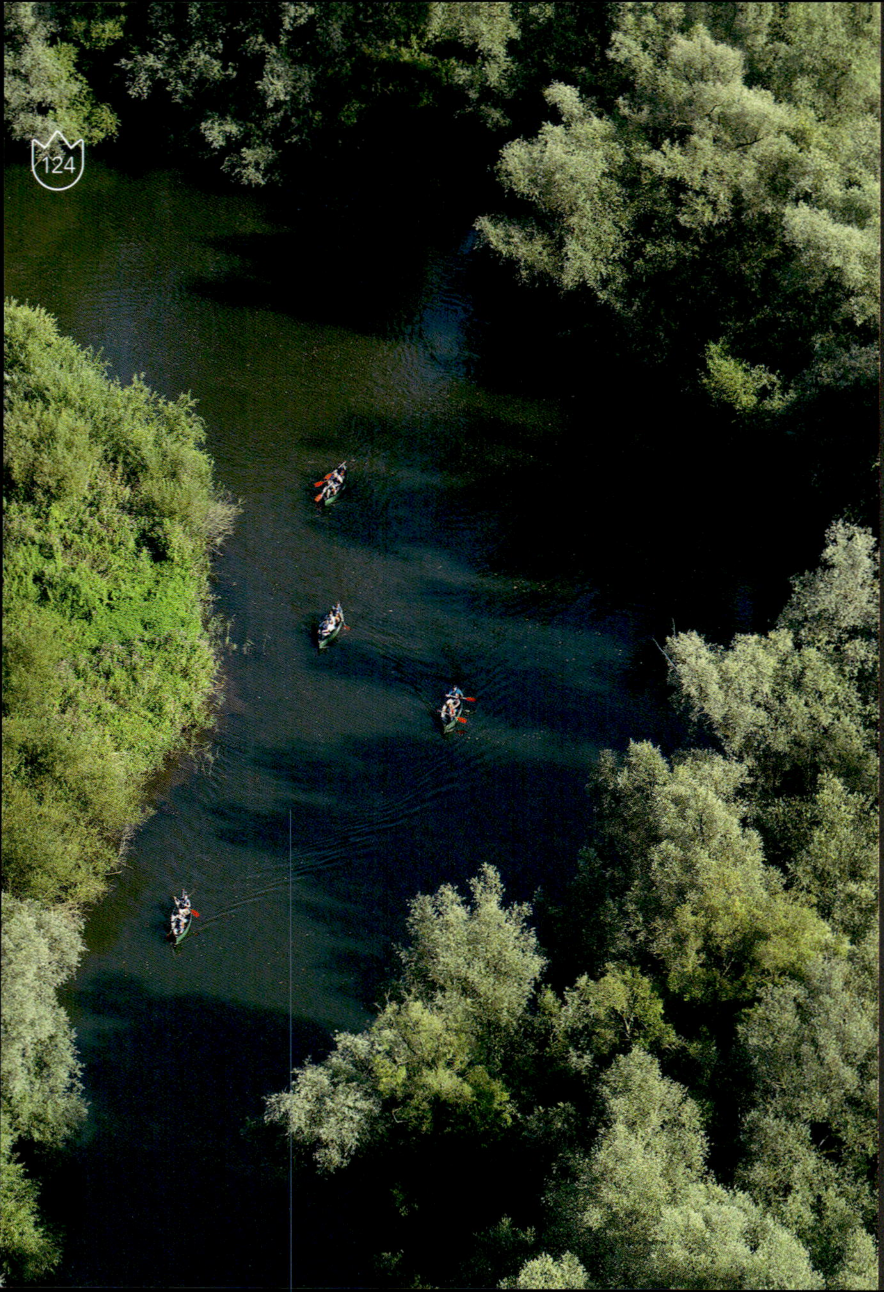

## Biesbosch, Bevers en Burchten

De Biesbosch is een groot waterrijk natuur en recreatiegebied op de grens van Zuid Holland en Noord Brabant, tussen de rivieren de Beneden Merwede, de Amer en het Hollandsch Diep. Het gebied van kreken, eilanden en moerassen is in de loop van de eeuwen ontstaan. De st. Elisabeth's vloed van 1421, heeft die ontwikkeling versneld. De zee en de rivieren bleven het natuurlijk karakter bepalen tot de voltooiing van de Deltawerken, vorige eeuw. Met de afsluiting van het Haringvliet werd de Biesbosch een uniek zoetwatergetijden gebied, waar je de burchten van bevers kunt vinden, en vis- en zeearenden in de lucht kunt waarnemen.

## *Biesbosch, beavers and lodges*

*De Biesbosch is a large wetland nature reserve and recreation area on the border of Zuid-Holland and Noord-Brabant, between the rivers Beneden Merwede, Amer and Hollandsch Diep. The area of creeks, islands and marshes originated over the course of the centuries. The St. Elizabeth's flood of 1421 accelerated that development. The sea and the rivers continued to determine its natural character until the completion of the Delta Works in the last century.*
*With the closure of the Haringvliet, De Biesbosch became a unique fresh water tidal area, where you can find beavers' lodges and spot fish eagles and sea eagles in flight.*

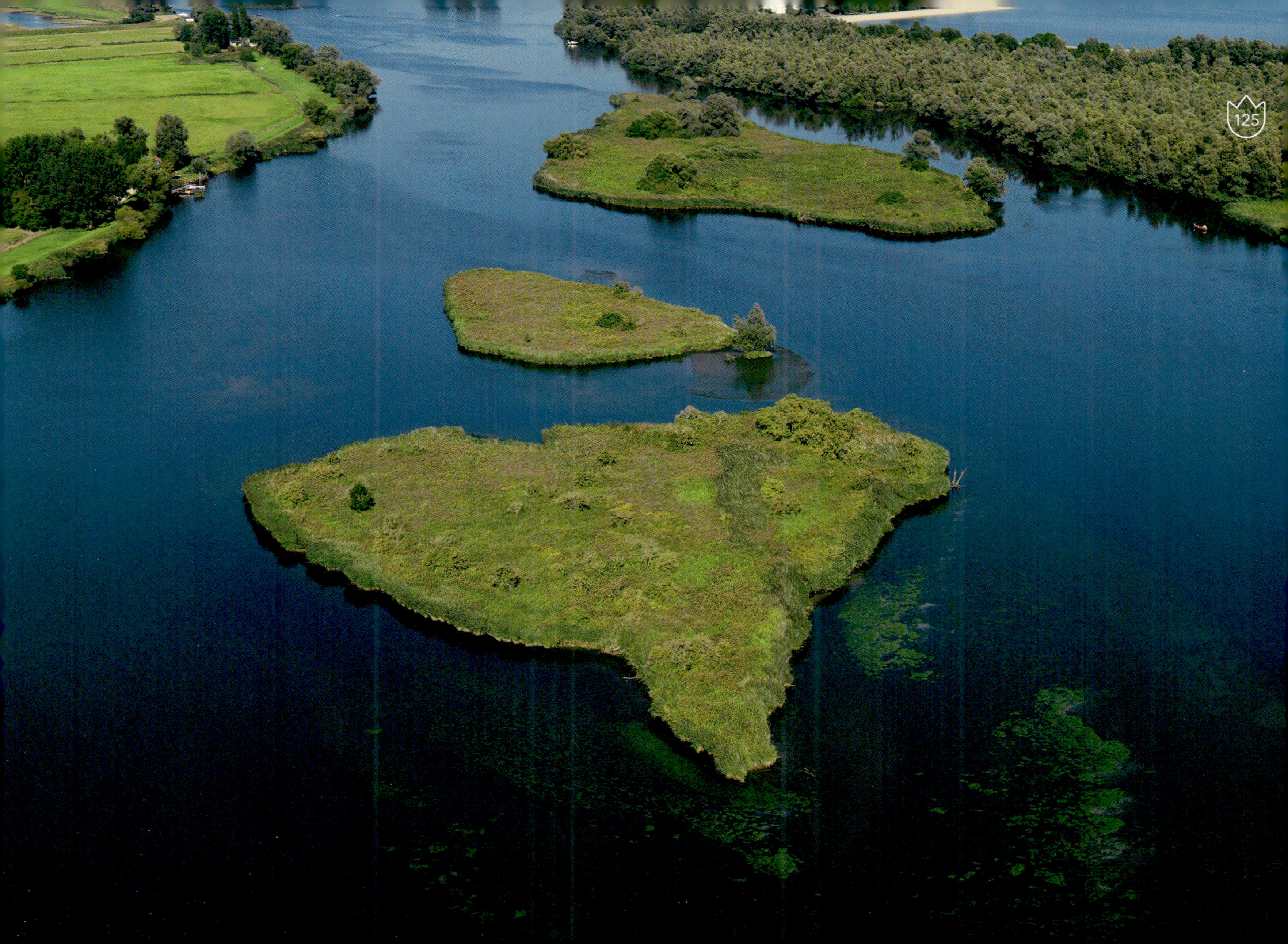

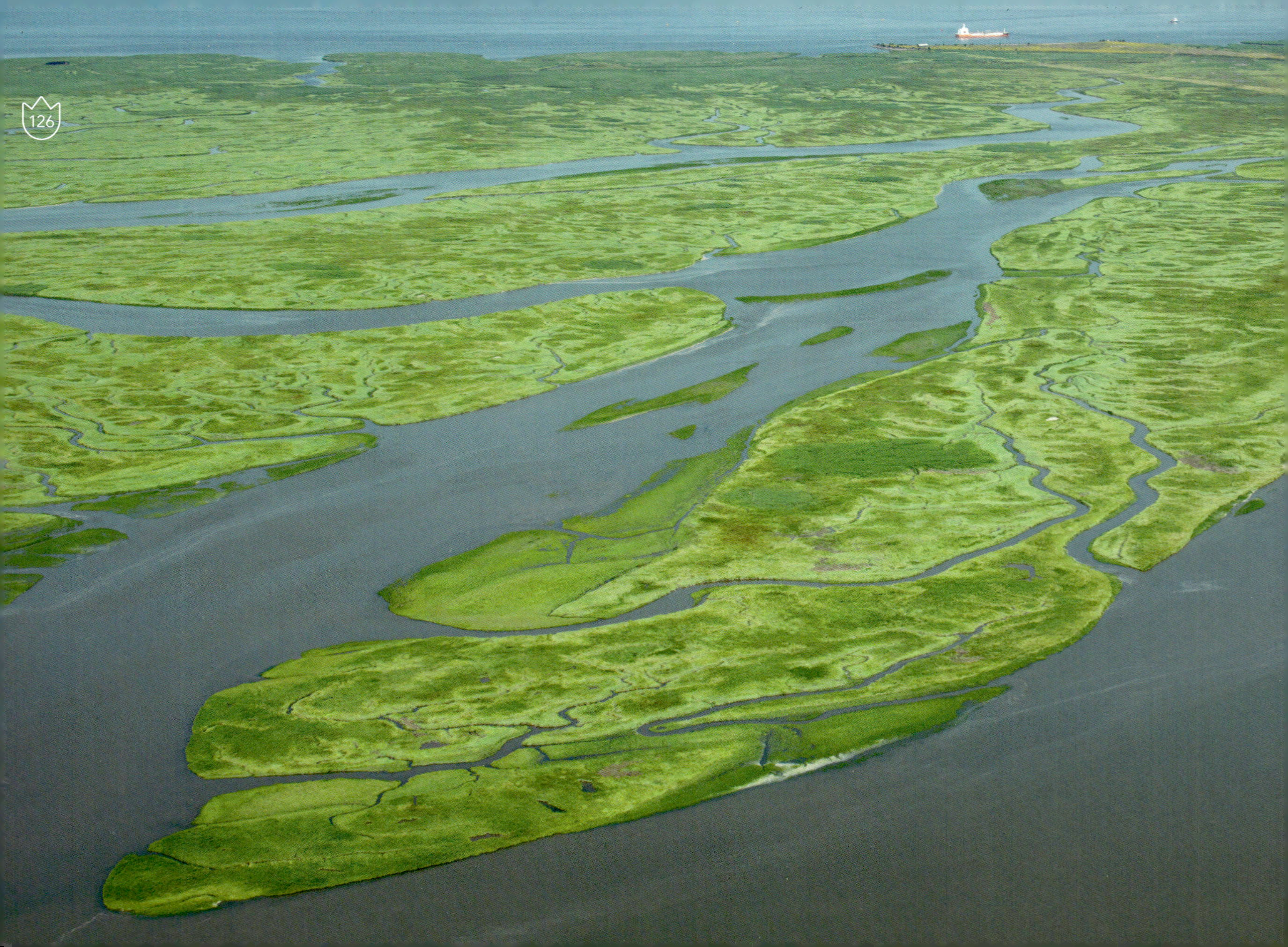

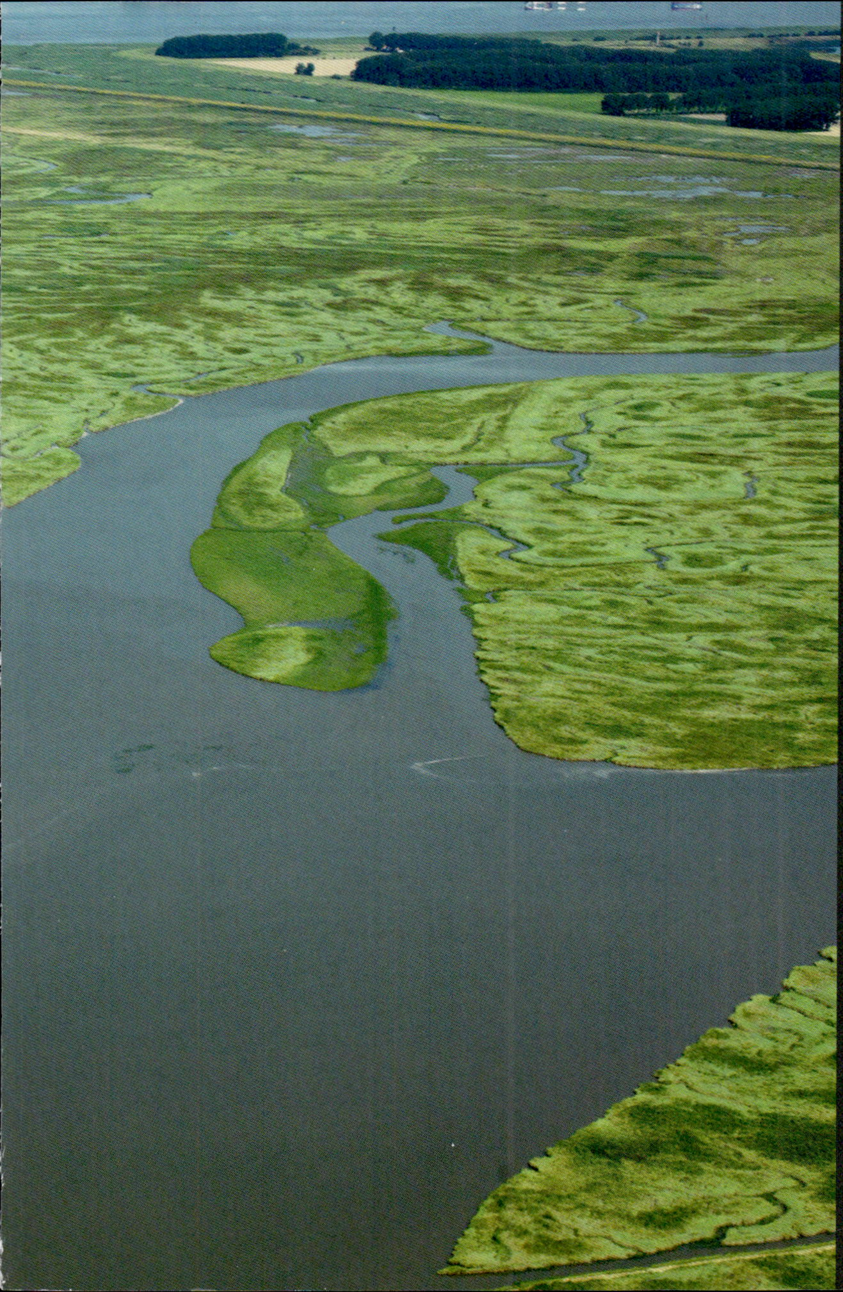



## Het Verdronken Land van Saeftinghe

Het Verdronken Land van Saeftinghe is ontstaan in 1584, tijdens de Tachtigjarige oorlog toen de legers van prins Maurits om strategische redenen de dijken door staken en de zee in de polders vrij spel kreeg. Het ligt op de grens van Nederland en België, in een bocht van de Westerschelde, onder de rook van de haven van Antwerpen.
Het natuurgebied van 3500 hectare is het grootste brakwaterschor van Europa. Het staat nu nog steeds onder een directe invloed van het zee- en rivierwater. In de diepe geulen zorgt de eeuwige beweging van eb en vloed voor een getijverschil van bijna vijf meter. De hoog opgeslibde platen vormen de hoogst gelegen delen van Zeeland, waar bezoekers, onder leiding van een gids avontuurlijke uren kunnen beleven.

## *The Drowned Land of Saeftinghe*

*The Drowned Land of Saeftinghe originated in 1584, during the 80 Years' War, when the armies of Prince Maurits pierced the dikes for strategic reasons, giving the sea free rein in the polders. It is located on the border of the Netherlands and Belgium, in a bend of the Western Scheldt, under the shadow of the port of Antwerp. The 3,500 hectare nature reserve is Europe's largest brackish salt marsh. It is still directly influenced by the waters of sea and river. In the deep channels, the eternal movement of ebb and flow results in a tidal drop of nearly five metres. The elevated flats formed by mud deposits are Zeeland's highest points. Adventurous visitors can explore them with a guide.*